W0188808

GÜTERSLOHER
VERLAGSHAUS

Gütersloher Verlagshaus. Dem Leben vertrauen

© Tina & Rázvan Georgescu, 2008

Tina und Razvan Georgescu

Die zärtliche Berührung

Biopsie einer Liebe

Gütersloher Verlagshaus

Inhaltsverzeichnis

Das Wort des Autors

In den beinahe fünf Jahren, seitdem ich mit dem Krebs lebe, hat mich kein einziger Arzt danach gefragt, wie es um mein Liebesglück bestellt ist, wie es in meinem Herzen aussieht. Sie haben mit ihrem Wissen, ihren Befürchtungen, mit ihrer Hingabe und gutem Willen, mit ihren technischen Vorschlägen, ihrem handwerklichen Geschick und den Prognosen nicht gespart. Sie haben an meine Auffassungsgabe und an mein Verständnis appelliert, mich Erklärungen unterschreiben lassen, auf einer Linie geradeaus laufen und mit geschlossenen Augen meine Nasenspitze berühren, meine Finger auf einer imaginären Klaviertastatur spielen lassen. Sie haben mich ausgezogen, vermessen, gewogen, sie haben mir Blut abgenommen, Urinproben analysiert, hochgiftige Chemikalien in meinen Körper gepumpt und meine gesamte Lebensration an zulässigen Strahlungen auf einmal verabreicht. Mit anderen Worten, sie haben ihr Bestes getan. Und doch wollte kein Einziger von ihnen wissen, ob ich in einer stabilen Beziehung lebe, ob ich glücklich bin, sofern man das mit einer solchen Krankheit sein kann. Zugegeben, es ist nicht die leichteste aller Fragen.

Ich bin der festen Überzeugung, dass die Auskunft nach der Liebe, ob man liebt und geliebt wird, genauso zum ärztlichen Fragenkatalog gehören muss, wie die Frage nach Allergien, Vorerkrankungen oder Antibiotikaunverträglichkeiten. Bevor man ein Urteil über die mögliche Lebensprognose eines Krebskranken fällt, sollte dies zuerst geklärt werden.

So banal und platt es klingt, die Liebe in ihren vielen Facetten und Erscheinungsformen kann einem wortwörtlich das Leben retten, ihr Fehlen tödlich sein. Davon bin ich mittlerweile überzeugt. Und auch davon, dass man die Fähigkeit zu lieben spätestens jetzt, in der Stunde der Not, noch einmal aufleben lassen sollte. Was man dazu braucht, ist Offenheit, ein ärztliches Umfeld, das die Bedeutung der Liebe erkennt und in ihre Bemühungen um das Leben integriert. Vor allem braucht man ein bisschen Zeit, was allerdings im Falle einer Krebserkrankung ein seltenes Luxusgut darstellt. Je früher man sich also seiner eigenen Kunst der Liebe widmet, desto höher die Chancen, die Zeit der Krankheit heil zu überstehen.

Egal, ob man seit Jahrzehnten in einer wie auch immer gearteten Beziehung lebt oder ob man sich erst auf die Suche danach begibt, Hauptsache, in der schweren Stunde besinnt man sich darauf – manchmal erneut – diese Sehnsucht zuzulassen und ihr nachzugeben.

Am besten, man fängt sofort damit an.

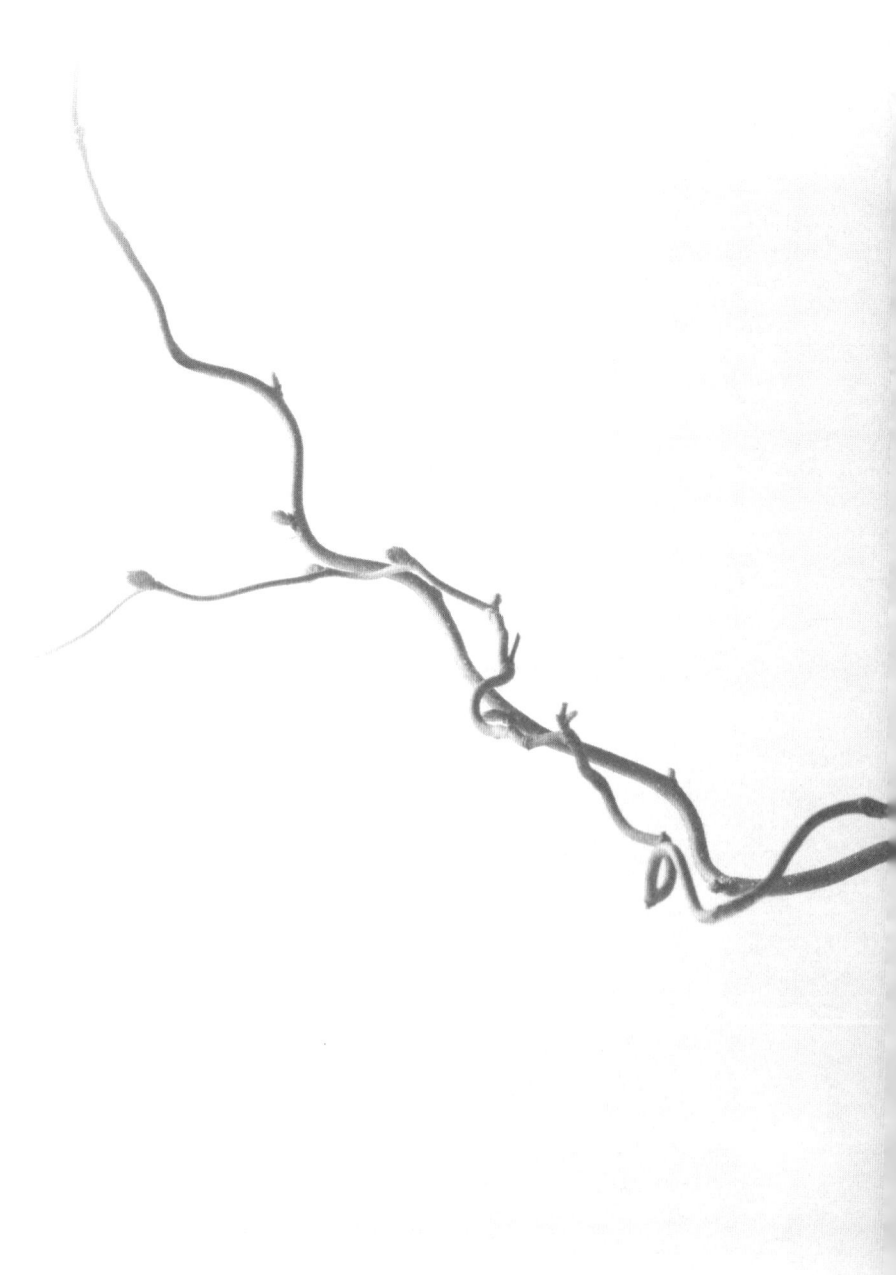

TEIL I.
RAZVAN

»Aus unendlichen Sehnsüchten steigen
endliche Taten wie schwache Fontänen,
die sich zeitig und zitternd neigen.
Aber, die sich uns sonst verschweigen,
unsere fröhlichen Kräfte – zeigen
sich in diesen tanzenden Tränen.«
Rainer Maria Rilke – Initiale

1. Mein Gehirn verliert seine Unberührbarkeit

Mein Kopf ließ sich nicht so einfach öffnen. Er leistete Widerstand. Seit einer Viertelstunde bohrte und fräste der assistierende Chirurg mit den zarten Pianistenhänden an meiner Schädeldecke. Gelegentlich stemmte er sich mit dem ganzen Gewicht seines Oberkörpers gegen die Diamantensäge. Die Vorstellung, dass fremde Hände in meinem Gehirn wühlen würden, hatte schon seit Tagen nur Widerwillen in mir hervorgerufen. Vielleicht war mein Schädel deswegen so dick und schwer zu durchsägen.

Kurz bevor sich die Türen des sterilen Vorraums zum OP-Saal der Frankfurter Klinik hinter mir schlossen, hatte ich noch die Anästhesistin im Scherz davor gewarnt: So einfach bin ich natürlich nicht zu knacken, doch sollten sie trotzdem in meinen Kopf, in meine Gedanken eindringen, dann bitte nur die bösen und dummen zerstören und anderen nichts davon erzählen. Als sie mich – zu meiner Überraschung auf Rumänisch, meiner Muttersprache – beruhigte, war ich dann doch »geknackt«. Mein aufgesetzter Mut verließ mich. Noch einmal versuchte ich einem Arzt, der nun die Kontrolle über mein Leben hatte, jene Bitte hastig vorzutragen, die sich in den letzten beiden Tagen seit der Diagnose zum zentralen Gedanken in meinem Kopf aufgetürmt hatte: Ich brauche nicht die Ewigkeit und auch nicht lange Zeit, die Ärzte sollen nicht zu viel riskieren, nicht zu tief schneiden. Gute Zeit, wenn auch nicht von Dauer, ist mir wichtiger. Da draußen vor der Tür warten meine Frau und zwei Kinder. Ich habe noch etwas zu erledigen, noch bin ich nicht soweit. Einem uralten menschlichen Reflex folgend feilschte ich um mein Leben, redete hastig, mit der Verzweiflung eines zum Tode Verurteilten. Ich glaube, mich erinnern zu können, eine kleine Träne in den Augen der rumänischen Anästhesistin bemerkt zu haben. Vielleicht war es aber auch nur die Träne, die mein Auge trübte. Es gab nichts mehr zu verhandeln. Ich legte den Kopf hin. Er wurde geschoren, in einem Metallring festgeschraubt, gekühlt, sterilisiert und dann aufgesägt.

Nun lag ich da mit offenem Schädel. Zum ersten Mal berührten Hände mein Gehirn, platzierten Elektroden an eloquenten Stellen der Großhirnrinde, wühlten sich vorsichtig, präzise, computergelenkt durch ihre Windungen. Ärzte nennen diesen Vorgang »Neuronavigation«. Wahrscheinlich hilft es ihnen, sich dabei als Entdecker, Reisende in ein fremdes Territorium, Heilsbringer und Erlöser, und nicht als ungebetene Aggressoren zu empfinden. Dann setzte die Hand das Skalpell an und schnitt.

Von alldem habe ich natürlich nichts mitbekommen, ich schlief den unruhigsten und längsten Schlaf meines Lebens. Und dennoch ist das, was in diesen sechs Stunden im Operationssaal und in den drei Tagen danach auf der Intensivstation geschah, die traumatischste Erfahrung meines Lebens. Nichts sollte danach mehr so sein wie bisher.

Lebenswende.

Ich habe ein anaplastisches Oligoastrozytom, links, parieto-okzipital, Malignitätsgrad 3. Das heißt, ich habe Krebs. Ein bösartiger Tumor wuchert in meinem Gehirn, hinten links. Ärzte meinen, den werde ich nie wieder los. Meine Prognose: Wenige Jahre, drei oder fünf, genau kann es niemand sagen. Fest steht: Es hätte schlimmer kommen können. Ein Malignitätsgrad mehr und mein Tumor wäre ein Glioblastom, ich könnte dann nur mit wenigen Wochen oder Monaten rechnen. Als ob es nicht egal wäre, dachte ich damals.

Nun, offensichtlich ist es nicht egal. Ein paar Jahre können unter Umständen reichen, um ein durchschnittliches Leben einigermaßen in Ordnung zu bringen. Ein paar Wochen auf keinen Fall.

2. Wie möchte ich am liebsten sterben?

»Man sagt, eine Zehntelsekunde kann sich in einem Traum wie fünf Minuten anfühlen. (...) Auch wenn im Augenblick des Todes keine Zeit mehr da ist, so denke ich trotzdem, dass das Sterben in uns bereits stattfindet, und zwar während wir unser Leben leben (...). 99 Prozent der Lebenden haben angemessen viel Zeit, darüber nachzudenken, bevor sie sterben.«
Norman Mailer - On God

Es ist eine hohe Kunst, rechtzeitig zu sterben, und kein Mensch beherrscht sie. Manchmal denke ich, dass ein schneller Tod zum richtigen Zeitpunkt besser ist als eine nicht enden wollende, quälende Agonie. Nur wenig kann daran tröstlich sein, nichts Erhabenes kann man diesem Prozess mehr abgewinnen. Das Dahinsiechen – nicht der letzte Atemzug – ist das Ende, das Ende aller kohärenten Gedanken, das Ende allen Gleichmuts und Frohsinns, das Ende der Vernunft und das Ende der Schmetterlinge im Bauch, das Ende der Hoffnung auf Verklärung und Vergebung, die Gewissheit, dass man eine weitere Chance nicht mehr bekommt.

Das ist das Ende vom Leben. Nicht der Tod.

Wie viel hätte ich meiner Frau, meinen Kindern und mir erspart, wäre ich rechtzeitig gestorben, hätte ich nach der unvollständigen Entfernung meines bösartigen Gehirntumors nicht die Kraft gehabt, erneut aufzustehen! Wie einfach wäre es gewesen, wie wenig quälend und wie erhaben! Nicht zu erfahren, dass mir der Tumor in meinem Kopf womöglich nur noch wenige Jahre zum Leben lässt, von meiner Erkrankung nichts zu wissen, plötzlich und schnell zu sterben. Ein Paukenschlag des Schicksals, ohne Frage, doch für meine Angehörigen wahrscheinlich einfacher zu bewältigen als das zähe Spektakel eines angekündigten Todes. Was gäbe es da zu bereuen? Was würde man noch Schönes versäumen? Ein schnelles Ende würde Raum für Spekulationen lassen, der langsame Verfall alles vernichten, sogar die Erinnerungen und die Sehnsucht.

Heute bin ich mir darüber nicht mehr sicher. Ich bin verwirrt. Könnte es nämlich sein, dass ein Tod mit »offenen« Augen etwas Wunderschönes ist, dass das bewusste Erleben dieser letzten Erfahrung der krönende Abschluss eines gelungenen Lebensfilms ist? Man möchte doch nicht das Ende verpassen! Würde ich diese Erfahrung wirklich missen wollen? So ein Tod wie der meines Freundes Siegfried »Siggi« Aust war für mich eine eher grauenvolle Vorstellung: einfach das Herz abschalten, von einer Sekunde auf die nächste, dunkles Geheimnis. Nein danke, so etwas wollte ich dann doch nicht. Heute denke ich, dass sein Tod auch etwas Schönes hatte. Etwas Klares und Passendes. Er traf an einem Abend ein, als Siggi noch einmal aus dem Glas Rotwein trank, den Kopf auf den Schoß seiner schönen, jungen Freundin legte, sich die Haare von ihr streicheln ließ. Dann knipste er das Licht aus. Das war's. Nicht einmal sie hatte es gemerkt. Plötzlich lag er tot in ihrem Schoß. Das letzte, was Siggi verspürte, bevor er an einem Herzinfarkt starb, waren die sanften Finger seiner Freundin in seinen Haaren. Eine zärtliche Berührung. Er sollte keine Gespräche mit Ärzten führen, keine Entscheidung über Therapieoptionen treffen, kein Krankenhaus mehr von innen sehen.

Vielleicht bekommt man den Tod, den man sich im Leben verdient hat. Siggis war ein schneller und intensiver. So wie sein Leben. Er wurde 46. Einige Monate, bevor er starb, hatte er noch seinen ersten 90-minütigen Dokumentarfilm beendet. Sein Sohn wurde geboren. Er wollte seiner Freundin endlich einen Antrag machen. Er hatte alles in die Wege geleitet, die richtigen Entscheidungen getroffen. Eine runde Sache. Noch so eine banale Binsenweisheit, die das Leben uns auftischen will: Leiste Gutes und es wird dir Gutes widerfahren, gib dein Leben weiter, und du kannst gehen, tu deine Schuldigkeit und du bist erlöst. Leben und Tod als kommunizierende Gefäße.

Jedes Mal, wenn ich mit der Arbeit an einem neuen Film beginne, denke ich an Siggi und daran, was sein Leben, sein Tod und seine Freundschaft für mich bedeuteten. Vor allem jetzt, da ich ebenfalls meinen ersten 90-minütigen Film abgeschlossen habe, so wie Siggi seinen, kurz bevor er starb. Ein merkwürdiger Zufall will es, dass ich nun ebenfalls die Perspektive des eigenen Todes vor Augen habe. Der Tumor in meinem Kopf gibt zurzeit

Ruhe, er wächst nicht. Doch in meinem Bewusstsein ist er bereits übernatürlich groß. Es ist albern, ich kann mich aber dem Drang nicht widersetzen, in allem, was mir widerfährt, was mich umgibt, Zeichen zu sehen. Und es geht um viel mehr als nur um den willkürlichen Zeitpunkt im Leben, in dem man seinen ersten 90-minütigen Film dreht. Plötzlich haben ein Schwarm aufgescheuchter Krähen, ein einsetzendes Gewitter oder ein Regenbogen, ein überfahrenes Tier am Straßenrand oder eine Meldung im Radio eine viel tiefere, viel persönlichere Deutungskraft als meine Vernunft es normalerweise zulassen würde. Ich bin umgeben von einem Meer von Hinweisen, Warnungen und Hoffnungszeichen, woraus ich ein Bild der Zukunft abzuleiten versuche. Es ist immer ein sehr unscharfes, unbefriedigendes Bild. Vielleicht ziehe ich deswegen den Blick in die Vergangenheit vor. Die Zeichen, die ich dort allmählich zu erkennen glaube, und die Spuren alter Beziehungen wie jene zu meinen Freunden, zu Siggi, zu meiner Familie, zu meiner Frau, machen mehr Sinn für mich und meine Zukunft. In den verstreuten Krümeln meiner 43-jährigen Existenz versuche ich den Brocken eines gewachsenen, sinnvollen Lebens zu erkennen. Doch so einfach ist es nicht.

Mein Freund Siggi strebte ein Leben lang nach Anerkennung und Bestätigung. Er liebte das Leben und war doch ein Getriebener, ein Flüchtender. Wovor er wirklich davon rannte, habe ich niemals erfahren. Vielleicht vor dem kränkenden Schatten einer lange zurück liegenden und niemals erwiderten großen Liebe, von der er sehr selten und jedes Mal verlegen sprach. Sicher bin ich mir nicht. Fest steht, Siggi hatte sich für ein schnelles, volles Leben entschieden. Er spielte hervorragend Klavier, war ein begehrter Junggeselle, hochintelligent, durch und durch ein Gentleman, einer jener Menschen, die einen Raum füllen, sobald sie ihn betreten. Er konnte gut zuhören, verstand es, immer die richtigen Worte zu finden. Und doch blieb er meistens unverbindlich.

Einer, der sich Siggi in einer spontanen und trotz der Kürze der Begegnung tief empfundenen Seelenverwandtschaft verbunden fühlte, war der rumänische Bildhauer Peter Jecza. Ich stellte ihn ihm während Dreharbeiten in meiner Heimatstadt Timisoara vor. Am Ende eines fröhlichen Abends in Jeczas Atelier hatten sie sich umarmt, Siggi war nun stolzer Besitzer zweier Bronzeskulpturen und der Bildhauer sich sicher, seine Werke in die richtigen Hände gelegt zu haben. Ich würde diese Begegnung nicht erwähnen – sie schien so natürlich und organisch, dass sie keiner Deutung bedürfte – wenn Peter Jecza nicht einige Jahre später und fast zeitgleich mit mir an einem bösartigen Krebs erkranken und eine lange Reise mit ungewissem Ende antreten sollte. Ich begleite ihn gelegentlich auf diesem Weg. Schon damals, bei der Bekanntgabe der vernichtenden Diagnose und Prognose, und auch später noch, angesichts der immer hoffnungsloser werdenden Mitteilungen der Ärzte, kamen mir Peter Jeczas Ruhe und sein Mut übermenschlich vor. Ich begriff bald, dass dahinter zwei Kräfte wirkten: Zum einen war es die Neugierde auf die möglicherweise letzte Erfahrung. Peter Jecza, der 66-jährige Bildhauer, der ein beeindruckendes Werk vorzuweisen hatte, der fleißig und diszipliniert über die Jahre das erschaffen hatte, was man ein Opus nennt, wollte den nahenden Tod bewusst erleben, ihn kennen lernen, begutachten, vermessen. Er sah in dieser Konfrontation eine Chance, die seine Kreativität beflügeln sollte. Und so durchlief er diese Zeit mit offenen Augen, mit staunendem, aber niemals verbittertem Blick. Ein schneller Tod oder ein langer Weg bis zum Ende? Für Peter Jecza keine Frage, er wollte jeden Meter dieser Strecke selbstbewusst zurücklegen.

Die andere Kraft hinter seinem Mut war eine starke Frau. In einem Gespräch vor laufenden Kameras, aufgezeichnet in einem Frankfurter Krankenhaus, ließ er mich wissen, dass er es sich gar nicht leisten konnte, zu sterben. Er fühle sich wie von einem Spinnennetz getragen von der Liebe seiner Frau und seiner Freunde daheim gehalten. Selbst wenn er es wollte, er könne jetzt nicht sterben. Noch nicht. Mir fielen all die Augenblicke ein, in denen er und seine Frau sich zärtlich an der Hand hielten, unbeholfen und verschämt wie zwei Teenager, von der Wucht der Diagnose erschlagen aber in dem Willen gestärkt, diesen Weg gemeinsam zu gehen. Ihre zärtlichen Berührungen in der Öffentlichkeit, die Art, wie sie ihre Liebe vor sich trugen, ähnlich wie Kreuzritter die Ikone der Heiligen Maria vor einer Schlacht, machten einen tiefen Eindruck auf mich. Ein liebendes Paar, das sich am Leben festhielt.

Während ich diese Zeilen schreibe, lebt und arbeitet Peter Jecza weiterhin. Trotz aggressiver Chemo- und Strahlentherapien ist seine Kreativität ungebrochen, wenn auch seine Kräfte langsam schwinden. Ich bin sicher, er befindet sich jetzt in seinem Atelier und poliert gerade eine Bronzeskulptur, wahrscheinlich einen Frauentorso. Mein Freund Siggi ist seit nunmehr sieben Jahren tot, eingeschlafen im Schoße seiner Freundin. Kurz bevor er starb und nur wenige Wochen nach der Geburt seines Sohnes eröffnete er mir, dass er erleichtert sei, endlich seine Freundin heiraten zu können, sein Leben umzukrempeln und das Dasein einer »rastlosen Motte« aufzugeben. Er wolle endlich etwas Nachhaltiges erreichen, sowohl in seinem Beruf als auch in seinem privaten Leben. Er sollte nicht mehr dazu kommen.

Ich bin jetzt 43 und kann mich des Eindrucks nicht verwehren, dass der Weg, der vor mir liegt, einfach nur schmerzlich und peinlich sein wird. Ich habe vor einigen Jahren den Krebs bekommen, vor dem sich Menschen wohl am meisten fürchten, ich habe einen bösartigen Gehirntumor und die Ärzte machen mir nicht besonders viel Hoffnung. Manchmal denke ich daran, selbst Schluss zu machen. Beim allabendlichen Spaziergang mit dem Hund entlang der S-Bahn Gleise meiner Stadt begutachte ich die Stellen, die für einen beherzten, effektiven Sprung in Frage kommen. Einfach das Licht ausschalten. Doch selbst wenn ich es Leid bin, sehenden Auges meinem Tod entgegenzuschleichen, das Talent eines Selbstmörders habe ich nicht. Im entscheidenden Moment überwiegen dann doch die banalsten Zweifel und die leisesten Hoffnungen: Wer wird den Hund nach Hause bringen? Was würde diese Geste mit meinen Kindern anrichten? Wie sieht es aus mit meinen ›kommunizierenden Gefäßen‹? Habe ich meine Schuldigkeit – welche auch immer – bereits getan? Die alte Frage taucht plötzlich wieder auf: Ein schneller Tod oder ein langsames Sterben?

In solch einsamen Momenten versuche ich, einen gewissen Frieden mit dem Tumor in meinem Kopf zu schließen. Ich ziehe es vor, den bevorstehenden Weg mit diesem ständigen Begleiter gemeinsam und friedlich zu gehen, in der Hoffnung, dass der Tod, den er bedeutet, nicht als gewaltiger Aufprall gegen eine S-Bahn, sondern doch noch als eine zärtliche Berührung daher kommen wird. Ähnlich wie bei meinem Freund Siggi.

Ich erinnere mich außerdem nur allzu klar an die verärgerten, hastig vorgetragenen Bemerkungen meiner Frau über die Unentschlossenheit eines ihrer drogenabhängigen Klienten, der mit der Selbstmorddrohung wie mit einer Waffe herumfuchtelte, nur um die Zuneigung seiner Frau und Drogen zu erpressen. »Wenn man sich wirklich umbringen will, dann tut man es, man redet nicht darüber.« Ich schreibe darüber, also werde ich es laut meiner Frau wohl niemals tun. Und wahrscheinlich hat sie Recht. Um ihre schwindende Zuneigung zu erschleichen, taugt Selbstmord sowieso nicht. Nur um sie zu bestrafen. Doch wofür?

Es ist eine hohe Kunst, rechtzeitig zu sterben, und diese Kunst beherrsche ich nicht. Ich weiß, Siggi starb friedlich im Schoße seiner Freundin und Peter Jecza stützt sich mit seinem schweren, geschundenen Körper und seiner ebenso geschundenen Seele auf die starken Schultern seiner Frau. Was mich betrifft, lebe ich zusammen mit der Liebe meines Lebens, der Mutter meiner beiden Kinder, mit meiner Frau, Tina. Und dennoch leben wir uns stetig auseinander. Und so soll es hier nicht um das Sterben gehen, sondern um die Liebe im weitesten Sinne und darum, was aus ihr in Zeiten der Prüfung geworden ist.

3. Das Wiedersehen

(Die beiden Kinder, die man »die Verliebten« nennt, treten, zärtlich umschlungen und mit von Verzweiflung leichenblassem Gesicht, vor die Zeit und knien vor seinen Füßen nieder.)

ERSTES KIND: Herr Zeit, lassen Sie mich mit ihm fahren! ...
ZWEITES KIND: Herr Zeit, lassen Sie mich bei ihr bleiben! ...
DIE ZEIT: Unmöglich! (...)
ZWEITES KIND: Lieber will ich nicht geboren werden! ...
DIE ZEIT: Man kann es sich nicht aussuchen ...
ERSTES KIND *(flehend)* Herr Zeit, ich werde zu spät kommen! ...
ZWEITES KIND: Ich werde nicht mehr da sein, wenn sie hinabkommt! ...
DIE ZEIT: Mit all dem habe ich nichts zu tun ... Beschwert euch beim Leben ... Ich führe zusammen oder trenne, wie man es mir aufgetragen hat ... *(Ergreift eines der Kinder)* Komm! ... (...) Es geht doch nicht in den Tod, es geht ins Leben! ...
ERSTES KIND *(verzweifelt)*: Ein Zeichen! ... Ein einziges Zeichen!... Sag mir, wie ich dich wieder finden kann! ...
ZWEITES KIND: Ich werde dich ewig lieben! ...
ERSTES KIND: Ich werde die traurigste von allen sein! ... Du wirst mich erkennen! ...
DIE ZEIT: Ihr tätet besser daran, zu hoffen ... Das wär's jetzt ... *(Schaut auf seine Sanduhr)*. Noch dreiundsechzig Sekunden ...
Maurice Maeterlinck - Der blaue Vogel

Ich erblickte das Licht der Welt in einer rumänischen Intellektuellenfamilie, mitten in einer alten transsilvanischen Großstadt, von wo aus meine Eltern dreieinhalb Jahre später nach Timisoara, an die Westgrenze Rumäniens zogen. Kurze Zeit danach und nur einige Straßen weiter landete auch Tina auf dieser Welt, und zwar in einer gutbürgerlichen, deutschstämmigen Familie.

War es Zufall oder Wille, gab es eine Sekunde der Entscheidung oder geschah es, weil es geschehen sollte? Ich weiß es nicht.

Fest steht, wir konnten nichts dafür und auch nichts dagegen tun: Die Zeit und das Leben führten uns zusammen wie nach einem wohl und lange davor überlegten Plan. Das haben wir beide von Anfang an gewusst. Daran glaube ich noch immer mit jeder Faser meines Körpers, selbst wenn heute »Herr Zeit« im Auftrag des Todes unterwegs ist und uns diesmal lieber trennen möchte.

4. LebensWenden

»Nimm die Scheiße und verwende sie als Dünger.
Sei ein guter Gärtner!«
Elisabeth Kübler-Ross - Befreiung aus der Angst

Manches Leben plätschert vor sich hin, fließt stetig und gemächlich an den Klippen der Geschichte vorbei. Man mag es wohl ein schönes, ruhiges Leben nennen und die Gnade der Geburt zur rechten Zeit preisen. Eine Garantie für ein glückliches Leben ist dies dennoch nicht.

Mein Leben ist von großen Erschütterungen verschont geblieben. Es gab keine Weltkriege, keine Katastrophen, die es unmittelbar bedrohten. Selbst die kommunistische Diktatur erlebte ich in ihrer späten, nicht mehr so tödlichen Prägung, kurz bevor sie kollabierte. Als die Revolution im Dezember 1989 in meiner Heimatstadt Timisoara ausbrach, lauschte ich zusammen mit Tina und meinen Eltern gebannt den Nachrichten des Radiosenders Freies Europa. Die Völker halb Europas waren in Aufruhr geraten. Polen, die Tschechoslowakei, Ungarn, ja sogar die DDR hatten sich innerhalb kürzester Zeit von einem System befreit, das ihnen ein halbes Jahrhundert Unglück, Misere und Demütigung gebracht hatte. Nur in Rumänien schien alles unter der eisernen Hand Ceausescus auf ewig weiter zu bestehen. Seit 24 Jahren regierte er das Land und nichts deutete darauf hin, dass er die Macht jemals abgeben würde. Das ehemalige Enfant terrible des Warschauer Paktes war zu einem verblendeten, einsamen und sturen Diktator geworden, der über 21 Millionen Menschen herrschte.

Ich wurde 1965 geboren, also im gleichen Jahr, als Ceausescu an die Macht kam. Tina ist 1969 als eine direkte Folge von Ceausescus berüchtigtem Dekret 770 geboren worden, jenem Dekret, das Abtreibungen und Verhütung verboten hatte. Per Präsidialgewalt sollte die Geburtenrate im ganzen Lande dramatisch erhöht werden. Die unmittelbare Folge dieser politischen Maßnahme war der Tod zehntausender Frauen, die ihre ungewollten Schwangerschaften unter illegalen und abenteuerlichen Bedingungen abbrachen. Die Kinder, die trotzdem geboren wurden, füllten bald die Heime Rumäniens. Manch ein »Decretel«, ein »Kind des Dekrets«, wie sie fortan genannt wurden, sollte, wenn auch ungeplant, trotzdem behütet und geliebt in einer intakten Familie aufwachsen. Tina, meine Frau, hatte dieses Glück. Und es war auch mein Glück, denn sonst hätte es unsere Geschichte so niemals gegeben.

Zwei Jahrzehnte nach Tinas Geburt, im Sommer 1989, unterschrieb die gleiche Hand des Diktators, die auch das Dekret 770 unterzeichnet hatte, unseren Antrag auf Heirat. Zwei Jahre hatten wir auf seine Genehmigung gewartet. Tina, die mittlerweile als Spätaussiedlerin mit ihren Eltern nach Deutschland ausgewandert und zu einer deutschen Staatsbürgerin geworden war und ich, der Rumäne, Ceausescus Untertan, durften nun durch seine Gnade endlich heiraten! Über die Liebe zwischen Rumänen und Nichtrumänen persönlich zu bestimmen, war nur eines seiner vielen abstrusen Privilegien.

Dezember 1989 hatte ich also meine Bücher und Koffer gepackt und fast alle Formalitäten für die Auswanderung nach Deutschland erledigt. Draußen auf der Straße hörte man die ersten Schüsse. Was vor wenigen Tagen als friedliche Solidaritätsbekundung mit dem rumänisch-ungarischen Oppositionellen, dem Pfarrer László Tökés begonnen hatte, wuchs langsam und unaufhaltsam zu einer handfesten antikommunistischen Demonstration. Es lag aber mehr als das in der Luft. Eine Revolution stand kurz bevor. Die Geschichte holte uns ein. Was tun? Auf die Straße gehen, Teil des Zeitgeschehens werden, den Verlauf der Geschichte mitbestimmen und unter Umständen sein Leben dafür opfern, oder den verbissenen Kampf um das persönliche Glück weiterführen und in den Zug nach Wien, in die Freiheit einsteigen? Ich hatte die Wahl, mein Volk nicht.

Die Demonstranten hatten sich in der Nähe der Studentenheime versammelt und marschierten nun in Richtung Innenstadt. Panzer rollten bereits aus den Außenbezirken der Stadt und formierten sich rund um den Opernplatz, wo man das Ziel der Demonstrationskolonne vermutete. Die Wohnung meiner Eltern lag keine 200 Meter dahinter. Viel Zeit blieb uns nicht. Wir mussten uns entscheiden.

Am 22. Dezember 1989 packten ich, Tina und mein Vater jeweils einen Koffer und gingen in die Nacht hinaus. Meine Mutter folgte uns. Die Schüsse klangen entfernt. Der Spätzug nach Arad und weiter zur ungarischen Grenze fuhr um 23:00 Uhr. Noch konnten wir ihn kriegen. Menschen kamen uns entgegen. Sie hielten die Finger zum Siegeszeichen gespreizt und riefen, vor Glück torkelnd, »Jos tiranul«: »Nieder mit dem Tyrannen«.

Meine Frau und ich stiegen in den ungeheizten Zug. Als er sich in Bewegung setzte, hörten die Schüsse auf. Meine Eltern winkten uns stumm zu, die Nacht verschlang sie. Erst jetzt bemerkte ich, dass wir die einzigen Fahrgäste im Zug waren. Bis zur nahen Grenze schwiegen wir. Selbst als der rumänische Beamte unsere Pässe prüfte, meinen viel eindringlicher und aufmerksamer als Tinas, blieben wir stumm. Er hob immer wieder die Augen vom Foto in meinem Pass und musterte mich genau, bevor er mir grinsend auf die Schulter klopfte: »Glück gehabt! Das hier ist der letzte Zug!«

Dann passierten wir langsam die Grenze, die uns so lange getrennt hatte. Doch im Niemandsland, auf dem Streifen zwischen Rumänien und Ungarn blieb der »letzte Zug« erneut stehen. Für mehr als zwei Stunden waren Tina und ich – die einzigen Passagiere – gefangen zwischen den Welten. Der Zug stand auf dem Abstellgleis der Geschichte. Vor uns wartete das neue, freie, selbstbestimmte Leben. Hinter uns, in der Nähe des Opernplatzes, lagen die Toten und Verletzten. Die Armee hatte nach anfänglichen tödlichen Schusswechseln die Seiten gewechselt und sich mit den Demonstranten solidarisiert. Timisoara, die erste Stadt Rumäniens, die mit ihrer kommunistischen Vergangenheit offen und mutig abgerechnet hatte, versank in einem Freudenfest. Die Revolution breitete sich nun nach Bukarest aus.

Keine drei Tage später sollte das Ehepaar Ceausescu von einem Erschießungskommando, das aus jungen Soldaten bestand, die Hälfte von ihnen, »Decretei«, Kinder des Dekrets 770, hingerichtet werden. Der übermächtige »Vater« war tot, füsiliert von den Geistern, die er selbst hervorgerufen hatte.

Der Zug setzte sich erneut in Bewegung und erreichte Ungarn. Hinter uns wurde die Grenze Rumäniens für 48 Stunden gesperrt. Wir saßen tatsächlich in der letzten Eisenbahn. Einige

Stunden später, kurz vor meinem 24sten Geburtstag, fuhr sie im Frankfurter Bahnhof ein. Mein zweites Leben, das Leben an der Seite meiner Frau, hatte begonnen. Unsere Liebe hatte gerade den ersten Sieg über die Zeiten errungen.

Ich war nie Teil der Geschichte, doch die Geschichte war immer Teil meines Lebens. Ich konnte ihr nicht entrinnen. Manchmal wurde es zwar knapp, aber stets blieb es ungefährlich. Auch später, als Journalist, erlebte ich einige Katastrophen oder Unglücke dieser Welt, natur- oder menschengemacht, immer nur als unbeteiligter Beobachter. Kein Krieg, keine Revolution, keine Naturgewalt hat meine Biografie nachhaltig verrückt, sie berührten sie nur flüchtig.

Manchmal denke ich, dass ich jenen Streifen im Niemandsland an der Grenze zwischen Ungarn und Rumänien niemals verlassen habe. Ich wandere noch immer dort und warte darauf, von der Geschichte berührt zu werden. Bloß, dass dieser Streifen jetzt den schmalen Grat zwischen Leben und Tod darstellt. Es ist kein schlechter Ort zum Verweilen, denn er gibt den Blick frei auf zwei Welten, auf das Hier und das Dort, auf das Diesseits und das Jenseits, auf die Vergangenheit und die Zukunft. Es ist zwar ein geschützter, aber auch ein unverbindlicher Ort. Irgendwann muss man ihn doch verlassen. Man kann nicht auf ewig Zaungast der Geschichte bleiben, auch nicht der eigenen!

Das Unglück platzte nicht dramatisch in mein Leben. Es schlich sich eher auf leisen Sohlen heran, perfide und langsam, bevor es mir einen Tritt gab, der mein ganzes Leben erschütterte und mich aus dem sicheren Streifen herauskatapultierte. 15 Jahre nach der Revolution in Rumänien und nach meiner Auswanderung hatte mich die Krankheit unvorbereitet erwischt, wie jede echte Prüfung im Leben. Doch sie schaffte etwas, was davor nichts und niemand zu schaffen vermocht hatte: Auf eine geheimnisvolle und unbeabsichtigte Weise verband sie mich mit dem Leben, mit der Vergangenheit und der Zukunft, mit dem Diesseits, mit den Menschen in meinem unmittelbaren Umfeld, ja sogar mit der Menschheit und mit der Geschichte insgesamt, und zwar auf eine unzertrennliche Art. Ich gehörte endgültig dazu.

Ja, ich stand zwar in einer Reihe mit Menschen an, die von ihrem Schicksal wussten. Durch die klare Diagnose war ich ein

Wissender ob meiner Endlichkeit, ein Aufgeklärter wider Willen. Die jugendliche Perspektive auf immer neue Möglichkeiten, auf scheinbar unendlich viele Chancen verdunkelte sich rasant. »Unerhört, dass mir der Stillstand drohte, drehte sich doch die Welt unaufhaltsam weiter!«, dachte ich zunächst. Sie würde sich aber gewiss auch ohne mich weiterdrehen. Erstaunlicherweise beruhigte mich dieser Gedanke. Alles halb so schlimm, mein Verschwinden würde keinen nennenswerten Schaden anrichten, dachte ich. Doch noch fuhr ich auf diesem Karussell mit, noch war ich Teil dieser Gemeinschaft, Teil der Geschichte. Diese einfache Erkenntnis erfüllte mich mit Glück, das die keimende Angst vor Verlust zunächst verdrängte. Die Krankheit verhalf mir zu einem unglaublichen Gefühl der Freiheit, wie es nicht einmal die Auswanderung vermocht hatte.

Es war wie ein Weckruf. Selbst wenn ich es gewollt hätte, ich hätte jetzt meinen Blick vor der Tatsache, dass ich meinen ganz persönlichen Krebs hatte, nicht mehr abwenden können. Nicht die Willkür eines Diktators bestimmte mein Leben, nicht das Böse draußen. Ich trug es bereits in mir. Plötzlich wurde mir klar: Es stand viel auf dem Spiel und kein Zug bereit, der mich von hier wegführen konnte. Ich allein musste Wege finden, mit der Herausforderung der Krankheit, diesem persönlichen kalten Krieg, umzugehen.

Ich wusste allerdings auch, ein Mensch, den ich liebte und der mich liebte, stand an meiner Seite. Und mittlerweile hatte ich auch noch meine Arbeit, hatte in Deutschland einen Beruf gefunden, in dem ich aufging. Gar nicht so schlechte Voraussetzungen also, um sich dem Kampf zu stellen, um die bevorstehenden Operationen, die Chemo- und Strahlentherapien zu ertragen, um eine neue Reise anzutreten.

5. Eine Reise beginnt mit einem Mustang Ford Bj. 2000 in Death Valley

»Inmitten des Chaos träumt er von Kargheit, von Reinheit, von den wirbelnden Welten dunkler Sterne ...«
T.C. Boyle - Sammlerinnen und Jäger

Es begann vor sieben Jahren. Die ersten Zeichen hatte ich leichtsinnig übersehen: die nächtlichen Kopfschmerzen, die innere Unruhe, die immer wiederkehrenden Sehstörungen, die schwindende Kraft im rechten Arm, das ständige Stolpern über kleinste Hindernisse. Mein Hausarzt schüttelte bei jedem meiner Besuche den Kopf und empfahl mir, weniger zu arbeiten, es lockerer anzugehen, weniger Stunden vor dem Bildschirm zu verbringen, weniger zu reisen. Ich winkte jedes Mal ab. Zuletzt im Herbst 2001.

Zum ersten Mal in meinem Leben durchfuhr ich eine Wüste und sie hielt mich gefangen. Seit Stunden saß ich am Steuer meines Ford Mustang Cabrio, das Verdeck geöffnet, die heiße Luft in meinen Haaren, die Zeit ausgeblendet, die Landschaft wie in einer Filmschleife, immer wiederkehrend. Mein Kameramann, der schon viele Wüsten in seinem Leben durchquert hatte, schlief auf der Rücksitzbank mit der sperrigen Kamera zwischen den Knien. Wir trugen beide unseren Sonnenbrand im Gesicht wie eine seltene Trophäe im späten Oktober, weit weg vom verregneten Frankfurt, weit weg von meinem besorgten Arzt und den schlaflosen Nächten, mitten in der amerikanischen Mojawe-Wüste, im Todestal Death Valley.

Ein Schild ließ uns wissen, dass wir gerade den tiefsten Punkt des Kontinents passierten. 85,5 Meter unter dem Meeresspiegel. Ich fühlte mich auf dem Höhepunkt meines Lebens und meiner Kräfte, bereit, meiner Karriere den entscheidenden Schwung zu geben, vital und voller Vorfreude auf das bevorstehende Interview mit dem Schriftsteller T.C. Boyle in Santa Barbara. Wenn ich mir heute Fotos jenes Tages anschaue, sehe ich einen jungen

Mann mit müden Gesichtszügen, der den Moment aber ohne jeden Zweifel genießt. Trotz der Wüste, die ihn umgibt.

Ich erinnere mich, dass ich das Auto mitten auf der endlosen Straße angehalten und das Stativ mit der Fotokamera aufgestellt habe. Das nervöse Rattern des Selbstauslösers und dann ein kurzes Klicken. Fertig war das Bild. Danach lauschte ich minutenlang dieser unglaublichen, ohrenbetäubenden Stille, so lange, bis mein Atem irgendwann langsam in mein Bewusstsein drang. Die regelmäßigen Luftzüge, die durch meine Lunge wirbelten, bildeten plötzlich das einzige Geräusch in der kalifornischen Wüste vor den Toren von Los Angeles, ein Geräusch wie das Röcheln von Darth Vader. Es brachte meinen Schädel zum Brummen. Ein Geräusch, das von innen kam. Überraschend und fremd. Erschreckend, weil so persönlich. Mein Kameramann schlief unbekümmert weiter, die Kamera immer noch fest zwischen seinen Knien.

Wie hätte ich auch nur ahnen können, was am Ende dieser endlosen Landschaft auf mich warten würde? Nichts schien schlimmer als die Hölle, der ich vor wenigen Tagen in Deutschland entkommen war: dem genervten Produktionsleiter, dem diese Reportage an der Westküste Amerikas eigentlich zu teuer war, dem begeisterten Chefredakteur, der diese Reportage unbedingt haben wollte, dem Neid so manch eines Kollegen; der hektischen Reisevorbereitung, dem Einholen der Drehgenehmigungen, den Zollformalitäten, dem zermürbenden finanziellen Druck, der zur Folge hatte, dass ich nun ohne Tonassistent unterwegs war; meinem unbändigen, zerstörerischen Wunsch, diesen Film für die in meiner Verantwortung liegende Kultursendung zu realisieren. Ich hatte ein halbes Jahr dafür recherchiert, Leute engagiert, Aufträge erteilt, Hotels gebucht. Das Wort »delegieren« war mir unbekannt. Ich traute niemandem. Meine Stories für die Sendungen, die ich leitete, musste ich von Anfang bis Ende selbst in der Hand haben. Ich war besessen, misstrauisch, reizbar und unfähig, Verantwortung zu teilen. Ich bildete mir ein, selbst bestimmen zu können, »wo«, »wie« und »wann« gewisse Ereignisse zu geschehen hatten. Ich leitete die Redaktion einer kleinen Filmproduktionsfirma in Frankfurt, die zwei Geschäftsführern mit großen Ambitionen und ohne Visionen gehörte. Seit mehr als zwei Jahren haderte ich mit meiner Arbeit, war über meine Position sehr unglücklich. Eingekeilt zwischen den Wünschen des auftraggebenden Senders, dem ich inhaltlich verpflichtet war, der Fürsorge für die Autoren, die für mich arbeiteten und der Unentschlossenheit der beiden Geschäftsführer musste ich für meine Vorstellungen von einer guten Kultursendung oft einen allzu aufreibenden Kampf führen und einen hohen Preis zahlen. Jeder Besuch bei meinem kopfschüttelnden Arzt führte mir diese Tatsache erneut vor Augen.

Während ich diese Zeilen schreibe, fällt mir auf, wie oft ich das Wort »ICH« benutze. Es entspricht meiner Einstellung jener Tage. Ich dachte, ich, und nur ich, hätte die Kontrolle über meine Arbeit, über die Sendung, über mein Leben, ja sogar über dieses Auto, das nun in der Hitze der Mojave-Wüste brutzelte.

In dieser einsamen Sekunde war mir selbst das Geräusch meines Atems unerträglich geworden. Losgelöst von der Realität, umgeben von Sand und Steinen, eingetaucht in flirrende Luft, hatte ich nichts mehr unter Kontrolle. In dieser einen Sekunde erlebte ich eine Vorahnung dessen, was kommen sollte. Nicht ein klares Bild, keine konkrete Situation, einfach nur ein dumpfes Gefühl. Ich spürte förmlich, dass das Schicksal in dieser einen Sekunde die Oberhand gewinnen würde. Wie ein Pendel am Scheitelpunkt seiner Bewegung. Die Richtung des Ausschlags konnte ich nicht mehr ändern. Für einen unendlich langen Augenblick schien alles zu schweben. Stillstand. Standbild. Ich war wie gelähmt.

Es gibt immer wieder Momente im Leben eines Menschen, einer Gesellschaft oder gar der Menschheit, in denen die Entscheidung eines Einzelnen den weiteren Verlauf der Dinge bestimmt. Zufall oder freier Wille, in dieser einen Sekunde ist alles möglich, die größte Katastrophe oder die gnädige Erlösung. Eine Kleinigkeit genügt und das Pendel schlägt zurück. Oder es setzt seine Bewegung fort. Wenn sich ein mutiger Mensch findet, der die Richtung des Pendelschlags zu ändern vermag, so kann dies zu einer jener berühmten Sternstunden der Menschheit führen.

Ich denke oft daran, dass uns die meisten Sekunden der Entscheidung in unserem privaten Leben, jene Sternstunden des eigenen Schicksals, gar nicht bewusst sind, dass das Metronom des Lebens uns taktet und wiegt. Nur wenn die Feder des Metronoms lahmt und der Zeiger am Scheitelpunkt des Ausschlags für kurze Zeit inne hält, bekommen wir eine seltene Gelegenheit, die Perspektive von oben zu erfassen. Doch noch seltener schaffen wir es, einzugreifen, um das Pendel in die andere Richtung schlagen zu lassen. Es reicht aber oft, wenn man diese Momente der Lebenswende einfach nur als solche erkennt und sie gebührend betrachtet, dann entfalten sie schon ihre ungeheure Wirkung und Leuchtkraft. Alles vorher Gewesene wirkt logisch, alles darauf Folgende klarer. Dass diese Sekunde in der Wüste ein solcher Wendepunkt meines Lebens war, habe ich allerdings erst später begriffen, als ich meine Lebensgeschichte zu ordnen und deren innere Logik zu erkennen versuchte.

Ich startete den Motor erneut und verließ die Wüste. Schon eine Stunde später, als ich bereits mit vollem Tempo auf dem Highway Richtung Los Angeles fuhr, sollte ich zum ersten Mal merken, dass jenes Gefühl von vorhin, dass mir die Kontrolle vollkommen abhanden gekommen sei, eine sehr reale und bedrohliche Dimension annehmen würde und dass ich die Richtung des Pendelschlags aus eigener Kraft nicht mehr ändern konnte. Der Zeiger meines Lebensmetronoms schlug bereits wieder in seine vorbestimmte Richtung und er tat es in einem bewegten Tempo.

Die Nadel des Tachometers hatte sich bei 70 Meilen pro Stunde eingependelt. So ein offener Mustang fuhr sich schlecht auf dem amerikanischen Highway. Jedes Mal, wenn riesige Laster mit verchromten, bedrohlichen Kühlergrills wie jene aus Spielbergs »Duell« mich überholten, befürchtete ich, dass die Kamera von den wirbelnden Luftmassen mit sich gerissen werden könnte. Ich steuerte mein Auto mit einem schlafenden Kollegen, wurde ständig überholt und angehupt, atmete die stinkenden und erhitzten Dämpfe der Autobahn ein.

Langsam überkam mich ein Gefühl der Panik, das ich so noch nicht kannte. Normalerweise konnte ich gut mit unterschiedlichen und zeitgleichen Reizen umgehen. Ich rühmte mich früher, als ich noch Regie bei Live-Sendungen führte, über eine gute distributive Aufmerksamkeit zu verfügen. »Multitasking« war für mich kein Problem. Ich konnte gut die vier, fünf Kameras, die Arbeit der Kollegen vom Ton und von der Bildtechnik gleichzeitig im Auge behalten, mit dem Moderator der jeweiligen Sendung über seinen Ohrstöpsel kommunizieren und, ruhig und klar, Entscheidungen treffen.

Jetzt hatte ich plötzlich Schwierigkeiten, die einfachsten Handlungen durchzuführen, das Radio auszuschalten. Ich fand den Drehknopf nicht, traute mich aber auch nicht, meinen Blick von der durchgezogenen gelben Linie auf dem Asphalt zu nehmen. Das Bild wurde immer unschärfer und mich überkam eine unkontrollierte Panik. Plötzlich verlor ich jegliches Gefühl für Raum und Zeit. Es hielt nicht lange an, vielleicht zwei, drei Sekunden, doch in dieser Zeit wurde es komplett still und ruhig, wie in einem Flugzeug, das seine Motoren abgestellt hat und nur noch segelt. Ich schwebte durch die Wüste. Doch schon bald rüttelte in einem verborgenen Winkel des Bewusstseins mein verkümmerter Überlebensinstinkt an meinem ganzen Körper und an dem Auto. Ich hatte gerade die geriffelte Linie des Standstreifens überfahren und das Geräusch der Reifen holte mich zurück.

Im ersten Augenblick war ich überrascht, mich am Lenkrad eines Autos wiederzufinden, doch schon im zweiten erkannte ich die sich immer schneller nähernde Befestigung der Autobahn. Vollkommen irrational zerrte ich mit meiner ganzen Kraft am Gangschalter des Getriebes, ohne zu merken, dass es ein Automatikfahrzeug war. Ich schaffte es irgendwie, den Hebel auf »P« zu stellen. Gleichzeitig drückte ich mit meinem linken Fuß auf das Bremspedal, während ich mit dem rechten weiterhin Gas gab. Das Auto heulte auf, kam mit einem bockigen Sprung zum Stehen und schleuderte die Kamera in die Rückenlehne des Beifahrersitzes und den Kameramann mit dem Kopf gegen meine Kopfstütze. Wir standen auf dem Seitenstreifen, umgeben vom Hupkonzert der vorbeirauschenden Laster. Es roch nach verbranntem Gummi. Ich schwitzte am ganzen Körper. Den Rest der Strecke fuhr der Kameramann.

Heute weiß ich, dass ich damals meinen ersten epileptischen Anfall hatte. Keinen »Grand Mal«, keinen Anfall, der von Zuckungen und Erstickungssymptomen begleitet ist, sondern eine seiner Vorstufen, eine »Aura«. Ein wunderschöner Name für eine sehr heimtückische und gefährliche Angelegenheit, der nichts anderes beschreibt als das Gewitter und die wild herumschießenden Neuronen in meinem Gehirn. Bloß die Zuckungen bleiben aus, ansonsten ist man aber genau so »weggetreten«, wenn auch nur für kurze Zeit.

Wann immer ich versuche, den Beginn meiner Karriere als Gehirntumorpatient festzulegen, kommt mir dieser Tag vor sieben Jahren auf dem Highway Richtung Los Angeles in den Sinn. Ich hatte ihn zwar bald wieder verdrängt, die restlichen Tage in Los Angeles und Santa Barbara in einem Zustand der permanenten Erschöpfung verbracht, doch war dieser Vorfall wohl das erste unmissverständliche Zeichen dafür, dass ich krank war. Ernsthaft krank.

6. Eine Topographie des Hasses: Transnistrien

»Die Art und Weise, in der die menschliche Sinneswahrnehmung sich organisiert – das Medium, in dem sie erfolgt – ist nicht nur natürlich, sondern auch geschichtlich bedingt.«
Walter Benjamin - Das Kunstwerk im Zeitalter seiner technischen Reproduzierbarkeit

Manchmal erstaunt es mich, dass Orte einen scheinbar mühelos zum richtigen Zeitpunkt finden. Sie sind wie ein Spiegelbild der eigenen momentanen seelischen Verfassung. Man kann nicht genau sagen, was zuerst war, die Landschaft oder die eigene Stimmung. Es ist, als ob solche Orte vom Bewusstsein geradezu herbeigezaubert worden wären. Natürlich waren die meisten von ihnen schon ganze Ewigkeiten da und werden es noch lange, nachdem man sie nicht mehr wahrnehmen kann oder selbst zu Staub verfallen ist, bleiben. Von einem solchen Ort heimgesucht zu werden, erzählt gleichzeitig etwas über einen selbst. Nicht immer sind es angenehme Orte, an die man sich gerne erinnert, doch tragen sie gelegentlich jene Wesenszüge in sich, die Rückschlüsse auf die eigene Befindlichkeit ermöglichen. Ich meine hier nicht nur naheliegende Analogien, wie die einer lieblichen, zypressenumsäumten toskanischen Hügelkette als Reflexion einer entspannten Seelen-Kulturlandschaft. Vielmehr geht es mir um den spontanen Dialog zwischen dem Umfeld und dem Betrachter, ein Dialog ähnlich dem, der sich beim unmittelbaren Erleben eines Kunstereignisses einstellt. Diese – erhabene – Erfahrung bewegt einen, sie hat eine ungeheure Wirkung, etwas wahrlich Magisches an sich. Etwas, was man nur im Augenblick und am Ort des Betrachtens und Erlebens empfinden kann, nicht wiederholbar, kaum beschreibbar. Es ist nicht immer schön, doch jedes Mal intensiv. Vielleicht kommt das, was Walter Benjamin ›Aura‹ nannte, der ganzen Sache am nächsten. Ein merkwürdiger, linguistischer Zufall! Das »Auratische«, so Walter Benjamin, beschreibt den ungeahnten Zauber, der eine Kunsterfahrung oder eine Landschaft im Moment seiner Betrachtung umgibt und entfesselt. Eine Aura lässt sich nicht einfrieren und auch nicht technisch reproduzieren, sie ist an das Hier und Jetzt gebunden. Ich konnte meinen neurologischen Auren, jenen Vorstufen eines epileptischen Anfalls, damals kaum etwas Erhabenes abgewinnen. Ich wusste noch gar nicht, was sie waren, diese ›Blackouts‹, wie ich sie zu nennen pflegte. Ohne dass ich es mir erklären konnte, traten sie meistens angesichts einer überwältigenden Landschaft auf. Dass sie auch Pforten zu ungeahnten und manchmal unerwünschten Erfahrungen hätten sein können, Zäsuren der eigenen Lebenslinie und Wegweiser zu persönlichen Traumwelten, kam mir damals gar nicht in den Sinn. Ich wollte es auch nicht wissen. Es war viel einfacher, der Meinung meines Arztes zu folgen und diese Erscheinungen, die Auren, als eine Folge von Stress und Jetlag abzutun, sich dem Zappeln und Streben nach beruflicher Erfüllung weiterhin zu widmen.

Einige Zeit nach dem Interview mit T.C. Boyle im kalifornischen Santa Barbara, den Dreharbeiten in Los Angeles und meinen ersten Aura-Erfahrungen erhielt ich den Auftrag, eine Reportage in der wohl entlegensten Ecke Europas zu realisieren, einem Ort, der mit der Sonne Kaliforniens oder der Raffinesse eines T.C. Boyle nichts gemein hatte, einem Ort, den es offiziell so gar nicht gab, ein Un-Ort: die international nicht anerkannte, selbsternannte Republik Transnistrien an der Grenze zwischen Moldawien und der Ukraine, ein grauer Fleck auf dem Gebiet der ehemaligen Sowjetunion. Ich sollte inoffiziell Künstler, Intellektuelle und Politiker treffen, sollte versuchen zu verstehen, was das für ein Leben war an jenem verletzten, kränkelnden Ort, unter dem Europa litt und das dem Zuschauer so seltsam fremd und fern war, wie mir der Gedanke, dass ich möglicherweise an einer tödlichen Krankheit leiden könnte. Absurde Orte, absurde Gedanken! Da es praktisch ausgeschlossen war, eine Drehgenehmigung zu bekommen, sollte ich als Tourist zusammen mit einem Kameramann und unseren unauffälligen, halbprofessionellen Kameras einreisen.

Ich fühlte mich erschöpft nach der Amerikareise und der Gedanke an meinen Anfall auf dem Highway machte mir Sorgen. Die aufreibenden Kämpfe in der kleinen Firma, die bedrückende Atmosphäre zu Hause, die Geldsorgen, die immer dunkler werdenden Wolken am Himmel meiner Beziehung zu Tina, das alles war der Hintergrund meiner Entscheidung, den Auftrag anzunehmen. Vielleicht reiste ich auch deswegen ab, um mich von meinem damals noch undefinierten Unglück abzulenken und wahres Leid zu erfahren. Noch wusste ich ja nichts vom wachsenden Tumor in meinem Kopf. Es war wie ein Sog. Ich musste dahin, das Unglück zog mich magisch an.

Transnistrien ist das Relikt eines vergessener Konflikts, des russisch-moldawischen Kriegs im Jahre 1992. Die Region wird bis heute aus strategischen Überlegungen künstlich am Leben erhalten. Es ist ein Ort des Hasses und des politischen Kalküls, ein Pulverfass regiert vom autoritären Sheriff Igor Smirnov und einer Bande korrupter Schmuggler und Erpresser, ferngesteuert aus Moskau. Schon in Zeiten der Sowjetunion hatte man dort Waffenfabriken und gewaltige Depots an konventioneller Munition angesiedelt. Transnistrien war ein Pufferstreifen, zwischen der Ukraine und der Republik Moldau gelegen, und ein Pfand in den Händen Russlands, um nah an der heranrückende Grenze zur EU militärische Präsenz zeigen zu können. Tatsächlich, selten ist mir so wenig Liebe und so viel Verbitterung begegnet, wie an diesem Ort. Ich weilte dort nicht lange genug, um mir ein endgültiges Urteil anmaßen zu können, doch das vorherrschende Gefühl, das mich umgab, war Hass. Ich bin sicher, jenseits dieser Fassade blühte irgendwo auch die zierliche Pflanze der Liebe, hinter vielen Fenstern, auf irgendeiner Parkbank. Doch gesehen habe ich sie nicht.

Ähnlich wie die Landschaft und die Felder Lothringens, so schön sie auch sein mögen, gleichzeitig den millionenfachen Tod und das Gemetzel im Ersten Weltkrieg beschwören, so ist auch Transnistrien ein Ort, den man unbekümmert nicht mehr betreten kann. Hierher wurden rumänische Juden und Roma während des Zweiten Weltkriegs deportiert und in bitterkalten Wintern und höllisch heißen Sommern ihrem Schicksal, dem Hunger, den Krankheiten und dem Tode überlassen. Ein Ort des Unglücks, für immer!

Die ersten Kilometer in Richtung der Hauptstadt Tiraspol führten zunächst direkt in die nähere Vergangenheit. Es war November 2003, doch die Stimmung war eisig wie Anfang der 80er-Jahre, während der gefährlichsten Phase des Kalten Krieges. An jeder Brücke standen russische Soldaten mit den Kalaschnikoffs im Anschlag, hinter manch einer dörflichen Häuserzeile sah man geparkte Panzer.

Ich erkannte die verstohlenen Blicke verängstigter Bürger, die mir während meiner Jugend in Rumänien so vertraut waren. Vor der großen Leninstatue lagen frische Blumen. Unauffällige Ladas mit jeweils zwei Männern mit kurzem Haarschnitt, die sich unentwegt nach uns umdrehten, fuhren die Straße auf und ab. Wir fühlten uns beobachtet – und das war nicht nur die Paranoia eines in einer Diktatur aufgewachsenen Menschen.

Es vergingen keine fünf Minuten, da sah ich zwei Männer, die sich Vitali, meinem Kameramann, mit schnellen Schritten näherten und in ein Walkie-Talkie sprachen. Wie auf Kommando machten die patrouillierenden Ladas kehrt, doch bevor sie mich und meine Dolmetscherin erreichten, waren drei andere Männer wie aus dem Nichts neben uns erschienen und hatten uns am Arm gepackt. Wir wurden in die nächstgelegene Milizstation begleitet und in einen fensterlosen Raum eingeschlossen. Kurze Zeit später wurde auch Vitali zu uns gebracht.

An diesem Un-Ort gab es plötzlich keinen Raum mehr für Dialog, für Erklärungen, für ein freundliches Lächeln. Es war einfach und es war roh. Auf beiden Seiten gab es nur noch die Angst, die Furcht vor dem unbekannten Gegenüber, die Verbitterung und den Wunsch, es den anderen zu zeigen. Dieses Gefühl, ausgeliefert zu sein, ein Gefühl, das ich so gut aus Rumänien kannte, forderte mich heraus. Mit meinem rumänischen Namen stieß ich hier auf kein Wohlwollen, doch im Schutze meines deutschen Passes und meines Journalistenausweises konnte ich mir einen souveränen Umgang mit den verunsicherten und aggressiv agierenden Milizionären erlauben. Das Verhör verlief auf Russisch, viel habe ich vom gereizten Bellen des Offiziers nicht verstanden. Was wir hier tun würden, ob wir nicht wüssten, dass man in Transnistrien nicht drehen darf, auch nicht von öffentlichen Plätzen aus, für wen wir überhaupt arbeiten würden, wen wir hier bereits getroffen hätten usw.

Nach zwei Stunden wurden wir in unser Auto gesteckt und

unter Eskorte zum so genannten Innenministerium gefahren, wo ein Dutzend bewaffneter Soldaten das Auto umzingelte. Ohne ein Wort der Erklärung setzte sich einer von ihnen ans Lenkrad unseres Autos und fuhr mit uns los. Wir erkannten bald, dass es in Richtung Grenze, die ja keine war, ging. Ein Offizier kam zu mir und sagte – zum ersten Mal auf Rumänisch – ich und meine Leute sollen uns hier niemals wieder blicken lassen.

Zu keinem Zeitpunkt hatte ich mich ernsthaft bedroht gefühlt, keinen Augenblick hatte ich den Eindruck gehabt, dass ich und meine Kollegen aus dieser Situation und aus diesem unglücklichen Ort nicht heil wieder herauskommen würden. Auf eine merkwürdige, masochistische Weise, genoss ich sogar den kleinen Zwischenfall, als ob ich ihn mir geradezu herbeigesehnt hätte, nur um mir und der Welt zu beweisen, dass ich noch die Kontrolle hatte, dass ich niemals wieder so ausgeliefert sein würde wie in meiner Jugend in Rumänien, als ich noch glaubte, dass andere über mich, mein Glück und über meine Liebe zu Tina bestimmten.

Doch nicht immer ist das Bestehen einer selbst auferlegten Prüfung auch der Beleg für tatsächlich vorhandene Überlegenheit. Es ist das Überraschende, das nicht Geplante, nicht Einkalkulierbare, das einen wirklich herausfordert, über sich hinaus zu wachsen oder daran zugrunde zu gehen. Kein Übel dieser Welt kann einen darauf vorbereiten, sich in Unglück üben ist gar unmöglich. Nur wenn ein Ereignis einen völlig kalt erwischt, merkt man, aus welchem Holz man eigentlich geschnitzt ist. Ein bitterer Preis für eine Selbsterkenntnis, doch oft der einzige Weg dahin. In Transnistrien hatte ich ein leichtes Spiel und einen billigen Sieg davongetragen. Nicht alle Prüfungen, die mir durch meine Gehirntumorerkrankung bevorstanden, würden hingegen so einfach sein und meine Reaktion darauf würde mich nicht immer mit Stolz erfüllen. Doch noch war ich nicht soweit, noch wich ich dem Zweikampf aus und genoss die vermeintliche Unverwundbarkeit, die ich als Journalist in Transnistrien besaß.

Ich glaube, auf eine unbewusst Art wollte ich damals aus diesem unglücklichen Landstrich nicht weg, gar nicht zurück nach Frankfurt, als ob ich eine Vorahnung gehabt hätte, dass dort der Gehirntumor bald offiziell in mein Leben eintreten würde. Mit dem fremden Übel in Transnistrien konnte ich klarkommen, diese Situation hatte ich im Griff. Ich konnte souverän handeln und brauchte nicht in den Spiegel zu sehen. Die ganze verdammte Sache hatte ja auch wenig mit mir persönlich zu tun. Zuhause, hingegen, das hieß damals, Entscheidungen treffen, wie jene über den Kauf einer Wohnung, das hieß auch die Auseinandersetzung mit Tina, die wegen meiner zügellosen und quälenden Arbeit und unseres immer größer werdenden emotionalen Abstands an den Rand der Verzweiflung getrieben wurde. Es war nicht einfach. Wir waren im Kreislauf eines modernen Lebensszenarios gefangen: dem Alltag, den familiären Verpflichtungen, den Konsumwünschen der Kinder, den Geldsorgen, der Miete oder den bevorstehenden Raten für einen viel zu hohen Hypothekenkredit. All das machte mich auf eine gewisse Weise erpressbar. Ich musste funktionieren, trotz meines Unmuts weiterhin in der kleinen Firma arbeiten. Die ganze alltägliche Last des Haushalts und der Kindererziehung ruhte indes auf Tinas Schultern. Wie daran etwas ändern, wie sich davon befreien? Dagegen half kein Journalistenausweis mehr.

Am nächsten Morgen, als ich vor dem Hotel auf das Taxi zum Flughafen in der moldawischen Hauptstadt Chisinau wartete und den Blick über die graue Landschaft streifen ließ, spürte ich die – mittlerweile vertrauten – Symptome eines nahenden Blackouts, einer Aura. Ich schaffte es gerade noch rechtzeitig, mich auf den Gehsteig zu setzen und mich gegen die Mauer zu lehnen, dann war ich schon weggetreten. Wie lange ich so saß, kann ich nicht sagen, ich habe keine Erinnerungen mehr an diese Zeit. Sie ist ausgelöscht, wie gestohlen. Keiner hatte meinen Anfall bemerkt. Einige Stunden später landete ich in Franfurt.

Es war für mich immer schon ein gutes Gefühl, ihre Silhouette in der Menge wartender Menschen in der Ankunftshalle des Frankfurter Flughafens auszumachen. Manchmal versuchte ich den Moment, in dem sie mich erkannte, so lange wie möglich hinauszuzögern, indem ich einige Augenblicke länger hinter der automatischen Tür verweilte. Ich konnte so, durch das Auf und Zu der Tür, immer wieder einen kurzen Blick auf Tina erhaschen. Trotz unseres angespannten Verhältnisses liebte ich sie sehr und sehnte mich nach ihr. Tinas Gesicht war für mich die Gewissheit, dass ich zu Hause war, dass das Leben eigentlich in Ordnung war, solange man es nur schaffte, den Hass dieser Welt vor der eigenen Haustür auszusperren. Doch dieses Mal konnte ich sie nur schwer erkennen. Alles war unscharf, instabil. Die Bewegung der automatischen Tür machte mich nur noch schwindliger. Sie schnitt den Raum zwischen uns in feine, unüberwindbare Scheiben und zwang mich, die Augen immer länger zu schließen, um mich nicht zu übergeben. Später erkannte ich Tina draußen in der Menge. Es kostete mich enorm viel Kraft, mir nichts anmerken zu lassen. Dass ich dieses Gefühl der Schwäche gar nicht erst zulassen wollte, trotz der massiven Beschwerden, führe ich heute auf eine kindische Verdrängung eines Zustands zurück, von dem ich innerlich schon spürte, dass er sehr bedrohlich sein musste. Ich dachte, jede Sekunde, in der ich nichts von der Ursache meiner Schwäche wusste, wäre eine gewonnene Sekunde. Ich wollte Tina umarmen, meinte, das würde alles ändern.

Es war aber ein hastiges Wiedersehen. Wir hatten die schöne, aber viel zu teure Penthouse-Wohnung gekauft, und die Probleme drängten. Nicht der Hass dieser Welt klopfte an unsere Haustür, sondern die Sorgen dahinter, in unserem neuen Heim, das ich niemals hatte kaufen wollen und es nur auf Tinas Drängen und aus der falschen Überzeugung, im Sinne meiner Familie zu handeln, trotzdem getan hatte. Was das Nest unserer Liebe sein sollte, wurde zur Kulisse unserer unaufhörlichen Entfremdung: ein Ort ohne Liebe, unser Transnistrien.

Bis zu jenem 18. Mai 2004, als der Blick in mein Gehirn die Diagnose Gehirntumor bestätigte. Die Erinnerung daran ist für mich allerdings ausgelöscht. Der Tag verliert sich in einem Wust von chaotischen Tagen des Umzugs und der aufgesetzten Freude, aber auch von Tagen schwindelerregender Ausfälle, deren Anzahl und Heftigkeit ich vergessen habe. Für ein zuverlässiges Bild jenes Tages muss ich mich also auf Tinas Erinnerungen und Empfindungen verlassen. Die Diagnose traf sie bei vollem Bewusstsein und mit größter Wucht. Ich hingegen schlummerte bereits in einem Dämmerzustand. Ich hatte mich gerade ausgeklinkt.

7. Traumwelten: Die Farbe Weiß wird verdrängt

»Wir sind aus solchem Stoff wie Träume sind
Und unser kleines Leben ist von einem Schlaf umringt«
William Shakespeare - Der Sturm

Das Leben ist ohne Kunst schwer zu ertragen, ohne die Deutung und die Verklärung, die die Kunst erst ermöglicht. Vor allem nicht, wenn es plötzlich nur noch aus Schläuchen, Kanülen, Infusionen und Tabletten besteht, wenn es in die Farbe Weiß eintaucht. Dann muss auf diese große, weiße Leinwand erst recht etwas projiziert werden. Wichtig ist, dass es einem hilft, eine Realität, die sonst nicht auszuhalten wäre, anzunehmen, darin einen Sinn und, ich wage dieses große Wort auszusprechen, sogar eine Chance und Schönheit zu erkennen. Vielleicht ist das richtige Wort nicht unbedingt Kunst, sondern jener kreative Geist, der das Leben bunt und lebenswert macht. Ich habe immer wieder die Erfahrung gemacht, und von anderen Betroffenen berichtet bekommen, dass eine kreative Auseinandersetzung mit dem eigenen Schicksal jenes erträglich gemacht hat. Ärzte haben mir später bestätigt, dass Krebspatienten, die sich ihrer Erkrankung bewusst und kreativ annehmen, ohne ständig damit zu hadern, nicht nur ihr Schicksal leichter akzeptieren, sondern auch eine bessere Lebensprognose haben. Ihnen allen fällt es einfacher, die Farbe Weiß zu verdrängen. Zugegeben: Es ist oft leichter gesagt als getan.

Für mich war Weiß schon immer die Farbe des Todes und des Überganges. Vor Weiß hatte ich mein Leben lang Respekt. Ich erinnere mich, dass ich, einige Jahre bevor ich vom Tumor in meinem Kopf erfuhr, eine Drehpause in Kanada nutzte, um mir die Niagara-Wasserfälle anzusehen. Ich war auf der »Maid of the Mist VII«, einem jener Boote, die in die tosende Hölle bis zur unteren Kante der abstürzenden Wassermassen heranfahren. Eingewickelt in blaue Regenmäntel, waren ich und die restlichen Passagiere am Deck des Schiffes die einzigen Farbtupfer in dieser weißen Landschaft. In mein Tagebuch trug ich spät am Abend folgende Zeilen ein:

»Eine unheimliche Kraft umgibt mich in tausend Nuancen Weiß. Eine elementare, überwältigende Erfahrung. So muss das große Finale, der Tod aussehen. Zumindest in einer idealen Vision. Kein Tunnel und an dessen Ende ein Licht, sondern ein endloser Wasserfall eingetaucht in gleißendes Licht, so viel Weiß, dass man die Grenze zwischen Himmel und Wasser gar nicht mehr erkennt, so viel Wasser, dass es alle Spuren des Lebens wegwäscht und auf die Welt dahinter vorbereitet. Ich fühle mich klein, doch nicht unbedeutend. Das Wasser hebt mich empor, es erdrückt mich nicht. Das merkwürdige Gefühl, von einer dem Sturz der Wassermassen gegenläufigen, emporstrebenden Bewegung getragen zu werden. Wunderbar. Am Fuße des Wasserfalls wird alles still, der Wind hört auf und das Einzige, was übrig bleibt, ist der milliardenfache Tanz der kleinen Wassertropfen. Und meine Empfindungen. Und mein Atem. Es geht mir gut, ich habe keine Angst!«

Das Weiß der Krankenhäuser hat nichts gemein mit dem Weiß der Wasserfälle, doch eignen sich wahrscheinlich beide auf eine hervorragende Weise für Projektionen jeglicher Art. Sonst sind sie nicht auszuhalten. Mein Gehirn hatte bereits selbständig die Regie übernommen, um das Weiß, das mich im Krankenhaus überall umgab, mit Farbe zu füllen.

Das Formel-1-Rennen von Monaco habe ich im Mai 2004 nicht verfolgt und trotzdem erinnere ich mich sehr genau daran. Ich lag regungslos auf der Intensivstation. Eine Glaswand trennte sie von dem kleinen Aufenthaltsraum der Pfleger, die die Berichterstattung des Rennens im Fernsehen verfolgten. Eine willkommene Ablenkung an diesem ruhigen Sonntag. Die aufgeregten Kommentare des Reporters, seine Verzweiflung darüber, dass Michael Schuhmacher in den engen Gassen von Monaco partout nicht überholen konnte, die Geräusche der Motoren haben sich in mein gemartertes Gehirn eingebrannt, obwohl ich eigentlich, medizinisch betrachtet, gar nicht bei Bewusstsein war und noch immer im künstlichen Koma lag. Jedes Jahr im Mai, wenn der Zirkus in Monte Carlo von vorn beginnt und die Motoren der

Boliden losheulen, spüre ich den Geruch der Intensivstation, jene Mischung aus Urin, Desinfektionsmittel und Pfefferminztee. Es ist wie ein unkontrollierter Reflex. Gleichzeitig erheben sich auch die Stimmen der Pfleger. Es sind angenehme Erinnerungen. Jedes Wort, sei es auch noch so leise gesprochen, habe ich mitbekommen, jeden Fetzen ihrer Gespräche mitverfolgt. An ihren Stimmen hielt ich mich fest, sie waren für mich, der da im Bett mit geschlossenen Augen lag, die Verbindung zum Leben. Die Motoren der Ferraris und die Stimmen der Pfleger. Gelegentlich näherte sich eine davon und verstummte dann, bis eine entfernte Stimme ihr etwas leise zurief. Die Motoren wurden lauter. Dann schlich sich die Stimme wieder weg und die Glaswand fing ihre Worte ab, so dass nur noch ein angenehmes Murmeln zu mir drang. Manchmal unterhielten sich die beiden Stimmen über meinen Kopf gebeugt. Ich konnte den Atem der Wörter spüren. Nach einer Weile verstummten sie wieder.

Ich weiß, ich habe in dieser Zeit ebenfalls viel gesprochen, wie im Wahn. Ich habe den Pflegern von meinen Sorgen erzählt, von meiner Furcht, dass ich die 62 Treppen, die zu unserer kürzlich erworbenen Penthouse-Wohnung führten, nicht mehr hoch laufen könnte, dass ich vielleicht nicht mehr genug arbeiten könnte, um die Hypothek zu bezahlen. Die Pfleger haben mir niemals direkt geantwortet, sondern sich nur miteinander weiter unterhalten. Mit lauter Stimme, so dass ich sie hören konnte, riefen sie sich gegenseitig zu, dass man doch Stufen auch hoch kriechen, dass man eine Wohnung auch verkaufen könne. Sie gaben sich gegenseitig unzählige Beispiele von ähnlichen Fällen aus ihrem erstaunlich großen Familien- und Bekanntenkreis. Der Freund im Rollstuhl, der an Krebs erkrankte Schwager, der pleitegegangene Schwiegersohn, usw., usw. Nach stundenlangem Zuhören, jeder Möglichkeit der Interaktion beraubt, war ich über die finanziellen und gesundheitlichen Nöte ihrer Cousins, Onkel und Tanten bestens informiert. Ich fühlte mich in meinem Schicksal tatsächlich nicht mehr so einsam.

Am Abend öffnete sich die Tür und eine Frau mittleren Alters mit bandagiertem Kopf wurde hereingeschoben. Ihr Bett wurde links von meinem abgestellt. Mehr konnte ich nicht sehen, denn jemand zog den Vorhang zu. In jener Nacht war es mir unmöglich einzuschlafen. Ein endloser Strom von Pflegern und Ärzten kümmerte sich um die neue Patientin. Ich konnte nicht erkennen, was sie machten, den Geräuschen nach zu urteilen, hätte es genau so gut eine Massage oder eine kosmetische Behandlung sein können. Doch plötzlich hörte ich die vertraute, angenehme Stimme eines Pflegers, der nach Unterstützung rief. Niemand eilte zu Hilfe. Sie wurde immer unruhiger und schließlich brach sie auseinander und fing an zu schluchzen. Ich wollte aufstehen und ihm helfen, doch es waren mittlerweile zu viele Leute im kleinen Raum, also blieb ich im Bett liegen. Ich konnte ein leises Seufzen nicht unterdrücken. Wie bei der Aufführung einer commedia dell'arte wurde der Vorhang erneut aufgerissen, ein Pfleger beugte sich über mich. Hinter ihm sah ich die Frau. Hätte sie nicht eingefallene, wachsfarbene Wangen gehabt, ich hätte sie glatt mit Tina verwechselt. Die Ähnlichkeit war verblüffend und erschreckte mich. »Es wird etwas unruhig hier. Versuchen Sie zu schlafen«, sagte der Pfleger noch, dann …

Plötzlich knallt die Tür links auf.

»Auftritt Putzfrau Colombina. Ihre Haare sind hochgesteckt und von einem Kopftuch bedeckt. In der linken Hand hält sie einen Eimer, in der rechten, einen Schrubber. Sie hört Musik aus ihrem MP3-Player. Selbstvergessen fängt sie an, den Boden zu wischen, während alle anderen für eine Sekunde verstummen. Ein Gerät piepst, die Putzfrau reißt ihre Kopfhörer aus den Ohren, die Stimmen laufen wieder hoch. Der volle Urinbeutel unter meinem Bett wird ausgetauscht. Die Pfleger hängen ihre Stethoskope vom Hals ab, schmeißen sie fast synchron auf den Tisch und trällern, während sie sich mit kurzen Schritten in Richtung Aufenthaltsraum entfernen. »Ich bin so klein, mein Herz ist rein, ich bin nicht dottore, hast verstanden, mi amore?« Sie verschwinden durch die Tür rechts. Die Putzfrau Colombina dreht noch eine ungelenke Pirouette und verschwindet links. Die Tür knallt zu, das Licht geht aus, ich schließe die Augen.

Die vier Pfleger schleichen sich auf Zehenspitzen erneut aus dem Aufenthaltsraum heraus, stellen sich um mein Bett herum, greifen das Bettlaken, auf dem ich liege und – 1,2,3 – heben sie mich hoch. Ich reiße die Augen auf und merke, wie ich in eine

Röhre gesteckt werde, wo mich ein Laufband entlang beleuchteter Edelstahltüren befördert. Es ist kalt und die grellen, weißen Neonröhren, die wie Gitterstäbe an der Decke und den Seitenwänden vorbeiziehen, machen die Situation noch beklemmender. Die Edelstahltüren öffnen sich plötzlich und eine riesige Welle bunter Plastikkugeln ergießt sich, rollt auf mich zu, holt mich ein, hebt mich hoch und trägt mich immer schneller, immer schneller zum Ausgang der Röhre. Ich höre das nahende Dröhnen der abstürzenden Plastikkugeln wie bei einem Wasserfall. Und plötzlich schießt mich diese Welle aus dem hell erleuchteten Tunnel mit einer Wucht heraus, die mich zum Grinsen bringt. Ich fühle mich leicht, ich fliege und unter mir erstreckt sich unendlich und unerträglich schön das dunkelblaue Meer. Dann bemerke ich in der Ferne so etwas wie flatternde, blaue Fahnen. Ich stelle das Bild scharf, wie bei den Bordkameras eines Polizeihubschraubers und erkenne, dass es ein Dutzend reitender Frauen sind, gekleidet in üppige, blaue, wehende Gewänder. Sie galoppieren auf dem Wasser und es ist, als ob alle Gesetze der Physik und der Vernunft außer Kraft wären. Es ist einfach nur schön. Ich erlebe gerade eine Aura, davon bin ich überzeugt. Wie in Zeitlupe nähern sie sich der Küste, die mächtigen, wabernden, blauen Stoffe hinter sich herziehend. Sobald die Hufe der Pferde den Sand berühren, verwandeln sich die Abdrücke in Farbflächen, die langsam zerfließen und sich miteinander zu einem bunten Teppich vermischen. Ich drehe meine Runden über die Küste und staune über die Schönheit des Spektakels, als plötzlich eine der Amazonen ihr Haupt erhebt, mich bemerkt und mit dem Finger auf mich zeigt. Dieser direkte Blick durchdringt jede Faser meines Körpers, brennt sich unauslöschlich in mein Gehirn ein. Ich verliere die Nerven und auch die Kontrolle über meinen Hubschrauber, versuche zu fliehen. Doch etwas zieht mich unaufhörlich hinunter. Mit voller Wucht pralle ich gegen die Felswand und bohre mich tief hinein, weiter in den morastigen Boden, vorbei an sich windenden Wurzeln, vorbei an Regenwürmern und Ameisengängen, vorbei an menschlichen Gliedmaßen, vorbei an Wasser, Kies und Höhlen. Ich glaube Menschen zu erkennen, von denen ich seit Jahren nichts mehr weiß. Panik ergreift mich. Ich schreie, reiße die Augen auf und blicke von meinem Bett hinunter auf den Boden des Frankfurter Krankenhauses, wo der Pfleger mit der angeneh-

*men Stimme vollkommen erschöpft zusammengekauert liegt. Ich
berühre seine Schulter und frage ihn, ob die Frau, die sie vorhin
hereingebracht hatten, die meiner Frau so ähnlich sah, gestorben
sei. Als er nickt und zu weinen beginnt, reißt mein Film ab.*«

Ich könnte schwören, dass alles, worüber ich hier geschrieben habe, sich tatsächlich auch so ereignet hat. Es war alles so real, dass mich niemand vom Gegenteil überzeugen kann. Und dennoch ist nichts davon passiert, versichern mir alle Beteiligten. Bloß eine Folge der Narkose und des aufgewühlten Gehirns. Keine bunten Plastikkugeln, keine Amazonen, keine Röhre, keine tanzenden Pfleger, keine Putzfrau Colombina. Und auch keine kranke Frau. Und doch ist für mich alles so real, wie jede andere beliebige Erinnerung, die den objektiven Test der Realität durch die Bestätigung von Zeugen bestanden hat. Für mich ist das alles so geschehen. Vor allem die Erinnerung an die Frau, die Tina so verblüffend ähnlich sah und die für eine Weile mit mir die Intensivstation teilte, ist sehr lebendig.

Aber vielleicht war sie auch nur ein Schatten, die Projektion meiner Frau, die vor der Tür wartete und weinte und hoffte, dass ich bald wieder zurückkehren würde. Vielleicht hatte sie sich auf diese Weise hereingeschmuggelt, um bei mir zu sein, um diese Erfahrung und das Unglück mit mir zu teilen. Das würde ich ihr jedenfalls zutrauen, so dickköpfig, wie sie gelegentlich ist, so hartnäckig und so voller Liebe. Was mich aber bis heute quält, ist die Frage: Warum ist sie in meinem Traum gestorben und warum bin ich durch den morastigen Boden ins Leben zurückgekehrt? Und wenn das alles nur eine Projektion meines Geistes war, um die Farbe Weiß, die mich umgab zu verdrängen, was hat sie dann zu bedeuten?

Michael Schumacher verlor an jenem Tag das Rennen in Monte Carlo, obwohl er die schnellste Runde gefahren war. Nach einem dummen Unfall – Montoya kollidierte mit ihm in der 46. Runde – blieb Schumacher mit seinem stark beschädigten Ferrari liegen.

Doch am Ende der Saison war er der Weltmeister.

8. Wiederauferstehung

*»Es heißt, dass ein Auto bei einem Rennen den Augen folgt. (...)
Das ist nichts als eine andere Ausdrucksweise dafür, dass das,
was du tust, vor dir liegt. Ich weiß, das ist die Wahrheit.
Rennen sind die Wahrheit.«*
Garth Stein - Enzo

An meinen ersten Tag nach dem Erwachen aus dem Koma in
der Intensivstation habe ich nur verschwommene Erinnerungen.
Es war die Farbe Weiß an der Wand gegenüber, die ich zunächst
wahrnahm. Ein gleißendes Licht, als ob der Film meiner Albträu-
me im Projektor gerissen wäre. Es verunsicherte mich zutiefst,
denn ich konnte keine Zeichnung darin erkennen, keine Linien,
an denen ich mich festzuhalten vermochte. Es war zwar eine weiße Wand, doch sie schien endlos und durchsichtig zu sein, wie das
Wasser der Niagara-Fälle. Erst allmählich schaffte ich es, meine
Augen zu fokussieren und mein Gesichtsfeld zu erweitern. Ich
wusste nicht, ob meine Augen immer noch tanzten und die Bilder durchschüttelten oder ob die Operation dem ein Ende bereitet hatte. Erst einige Minuten später, nachdem ich meinen Kopf
langsam und unter heftigen Schmerzen zur Seite drehen konnte,
schob sich das Fußende des Bettes in mein Gesichtsfeld. Endlich
hatte ich einen Bezugspunkt, endlich konnte mein Blick die Me-
tallstangen des Bettes fixieren. Eine tiefe Verzweiflung überkam
mich, denn die Bilder doppelten sich noch immer. Egal wie sehr
ich mich anstrengte, ich schaffte es nicht, die zwei Stangen meines Bettgestells übereinander zu legen. Sie drehten sich im Halb-
kreis wie auf einem schaukelnden Schiff. Ich kam mir wie ein un-
erfahrener Matrose vor, der den Horizont mit seinem Sextanten
vergeblich anzupeilen versucht. Eine Stunde oder zwei lag ich so,
unfähig, mich zu artikulieren, nicht in der Lage, Farben und Formen zu erkennen. Ich schloss erneut die Augen und konzentrierte
mich eine Weile ausschließlich auf mein Gehör. Darauf konnte
ich mich ja noch verlassen.

Unter dem mittlerweile vertrauten, jetzt nur noch leisen Murmeln der Pfleger glaubte ich in der Ferne eine lang ersehnte Stimme zu erkennen. Schon beim ersten Wort, leider kann ich mich nicht mehr erinnern, welches es war, es war aber nicht an mich gerichtet, schossen mir unwillkürlich Tränen in die Augen, doch sie flossen nicht heraus. Ich drehte mich mit dem ganzen Oberkörper zur Tür um und machte die Augen auf. Ich erkannte, noch immer unscharf und doppelt, die vertraute Silhouette von Tina. Danach umspülten ihre Haare mein Gesicht und trockneten unsere endlich frei fließenden Tränen. Ich weiß nicht, wie lange wir so lagen und welchen erbärmlichen Eindruck ich auf meine Frau gemacht habe, doch ich ahnte, dass ich, zumindest für eine Weile, zurückgekehrt war. In diesem Augenblick war es nicht von Belang, ob für eine Woche, zwei Jahre oder einen Tag, wichtig war, dass ich eine Chance, sei sie auch nicht von Dauer, bekommen hatte, meine Frau und meine Kinder noch einmal zu umarmen. Es klingt kitschig, jämmerlich und melodramatisch, doch dieses einfache, sehr physische Glück überschwemmte mich und ließ mich nicht mehr los. Noch nie zuvor hatte ich so etwas Tiefes empfunden, so etwas Schönes. Und so etwas Anhaltendes, denn es verging seitdem kein Tag, an dem ich nicht das Bedürfnis verspürt hätte, sie alle zu umarmen. Dass ich, so wie ich da lag, mit bandagiertem Kopf und Schläuchen, die aus meinem Schädel herausragten, mit Infusionen in meinem Arm, blass, unrasiert und noch immer frierend, keinen schönen, inspirierenden Anblick bot, war mir in dem Moment nicht klar. Nur als ich den verstörten Blick meiner Frau sah, wusste ich, dass ich mich aufrappeln musste. Und dann setzte sehr schnell ein Mechanismus ein, der mich selbst überraschte.

Schon am nächsten Morgen bestand ich darauf, mich zu rasieren und normale Kleidung anzuziehen. Bald stand ich auf und probte erste Schritte im Flur des Krankenhauses. Das Kribbeln im linken Bein war immer noch da und es sollte einige Wochen dauern, bis es endgültig verschwinden würde. Am meisten störte mich das Schwindelgefühl, doch die Ermutigung des Arztes, meine Motorik würde gewiss bald wieder voll da sein, spornte mich an. Am dritten Tag lief ich bereits die Treppen rauf und runter. Ich beobachtete ganz genau, ob mir meine Beine auch gehorchten, ob meine Neigung zum Stolpern sich langsam legte. Die verschwommene Sicht war geblieben, doch die Ärzte waren zuversichtlich, dass auch das sich bald bessern würde.

Die Operation war ein Teilerfolg. Das Chirurgenteam hatte es geschafft, fast 70 Prozent meines Tumors zu entfernen. Dabei hatte ich Glück, denn es war eine mit Blut vollgelaufene Zyste, die auf meinen Sehnerv gedrückt hatte, und nicht der Tumor selbst. Sie ließ sich problemlos wie eine feuchte Socke absaugen, ohne zu zerplatzen. Der Hirndruck war dadurch sofort weg. Die Tumorzellen hingegen ließen sich nicht so einfach entfernen. Ein junger Arzt erklärte mir später, ein solcher Gehirntumor sei wie eine Handvoll Sand, das man in eine Reisschüssel werfe. Einige Sandkörner bleiben immer übrig, egal wie sorgfältig man sie von den Reiskörnern zu trennen versucht. Ich habe lange gebraucht, bis ich wieder Reis essen konnte!

Die Konvaleszenz dauerte mir zu lange, obwohl die Ärzte die Meinung vertraten, dass ich mich sehr schnell erholte. An manchen Tagen hatte ich das Gefühl, mein Gehirn in den Händen zu halten, ohne verhindern zu können, dass es mir zwischen den Fingern zerfließt. An anderen Tagen wiederum fühlte sich mein Resthirn an wie eine feste Klimmstange, an der ich mich hochzog. Eine Übung, die ein Schwindel erregendes Auf und Ab der Emotionen auslöste.

Ich schaute jeden Morgen voller Ungeduld aus dem Fenster. Patienten schoben ihre Infusionsständer durch den kleinen Park vor dem Krankenhaus. Es war ein ungewöhnlich heißer Mai, die Bäume hatten früh ihre Blüten verloren und ich sehnte mich nach draußen. Erst jetzt bemerkte ich, dass mein Zimmer direkt über dem Anbau lag, in der die Entbindungsstation untergebracht war, wo unsere Kinder geboren waren. Zuletzt hatte unser Sohn Sebastian vor elf Jahren hier das Licht der Welt erblickt. Jeden Morgen war ich damals zusammen mit unserer kleinen Tochter ins Krankenhaus geeilt, um Tina und Sebastian zu besuchen. Ich zeigte meiner Tochter die Räume, in denen sie selbst anderthalb Jahre zuvor geboren war, erzählte ihr vom Geräusch der Schere, mit der ich ihr die Nabelschnur durchtrennt hatte, von den Hoffnungen und Wünschen, die uns in jenen Tagen begleiteten. Sie gluckste vergnügt, als ob sie mich verstanden hätte.

Nun, ein Jahrzehnt später lag ich da, im gleichen Gebäude, vier Stockwerke höher, auf der neurochirurgischen Station, dem Tod näher als dem Leben. So durfte es nicht zu Ende gehen, das war ich meinen Kindern und meiner Frau schuldig!

Morgens wachte ich als Erster auf, saß schon früh, bereits angezogen, am Ende des Bettes in Erwartung der Visite. Es war ein kleines Krankenhaus doch man hatte relativ viel Erfahrung mit Gehirntumoren. Das war gut, denn ich konnte mich mit allen Sinnen auf die unmittelbaren Eindrücke und Geschehnisse, die auf mich einstürzten, konzentrieren, ohne mir Gedanken über Optionen zu machen. Ich hätte ohnehin keine Zeit mehr gehabt, nach Alternativkliniken zu suchen. Nur eine Frage konnte ich bei meiner Einlieferung stellen, und ich tat es, trotz meines vernebelten Verstands, mit solch aufrichtiger Inbrunst, dass nur eine aufrichtige Antwort darauf möglich gewesen war. Ich wollte vom argentinischen Oberarzt wissen, ob er mir aus vollem Herzen bestätigen konnte, dass ich in dieser Klinik an der richtigen Stelle sei, dass die Ärzte hier die richtige Antwort auf mein Problem hätten?! An seinen ernsten Blick erinnere ich mich bis heute. Er zögerte eine Weile und sagte dann:

»Ich garantiere Ihnen, dass Sie hier gut aufgehoben sind. Die Technologie ist neu, aber wir beherrschen sie und ... ich werde sie operieren.«

Es war das, was ich hören wollte, denn viel Zeit blieb mir nicht mehr. Selbst wenn ich es gewollt hätte, ich hätte nicht gewusst, wie ich diese Aussage hätte überprüfen können. Es dämmerte mir langsam, dass mir die Zügel bereits aus der Hand genommen worden waren.

Dass ich dabei Glück hatte, vom argentinischen Chirurgen operiert worden zu sein und nicht vom Professor selbst, teilte man mir erst später mit. Dessen Radikalität war berüchtigt, und nur allzu oft hatte sie dazu geführt, dass Patienten des Professors die Station mit erheblichen, irreversiblen neurologischen Ausfallerscheinungen verlassen mussten. Teuer erkaufte Lebenszeit – zu teuer für mich.

Mein Tumor war ungünstig lokalisiert, in der Nähe des Sprachzentrums. Er drückte auch auf den Sehnerv und auf das komplette Sehareal des Gehirns. Sehen und Sprechen, Wahrnehmen und Kommunizieren: zwei Funktionen, die für meinen Beruf, aber auch für mein Verständnis dessen, was Menschsein bedeutet, entscheidend waren. Wie hätte ich als Filmemacher weiter arbeiten können, ohne ein intaktes Sehvermögen, wie hätte ich als denkender Mensch, der sich artikulieren und auch die Welt, in der er lebt, verstehen will, ein würdiges Leben führen können?

Der argentinische Arzt war offen für meine Bitte gewesen, lieber einen Resttumor in meinem Kopf übrig zu lassen, als neurologische Ausfallerscheinungen durch eine allzu radikale Entfernung des Tumors in Kauf zu nehmen. Ich vermute, er war froh darüber, einen Teil der Entscheidung und Verantwortung zurück an mich zu übertragen, selbst wenn das hieß, den Tumor nicht komplett zu entfernen. Ich bin ihm bis heute dafür dankbar.

Dankbar auch deswegen, weil ich durch die schwere, aber komplikationslose Operation die Gelegenheit bekam, ein bisschen Ordnung in mein Leben zu bringen und einige finanzielle Klärungen herbeizuführen.

Wir verkauften die Penthouse-Wohnung. Wir verhandelten über Wochen mit den Banken – meine Krebserkrankung verschwieg ich ihnen – und kauften uns dann eine andere, günstigere Wohnung. Tina fand eine Stelle als Sozialpädagogin, in dem Beruf, den sie kurz zuvor fertig studiert hatte. Die Kinder wechselten beide aufs Gymnasium. Netka, ein Mischlingshund, trat in unser Leben ein und veränderte es nachhaltig. Ich begann mit den Vorbereitungen für einen neuen Film. Wir zimmerten uns eine Perspektive zusammen. Das alles geschah innerhalb kürzester Zeit nach der Operation. In einem extrem anstrengendem Kraftakt stellten wir unser ganzes Leben auf ein neues Gleis. Das Rennen ging bald weiter. Die Erschöpfung und die existentielle Panik aber hatten ihre Spuren hinterlassen. Wir sollten uns nie wieder davon befreien.

9. Strategien

»Ich möchte verschiedenen Dingen möglichst gerecht werden.
Ich möchte nichts übertreiben und auch nicht, dass alles
übermäßig real wird. Aber das braucht Zeit.«
Haruki Murakami - Wilde Schafsjagd

Im Jargon der Ärzte und der Psycho-Onkologen bin ich ein
»Betroffener« und meine Frau die »Angehörige«. Unglückliche
Bezeichnungen, die den Identitätswandel nach einer solchen Diagnose und einem massiven chirurgischen Eingriff nicht treffend
beschreiben. Ich fühle mich eher wie ein Getroffener, von der
Krankheit willkürlich erwischt wie ein Moorhuhn, dessen Flugbahn den herumfliegenden Schrot aus einer Flinte zufällig kreuzt.
Und auch Tina ist nicht erst durch die Krankheit zu einer »Angehörigen« geworden. Wir gehörten schon lange zusammen, wir
waren bereits unser »nächster Angehörigenkreis«. Mein Tumor
hat sie eher zu einer Mitgetroffenen gemacht. Die Schrotflinten
schießen ja bekanntlich nicht besonders genau, sie erwischen
ihre Opfer nicht mit einem gezielten, erlösenden Treffer, sondern
streuen ihre unheilbringenden Bleisalven relativ unpräzise durch
die Luft. Das macht die Sache auch etwas unpersönlich und leichter zu ertragen, denn es lässt Raum für Begriffe wie »Schicksal«
oder »höhere Gewalt«. Für das ins Visier genommene Opfer besteht, zumindest theoretisch, die Chance davonzukommen, nicht
getroffen oder nur leicht verletzt zu werden.
Tina befand sich in meiner Nähe, als der Schuss losging, und
sie wurde ebenfalls getroffen. Doch für sie war es unmöglich, die
ganze Geschichte nicht persönlich zu nehmen. Sie hatte als Mitgetroffene schwerer an der Last meiner Krebsdiagnose zu tragen,
denn bei ihr setzte das eine persönliche Entscheidung, mit all den
moralischen Konsequenzen, voraus: Bleibe ich oder gehe ich, fliege ich weiter an der Seite des flügellahmen Moorhuhns?
Was für Tina Gültigkeit hatte, traf wiederum auch für mich zu:
Ich war ebenso ein Mitgetroffener ihrer bewusst getroffenen Ent-

scheidung. Eine Dialektik, die einen merkwürdigen Prozess der Annäherung und Entfremdung in Gang setzte, auf den man sich unmöglich vorher hätte einstellen können.

Ich habe lange gebraucht, um zu verstehen, dass die Strategien, die ich mir im Umgang mit meiner Krankheit über die Jahre zurechtgelegt hatte, auch Tina trafen. Ich sah noch nicht ein, dass der »Mitgetroffene« seine eigenen Strategien finden musste, um mit der Situation klar zu kommen und dass diese nicht unbedingt die meinen sein würden. Wenn ich ehrlich bin, war ich mit mir so beschäftigt, dass meine Fähigkeit, Empathie zu verspüren, vollkommen verkümmerte. Entscheidungen mussten getroffen werden, und zwar sofort und von mir. Alles andere konnte warten.

Klar, die objektive Situation verlangte eine solche Haltung. Die Ärzte drängten bei jeder neuen Entwicklung der Krankheit auf eine Festlegung. Sie boten mir nur Optionen an. Die endgültige Verfügungsgewalt lag bei mir. Eine Erkenntnis, die ich zunächst verinnerlichen musste. Hier war keine autoritäre Stimme, die mir sagte, was zu tun oder zu lassen sei. Die Entscheidung über das weitere Vorgehen sollte ich fortan immer selbst treffen. Es war ein gutes Gefühl zu wissen, dass das eigene Wort noch eine gewisse Macht besaß, und es war anstrengend. Zwar musste ich während der OP die Kontrolle vorübergehend komplett abgeben, jedoch erstatteten mir die Ärzte bald danach meine Mündigkeit zurück, indem sie mich auf der einen Seite mit Fakten und Informationen versorgten, auf der anderen Seite von mir erwarteten, dass ich eine klare Entscheidung traf und dann auch dazu stand. Selbst wenn ich dafür eine zweite oder dritte ärztliche Meinung einholte, so war ich trotzdem jedes Mal dankbar dafür, dass man mir zumindest die Illusion ließ, als Getroffener Einfluss auf meine weitere Flugbahn zu nehmen.

Ich glaube, Tina fühlte sich von diesem Prozess ausgeschlossen. Als Mitgetroffene hatte sie ja das Recht, mit zu entscheiden. Sie saß stundenlang zusammen mit mir in unzähligen Warteräumen, wir lösten gemeinsam Kreuzworträtsel. Sie begleitete mich zu jeder Untersuchung. Sie las Bücher – hauptsächlich Sach- und Krebsliteratur – und hatte permanent eine gut sortierte Auswahl an Lektüren für mich parat: von Yoga-Übungen über Esoterik bis hin zu so schlichten Glaubensbekenntnissen wie »Denke positiv und alles wird gut« oder »Deine Ernährung beeinflusst Deine Krankheit«. Manches las ich, anderes nicht, vieles wiederholte sich. Natürlich legten wir uns eine Saftpresse zu, natürlich übte ich mich in autogenem Training, natürlich stellten wir *unsere* Ernährung um, natürlich versuchten *wir*, Stress zu vermeiden. Manches machte für mich Sinn, manches nur für sie und einiges überhaupt keinen.

Ich möchte nicht falsch verstanden werden, all diese Ertüchtigungsübungen haben gewiss ihre Berechtigung und vielen Getroffenen ist dadurch geholfen worden. Für mich waren sie nur bedingt von Nutzen. Vielleicht bin ich zu rational, vielleicht bin ich nicht so einfach zu überzeugen oder ich bin nur eigensinnig und eitel. Vielleicht aber habe ich eine Ahnung, wenn auch eine unscharfe, davon, was mir wirklich helfen könnte. Vielleicht bin ich noch nicht verzweifelt genug.

Was ich damit sagen will ist, dass jeder Krebskranke selbst entscheiden sollte, wie er gegen seine Erkrankung vorgehen möchte. Selbstverständlich muss er sich seine eigene Kompetenz und die notwendige »Sachkenntnis« erarbeiten, ein mündiger Patient werden. Doch ich bin überzeugt, dass er in erster Linie, sich selbst überprüfen muss, um das zu erkennen, worauf es ihm wirklich ankommt und wofür es sich zu kämpfen lohnt. Alles andere, die seichten oder radikalen Lektüren, die Hilfsangebote anderer sind nur mögliche Waffen, aber noch kein Kriegsziel. In der bevorstehenden Auseinandersetzung zählt die eigene Kampfmoral und Motivation besonders viel. Das mag für Mitgetroffene schwer zu akzeptieren sein, denn manchmal werden ihre Waffen nicht angenommen. Die Wirksamste, die sie anbieten können, ist für sie nämlich auch die Anstrengendste: die Liebe und das Vertrauen, die sie dem Getroffenen entgegenbringen können. Damit geht man normalerweise sparsam um. Ich behaupte sogar, dass man, selbst wenn der Getroffene sich entschließt, nichts zu tun und in den Lauf der Dinge gar nicht erst einzugreifen, selbst das respektieren muss. Informationen können helfen, ein Übermaß an Hilfsangeboten kann aber auch lähmend wirken. Wie gesagt, man sollte dem Getroffenen die Entscheidung überlassen über die Art und Weise, wie er mit der Krankheit umzugehen gedenkt. Mehr noch: Sollte ein aussichtslos Kranker sogar entscheiden, seinem

Restleben freiwillig ein Ende zu setzen, so verdient selbst das Respekt oder zumindest Verständnis. Man mag diese Einstellung, aus eigenen ethischen oder moralischen Überzeugungen nicht teilen, trotzdem sollte man sie annehmen können. Selbst die einfache Option auf diesen letzten Ausweg kann in einem Krebskranken ungeahnte Kräfte mobilisieren und die Lust am Leben im Hier und Jetzt plötzlich erwecken. Oder sie kann Trost spenden, was auch nicht wenig ist. Jeder Kampf bedarf also einer individuellen Strategie, die die Wünsche des Getroffenen berücksichtigt. Universal-Lösungen gibt es nicht.

Ich fand es immer sehr ermüdend, mich von den wohlwollenden Hilfsangeboten meiner Familienmitglieder, Freunde und Bekannten abzugrenzen. Ich weiß, sie meinten es nur gut. In ihrer Ratlosigkeit und Sorge um meine Person wollten sie auch nur helfen, Empathie zeigen. Es fiel mir schwer, ihnen klar zu machen, dass ich solche Angebote nicht erwartete, dass ich sie weiterhin als das, was sie schon immer für mich waren betrachtete – Freunde, Verwandte, liebe Menschen – und dass ich keine Heilversprechen von ihnen angeboten bekommen möchte. Es reichte, dass ich mir ihrer Liebe gewahr war. Manches, was man mir antrug, war eindeutig Quacksalberei, einiges reine Scharlatanerie und manches, im besten Falle, gute, wirksame Optionen für andere, aber nicht für mich. Mein Vater schickt mir bis heute Zeitungsausschnitte mit Werbung für zweifelhafte Kräuter, die angeblich jedem Übel dieser Welt entgegen wirken. Meine Mutter erzählt mir immer wieder und wie beiläufig von Menschen mit der magischen Kraft der heilenden Berührung. Selbst während des Urlaubs in unserem transsilvanischen Haus bestand der LKW Fahrer des Dorfes darauf, meinen Kopf zu berühren, denn er glaubte fest daran, dass seine warmen Handflächen gerade besonders viel Heilkraft ausstrahlten. Ich ließ es zu, denn es berührte mich, dass jemand, den ich kaum kannte, mit so viel Inbrunst helfen wollte. Daran geglaubt habe ich nicht.

Tina empfand meine kritische Haltung stets als verletzend. Sie konnte nicht verstehen, wieso ich dermaßen unempfindlich gegen alternative Angebote war. Wahrscheinlich hatte sie gehofft, dass ich Ihre Strategie der Verdrängung uneingeschränkt teilen würde. Meine teilweise Ablehnung kränkte sie. Ich war auch nicht schlagfertig und mutig genug, ihr sofort und unmissverständlich zu sagen: »Deine Liebe ist meine mächtigste Waffe – Deine Nähe und Deine Hingabe.« Es hätte so fordernd geklungen! Auch war ich außer Lage, ihr zu kommunizieren: »Erwarte nicht die Ewigkeit von mir und ich verspreche Dir, ich werde die uns vergönnte Zeit bei Dir und so unkrank wie möglich verbringen. Lass mich noch den einen Film machen und den nächsten auch noch, komm mit auf diese Reise, denn ohne Dich macht das Ganze keinen Sinn. Lass es geschehen und kämpfe trotzdem mit mir.«

Es wäre wahrscheinlich vieles anders gelaufen, hätte ich all das zur richtigen Zeit auch gesagt und nicht nur gedacht. Meine Sprachlosigkeit hatte aber als Folge, dass Tina sich zurückzog. Sie erwartete die Ewigkeit, sie war wütend, dass ich nicht mehr über »gemeinsam-alt-werden« und über »die-Rente-genießen« sprechen wollte. Sie entwickelte ihre eigene Strategie. Was blieb ihr sonst übrig?! Für zwei Jahre schloss sie die Augen und blendete meine Umgangsstrategien aus. Sie nahm irgendwann mal zur Kenntnis, dass mir die Arbeit und auch die filmische Reflexion über meine Krankheit viel Kraft gaben, doch meine Begeisterung dafür teilte sie nicht. Sie akzeptierte es bloß. Dass mir ihre Liebe wichtiger war, registrierte sie zwar auch, doch gönnen wollte sie mir diese nicht mehr bedingungslos.

In ihren Augen wurde ich durch meine Filme, meine Lektüren, meine Reisen und meine Optionen, langsam aber sicher, zu einem Barden der Vergänglichkeit, der seine Berufung für das Hier und Jetzt, für seine liebende Frau und seine Kinder langsam verspielte.

10. Das Geld. Die Liebe.

»In der Liebe suchen die meisten ewige Heimat.
Andere, sehr wenige aber, das ewige Reisen.«
Walter Benjamin - Einbahnstraße

Was könnte einen daran hindern – angesichts einer verkürzten Lebensprognose – das Geld, das man sorgfältig angelegt, gesammelt oder gar nicht hat – eine Lebensversicherung, die man wohlbedacht abgeschlossen hat oder sogar einen Kredit – nicht einfach abzuheben oder sich auszahlen zu lassen, nur um es auszugeben, einfach so, ohne Rücksicht auf Verluste, mit dem einzigen Zweck, das Leben noch einmal zu spüren, schmecken und zu betrachten?! Was soll einen daran hindern, das Geld dafür zu nutzen, für andere das einzig Nachhaltige zu erschaffen, das einem keiner wegnehmen kann: lebendige Erinnerungen? Solange es noch geht, solange diese nicht vom Bild des eigenen Verfalls überdeckt und verdrängt werden?! Ohne die Sorge, jemandem zu schaden, ohne den Selbstvorwurf, ein Egoist zu sein?! Ist es falsch, das Geld dafür zu benutzen, Auge in Auge mit sich selbst zu leben, dadurch vielleicht auch anderen ein Vorbild zu sein? Ist es verwerflich, sich endlich mal den schnöden Zwängen des Alltags zu entziehen? Einfach Essen gehen, wenn einem danach ist, verreisen, solange man es noch kann und wünscht, anderen eine Freude machen? Warum nicht, eigentlich?! Ist es wirklich verantwortungslos? Warum sich auch jetzt dem Diktat der sparsamen Vernunft beugen? Die Wanderung in den Taunus verschieben, weil das Benzin mal wieder über 1,40 EURO kostet, den Kinobesuch am Sonntag verschmähen, weil dann die Karten teurer sind, auf den Saunagang und das Schwimmbad samstags verzichten, weil dann keine Familienrabatte angeboten werden?

Wir leben oft und ohne Not unter dem Diktat der 99 Cent, der Sonderaktionen und Schlussverkäufe. Sie bestimmen manchmal unsere natürlichsten Verrichtungen und prägen den Rhythmus unserer Wünsche. Sie lassen den richtigen Zeitpunkt für die innigsten Bedürfnisse verstreichen, und all das im Namen der Vernunft. Es ist nicht vernünftig, teurer einzukaufen, nur weil das Treiben des Lebens uns das ›unvernünftigere‹ Angebot über den Weg gebracht hat. Viel eher sind wir bereit, Umwege und zeitraubendes Suchen in Kauf zu nehmen, bloß um einige Cent zu sparen. Dass die Zeit, die wir dafür aufwenden, unsere Lebens- und Arbeitszeit, unverhältnismäßig teurer sein könnte, scheint in dieser Form der Bilanzierung unter keinem eigenen Posten aufzutauchen. Wir suchen stundenlang die günstige Gelegenheit und werden blind für die gelegentliche Gunst der Stunde. Wir merken gar nicht, wie sie verfliegt, weil uns die Furcht vor der verpassten Chance lähmt. Die Furcht davor, den Kürzeren zu ziehen, ausgetrickst zu werden. Viel lieber widmen wir uns unserem rituellen Handeln, gut eingeübten Handbewegungen und alltäglichen Abläufen, die uns die Illusion der Sicherheit und des günstigen, vernünftigen Lebens bieten.

Zugegeben, all dies, der Taunusspaziergang, das gepflegte Essen, die dampfende finnische Sauna, der Kino- oder Konzertbesuch sind eigentlich nur Rahmenbedingungen für echte Erfahrungen. Genauso gut könnte man meinen, man findet seine Erfüllung und Genugtuung in der einsamen Meditation und stillen Einkehr oder in einem tiefsinnigen Gespräch zu zweit auf der Couch. Billiger ist es allemal! Ich denke auch, dass die innere Stimme und die wichtigen Emotionen nicht immer eine Bühne brauchen. Doch nicht jeder hat die Kraft, die Einsamkeit und Zurückgezogenheit eines Marcel Proust sinnvoll zu verwerten, nicht jeder hat die Gabe – ähnlich einem Mönch – sich die Welt der Erfahrungen durch stilles Gebet oder Meditation anzueignen. Die meisten von uns benötigen Reize, das Zupfen und Streicheln, die Vibration unserer Mitmenschen, die Kälte, die Wärme, das Licht und die Schatten, um überhaupt, ähnlich einem Instrument, gut zu ›klingen‹. Geld ist ein guter Resonanzkasten, es kann helfen, solche Gelegenheiten und Begegnungen zu erzeugen. Es braucht aber nicht viel davon.

Wie misst man also den Nutzen des Geldes am Ende eines Lebens? Ist es wert, nur indem man es jemandem, den Nachfolgern womöglich, Blut aus Deinem Blute, überlässt? Gewiss, es vereinfacht deren Existenz. Doch, warum nicht das Geld dafür verwenden, gemeinsam aufrecht durch das Leben zu gehen? Wie ist das Geld wertvoller, wie ist es besser angelegt: Indem es auf der Bank für kommende Generationen liegt und sich mehrt? Soll man sich selbst lieber hinlegen und wegschmelzen, das Geld, sofern es welches gibt, unberührt im Tresor lassen? Oder doch aufstehen, sich die Kohle schnappen, vielleicht sogar einen Kredit aufnehmen, und zumindest den Versuch wagen, Großes – ich meine damit zum Beispiel gemeinsame Erinnerungen – zu erschaffen? Ist schlichtes Geld Gutes? Eine finanzielle Hinterlassenschaft wird in den seltensten Fällen reichen, um den damit Bedachten ein Leben ohne Sorgen zu ermöglichen. Selbst im Angesicht einer ganzen Generation von Erben, die im Vergleich zu meinen Kindern ganz gewiss einen finanziellen Vorsprung haben werden, finde ich einen solchen Startvorteil nicht von Bedeutung und mit Sicherheit nicht um jeden Preis erstrebenswert. Im besten Falle wird die Erbschaft ein mildes, dankbares Lächeln bewirken. Für eine eher kurze Zeit! Sie wird nichts erschaffen und nichts bewegen, aus meinen Kindern keine besseren Menschen machen.

Umso tröstlicher erscheint mir paradoxerweise der Gedanke, dass ich nicht viel Materielles hinterlasse. Kein Vermögen, kein Geld. Einige kleine Sicherheiten, bestenfalls, und hoffentlich etwas mehr aufregende Erinnerungen. Es ist gewiss auch der Trost des Verlierers, wenn man so will, doch vor allem ist es die Hoffnung, dass man ein Leben nicht an dem Vermögen misst.

Das Jahr 2008, das vierte Jahr meiner Erkrankung, war mit Sicherheit ein Jahr aller möglichen Bilanzen. Die Finanz- und Wirtschaftskrise schlug mit entschlossener Wucht zu. Viele Bewohner meiner Stadt, typische Vertreter des Frankfurter Bank- und Börsenproletariats, junge Menschen mit steilen Karrieren, mit der sicheren Perspektive auf jährliche Bonuszahlungen und ohne Furcht vor Jobverlust, sahen sich plötzlich den Auswirkungen des Sturmes, den sie selbst entfacht hatten, schutzlos ausgeliefert. Im Gespräch mit ihnen erkannte ich oft das ungläubige Staunen darüber, dass das alles tatsächlich geschehen konnte, dass Börsen stürzten, traditionsreiche Banken und Unternehmen in den Tiefen des globalen Wirtschaftsozeans verschwanden. Was mich verunsicherte, war aber die Hoffnung und die ungeduldige Erwartung, die in ihren Augen glänzte, jedes Mal, wenn sie darüber sprachen, dass der Sturm sich bald legen würde und sie genauso weiter machen könnten. Als ob nichts geschehen wäre. Sie standen alle schon wieder in den Startlöchern. Bis es soweit sein würde, mähten manche von ihnen immer häufiger den Rasen, reparierten das Dach der Garage und machten dabei einen unglücklichen Eindruck. Ich traf sie häufig an den Kassen des Discountmarktes, wo wir unsere Lebensmittel einzukaufen pflegten. Sie gaben sich verschämt zu erkennen, redeten sich raus, als ob sie beim Klauen erwischt worden wären. Es war nicht zu übersehen, die Zeit der 99 Cent war auch für sie angebrochen. Was sie früher im Großen getan hatten, d.h. die günstige Gelegenheit jagen, um daraus maximalen Profit und Nutzen zu schlagen, wandten sie nun in ihrem kleineren Leben an. Weder damals, noch jetzt, schien es ihnen das erhoffte Glück gebracht zu haben.

Während ich diese Zeilen schreibe, überschlagen sich die Nachrichten. Ein gewisser Bernard L. Madoff, Finanzjongleur und Wall-Street–Milliardenhasardeur, wird verhaftet, Manager der amerikanischen Versicherung UIB zahlen sich trotz derber Verluste millionenschwere Prämien aus und – Das ist neu! – lösen dabei einen Sturm der Entrüstung aus. Der amerikanische Präsident pumpt frische Milliarden in angeschlagene Banken, bloß um das Spiel weiter am Laufen zu halten. Der deutsche Unternehmer Adolf Merckle leitet mit seinem tödlichen Sprung vor den rasenden Zug eine ganze Welle von Selbstmorden unter Bankrotteuren ein. Barry Fox, Christen Schnor, Thierry de la Villehuchet. Investmentbanker. Unternehmer. Finanzmogul. Aus dem Fenster gesprungen. Erhängt. Die Pulsader aufgeschnitten. Menschen, die noch Zeit gehabt hätten, aber kein Geld mehr, Menschen, die sich in der günstigen Stunde geirrt hatten. Schon prognostizieren amerikanische Medien, dass die Wirtschaftskrise zu einer Depression nicht nur wirtschaftlicher Natur führen wird. Immer mehr Menschen fürchten sich davor, Verlierer der Zeiten zu sein.

Seitdem ich mich erinnern kann, pendelt unser Girokonto gefährlich um die mal schwarze, mal rote Null. Irgendwie haben wir es aber immer geschafft, nicht abzuschmieren. Wir sind nicht reich, wir sind eigentlich ziemlich arm, doch klagen müssen wir nicht. Wir können die monatlichen Raten für den Hypothekenkredit gerade mal so abstottern und, in meinen Augen ein einfaches, aber gutes Leben führen. Alles relativ unspektakulär. Meine Arbeit ermöglicht es mir gelegentlich, Fenster zu öffnen, die den Blick auf angenehme Perspektiven freigeben. Die frische Luft tut gut. So saß ich vor fünf Tagen auf einer Terrasse im Londoner Soho und trank einen Cappuccino. Die kalte Märzsonne streifte mein Notizheft, in das ich die erste Seite dieses Kapitels kritzelte. Gestern besprach ich mit dem Festivalleiter, dessen Gast ich bei einem üppigen Frühstück im Bukarester Hilton Hotel war, die anstehende Pressekonferenz zu meinem Film und heute, wieder zurück in Deutschland, stand ich meiner Frau gegenüber und lud sie zusammen mit den Kindern ins Kino ein. Eigentlich kein schlechtes Leben, trotz Krebs im Kopf und Wirtschaftskrise draußen. Ich weiß, wir wissen: In zwei Tagen gehe ich erneut ins Krankenhaus zur regelmäßigen Kontrolle meines Tumors. Das Ergebnis ist offen. Der Film kann jederzeit reißen.

Auch wenn ich mir keine Illusionen gemacht hatte, die Reaktion meiner Frau überraschte mich trotzdem. »Du willst immer nur die Kür und ich bleibe mit dem Pflichtprogramm. Außerdem sind die Kinokarten sonntags sehr viel teurer. Und ich habe Kopfschmerzen. Außerdem, wieso müssen wir, wann immer Du Lust hast, ins Kino gehen? Warum willst Du alles und sofort? Warum nicht nächste Woche?«

Zugegeben, langfristige Planungen sind nicht mehr mein Ding. Ich bleibe offen für die günstige Stunde. Basta. Für die Partnerin meines Lebens eine anstrengende Strategie. Auch wenn ich immer wieder versuche, sie zu überreden, mich auf meinen Reisen zu begleiten, sie empfindet diese Einladungen stets als respektlos und ... unvernünftig. Selbst wenn meine Transport- und Übernachtungskosten von den jeweiligen Organisatoren oder Auftraggebern getragen werden, bleibt eine solche Erfahrung für meine Frau immer zu teuer, zu unangebracht, zu unvernünftig. Mein Wunsch, sie bei mir zu haben, ist für sie bloß ein Zeichen dafür, dass ich ihre Zeit oder Befindlichkeit und die Bedeutung des Geldes nicht wertschätze. Manchmal wiederholt sie mit Genuss den Spruch, der mir jedes Mal das Blut in den Adern gefrieren lässt: Ohne Geld ist eine unbeschwerte Liebe nicht möglich. Ohne Geld kann sie sich auf mich und meine Wünsche nur noch schwer einlassen.

Wenn sie so spricht, denke ich immer, sie müsse sich meinem Leben unterordnen, Verzicht üben. Ich schäme mich augenblicklich. Dabei möchte ich nur eins: die Eindrücke, Erfahrungen und Begegnungen, das spannende Leben jenseits des Alltags und trotz der Krankheit mit ihr teilen. Ich wehre mich dagegen, parallele Leben und Erfahrungswelten entstehen zu lassen. Ich hoffe noch immer, meine Frau und ich sind vom gleichen Planeten, teilen uns das gleiche Universum, auch wenn wir nicht aus dem gleichen Holz geschnitzt sind.

Es schien mir heute eine günstige Stunde für einen Kinobesuch gewesen zu sein. Mit meiner Initiative wollte ich gewiss niemanden ärgern. Nächstes Wochenende wird das Wochenende nach meiner Untersuchung sein, die alles bedeuten kann: den Krankenhausaufenthalt, eine erneute OP oder weitere drei Monate des Abwartens. Wie gesagt, heute wäre ein guter Tag für einen guten Film gewesen. Die 30 Euro dafür, die hatte ich auch dabei. Tina hingegen fühlte sich nicht ernst genommen und von der finanziellen Ungewissheit gelähmt. Meine Gelassenheit in dieser Hinsicht provozierte sie geradezu.

Doch meine Haltung beruhte auf Erfahrungen. Immer hatte sich eine Gelegenheit ergeben, immer war es mir gelungen, eine angeblich ausweglose Situation zum Guten zu wenden. Darauf konnte sie aber nicht mehr bauen, denn die Wirkung unserer vorübergehenden, privaten Finanzkrise wurde durch den bevorstehenden Arztbesuch noch verstärkt. Umsonst versuchte ich, sie mit meiner Zuversicht zu trösten, sie daran zu erinnern, dass meistens eine Anstrengung des Geistes, ein bisschen mehr Eigeninitiative gereicht hatten und die günstige Gelegenheit tauchte schon um die Ecke auf.

Wie damals, ein Jahr nach meiner Operation, als sie in Gestalt eines wilden Esels über unseren Weg trottete, an dessen Schweif ich mich so lange festhielt, bis er uns aus der drohenden Depression herauszog.

11. Versuch einer Topographie der Liebe

»Wege will ich erkiesen,
die selten wer betritt
in blassen Abendwiesen –
und keinen Traum als diesen:
Du gehst mit.«
Rainer Maria Rilke - Erste Gedichte

Gegen die Trockenheit meiner Haut half kaum etwas. Nicht die Salbe, die ich seit dem Abflug von Frankfurt regelmäßig auftrug, nicht das Ausschalten des Gebläses oberhalb meines Sitzes. Mein Gesicht spannte, wie frisch geliftet. Und auch die Haut auf meinen Armen, meinem Bauch, meinem Rücken fühlte sich wie die Rinde einer Birke an. Ich war am Vertrocknen. Die Kopfhaare hatte ich die Wochen davor fast vollständig verloren. Der sowieso vorhandene Ansatz einer Glatze und der kurze, militärische Schnitt der verbleibenden Haare machten das Ausmaß der Verheerung weniger deutlich.

Seit einigen Wochen unterzog ich mich einer ambulanten Chemotherapie innerhalb der Studie RNOP-05 unter der Federführung des Regensburger Universitätsklinikums. Eigentlich war ich dort nur reingeschmuggelt worden, denn die Frist für die Aufnahme war schon längst verstrichen. Doch scheinbar wollte der Professor meinen Tumortyp, ein Oligoastrozytom III, und einen Patienten meines Alters unbedingt in dieser Studie haben. Vielleicht dachte er, dass mein Tumor besser auf die Chemotherapie reagieren würde, vielleicht erhoffte er sich, die Ergebnisse der Studie würden dadurch eindeutiger ausfallen. Er wusste von meinem etwas besseren prognostischen Faktor, bedingt durch mein Alter, aber auch durch den »Allelverlust auf dem kurzen Arm des Chromosoms 1(p) und auf den langen Arm des Chromosoms 19(q)«, der nach einer molekulargenetischen Untersuchung bei mir festgestellt worden war. Keiner konnte es sich erklären, doch statistisch war es erwiesen, dass diese genetische Mutation der

Tumorzellen bei anderen Patienten zu einer günstigeren Reaktion auf Chemotherapien geführt hatte. Eine Mutation, die hauptsächlich bei Tumoren mit oligodendroglialem Anteil vorkam.

Auch wenn ich damals dieses Kauderwelsch nicht verstand, eins kapierte ich schnell: Im Kreis der glücklosen Gehirntumorpatienten gehörte ich offenbar zu einer etwas privilegierteren Kaste. Ich war ein Mutant mit – statistisch betrachtet – minimal besseren Chancen.

Innerhalb der Studie RNOP-05 sollte nun die Wirkung einer neuen Dosierung des Chemotherapeutikums Temodal in Kombination mit Roaccutan, einem Medikament, das normalerweise in der Behandlung von Akne seine Anwendung findet, erforscht werden.

Damals in Regensburg hatte ich 10 Minuten Zeit zum Nachdenken bekommen. Ein ungeduldiger Assistenzarzt sprach jenen Satz aus, der mir bis heute in den Ohren nachklingt: »Diesen Tumor werden Sie sowieso nie wieder los!« Fahre ich auf der Autobahn A3 an Regensburg vorbei oder höre ich den Namen dieser Stadt, so klingt seit jenem Tag der Satz automatisch mit: »Diesen Tumor werden Sie nie wieder los«. Ich unterschrieb und wurde Teil der Studie.

Mein Alltag wurde fortan vom Zyklus der Medikation bestimmt. Es waren noch kürzere Intervalle in meinem Leben in Verlängerungen. Eine Woche lang schluckte ich Temodal hochdosiert, danach folgten drei Wochen Regeneration. Dieses Medikament sollte in den Teilungsprozess der Tumorzellen eingreifen und sie zum Stillstand oder gar Selbstmord zwingen. Neben der rein physikalischen Schwierigkeit, die großen Pillen runterzuschlucken, machte mir die extreme Müdigkeit zu schaffen. Ich lernte, mich nachmittags hinzulegen und einen kurzen Schlaf zu halten. Vorher hatte ich so etwas nie gemacht. Von nun an sollte ich es nur noch selten versäumen. Meine Konzentrationsspanne wurde noch kürzer. Die physischen Kräfte reichten auch nur noch für die Hälfte der Leistung aus. Ich wurde unruhig, ungeduldig. War oft außer Atem. Selbst meine Sprache änderte sich. Ich artikulierte mich sparsamer. In den drei Wochen Pause von Temodal sammelte ich Kräfte, so gut ich konnte. Roaccutan quälte mich hingegen jeden Tag, ohne Pause. Ich musste das Vielfache der

Maximaldosierung dieses Medikaments einnehmen. Dadurch erhoffte man sich ein Austrocknen der Blutgefäße, die den Tumor versorgten.

Offenbar vertrug ich diese Kombinationstherapie schlechter als andere. Die giftigen Chemikalien verwüsteten nicht nur die Tumorzellen, sondern mein komplettes Immunsystem. Meine Blutwerte waren schlimm, doch nicht schlimm genug, um mit der Behandlung aufzuhören. Ich machte weiter, Zyklus für Zyklus. Innerlich ätzte das Chemotherapeutikum an meinen Organen, äußerlich legte mich Roaccutan trocken wie einen ungesunden Sumpf.

Wie gesagt, gegen diese Trockenheit meiner Haut half kaum etwas. Nicht die Creme, mit der ich mich seit dem Abflug aus Frankfurt alle Viertelstunde einmassierte, nicht das Abstellen des Klimaanlagegebläses über meinem Sitz. Nur eins: die sanfte Handberührung meiner Frau, die mich diesmal begleitete und neben mir eingeschlafen war. Ihre Hand ruhte auf der meinen. Ich konnte nicht schlafen. Ich war außer Atem. Ich befand mich in 10.000 Metern Höhe. Unterwegs nach Zypern.

Ich war glücklich.

Die Phase der Ruhe von Temodal stand mir bevor. Ein günstiger Zeitpunkt, um an ein Projekt, das ich vor meiner Erkrankung begonnen hatte, anzuknüpfen. Damals hatte ich ein Stipendium der europäischen Kommission gewonnen, um das Drehbuch für einen Kinderfilm zu entwickeln. In Paris und im thüringischen Eyba war ich drei Wochen lang von alten Hasen der Branche beim Verfassen der ersten Fassung des Drehbuchs beraten worden. Dann kam der Krebs. Nun, ein Jahr später, versuchte ich, das Projekt vorsichtig wiederzubeleben und an das Leben »davor« anzuknüpfen. Das Geld reichte noch für eine Rechercherreise nach Zypern, wo ich mehr über den Hauptprotagonisten meines Films in Erfahrung bringen wollte: den endemischen zyprischen Esel. Ich empfand es als ein Geschenk, endlich aus dem Kreislauf der Krankenhausaufenthalte und Nachmittagsnickerchen auszubrechen. Doch das eigentliche Wunder war: Diesmal begleitete mich Tina. Wie gesagt, ich war zwar außer Atem, doch ich war glücklich. Und zuversichtlich, dass dieser Esel mehr als nur eine Gestalt in einem Kinderfilm sein wird. Er würde uns mit Sicherheit auch aus unseren vielfältigen Krisen herausziehen.

Es waren zwar nur sechs Nächte, die wir auf Zypern verbringen wollten, doch sollten sie voller Leidenschaft, Neugierde und Experimentierfreude sein. Sieben Tage und sechs Nächte, in denen wir uns auf das Spiel der Liebe und des Lebens gemeinsam wieder einlassen und für kurze Zeit unbekümmert zueinander finden würden. Die Last der letzten Monate würde von unseren Schultern fallen, und eine leise Hoffnung auf die Möglichkeit von Glück langsam wieder aufkeimen.

Schon die Ankunft im Hotel war vielversprechend. Ich hatte das Verdeck des Suzuki Geländewagens zusammengefaltet. Unser Gepäck stapelte sich auf der winzigen hinteren Sitzbank. Tina musste einen der Koffer die ganze Zeit festhalten. Sie lachte dabei! Ich fand sie wunderschön, mit ihren langen, vom Fahrtwind zerzausten Haaren und einem entspannten Gesichtsausdruck. Ich glaube, wir gaben ein nettes Paar ab, so wie wir im offenen Jeep fuhren. Die Chemotherapie hatte zwar Spuren in Form dunkler Ringe unter meinen Augen hinterlassen, doch die Augen selbst funkelten hellwach. Ich konnte es immer noch nicht fassen, dass wir gemeinsam reisten.

Es fiel mir diesmal leicht, die Sorgen daheim zu vergessen. Mit der kleinen Firma lag ich immer noch im Streit wegen ihrer Geschäfts- und Programmpolitik. Außerdem empfand ich, dass sie zu wenig Rücksicht auf meine Situation nahm. Der Redaktionsassistentin sollte gekündigt werden, was bedeutete, dass ich ihre Arbeit ebenfalls leisten musste. Selbst während der gesamten Chemotherapie war ich täglich ins Büro gegangen. Auch wenn es mich sehr anstrengte, ich zeigte es nicht. Doch die Perspektive eines dramatisch erhöhten Arbeitspensums ließ mich verzweifeln. Das würde ich nicht schaffen.

Ich denke, dass ich in jenen Tagen auch blind für meine Wahrnehmung von außen war. Meine Ungeduld und Unnachgiebigkeit müssten wohl für Kollegen und Vorgesetzte auch schwer zu ertragen gewesen sein. Es gehört mit zu den anstrengendsten Herausforderungen, die ein Erkrankter zu bewältigen hat: gegen die eigenen Verlustängste anzukämpfen und Verständnis für das verlegene und oft ungeschickte Handeln der Mitmenschen, die von der Krankheit wissen, zu entwickeln. Es ist immer ein sehr delikater Balanceakt und mir gelang er damals nicht.

Die Trennung zwischen mir und den beiden Geschäftsführern war nicht mehr zu vermeiden. Nach elf Jahren Zusammenarbeit war es mir jedoch nicht egal, wie sie vonstatten ging. Jenseits der beidseitigen persönlichen Enttäuschungen kämpften wir mit ganz pragmatischen Details: die Höhe der Abfindung, die Situation der Urheberrechte meiner Filme und Drehbücher. Die Fronten waren verhärtet. Abends schluckte ich meine Medikamente, vormittags stritten unsere Anwälte, während wir tagsüber versuchten, unsere Arbeit so gut wie möglich weiter zu machen. Eine sehr belastende Situation. Ich spürte mit jeder Faser meines Körpers, dass sie mir schadete. Abends, noch bevor ich meine Medikamente einnahm, musste ich mich oft übergeben.

Die Warnungen der Soziologen, die angesichts einer sich anbahnenden Rezession die drei entscheidenden Faktoren für den beschleunigten Absturz in Armut und soziale Isolation ausgemacht hatten, erfüllten mich mit Sorge: der Verlust der Gesundheit, der Verlust des Arbeitsplatzes und die Scheidung. Ich war auf dem besten Wege, die ersten beiden Bedingungen zu erfüllen. Es blieb nur noch die Sache mit der Scheidung.

Am Empfang begrüßte uns eine junge Frau. Sie lächelte, als sie unseren Namen im Reisepass las und sprach uns auf Rumänisch an. Offensichtlich arbeiteten viele Rumänen im Gastgewerbe auf Zypern, eine Folge des in Kürze bevorstehenden Beitritts Rumäniens zur EU. Die Welt hatte sich verändert. Ich musste schmunzeln, denn es schien mir vorbestimmt zu sein, häufig auf Rumänisch in Empfang genommen zu werden, egal ob bei der Geburt, im OP-Saal in Frankfurt oder in zyprischen Hotels. Ich würde mich nicht wundern, wenn mich sogar im Jenseits – an den Pforten des Himmels oder in der Hölle – jemand auf Rumänisch willkommen heißen würde.

Wir bekamen das beste Zimmer des Hotels. Es sprühte den verstaubten Zauber besserer Tage aus, doch es hatte einen Balkon. Davor wuchs ein prächtig duftender Zitronenbaum.

Tina und ich waren noch verlegen, konnten mit der plötzlich einsetzenden Zweisamkeit wenig anfangen. Sie musste sich erst daran gewöhnen, mit mir unterwegs zu sein. Es fiel ihr schwer. Die finanziellen Sorgen erdrückten sie noch immer. Auch wenn die Kosten dieser Reise zum größten Teil durch mein altes Stipendium gedeckt waren, wussten wir beide, dass – sollte der neue Antrag auf Drehbuchförderung für den Kinderfilm nicht genehmigt und die Trennung von der Firma vollzogen werden – wir bald in den größten finanziellen Schwierigkeiten stecken würden. Doch ich hatte Glück: Die Förderung wurde genehmigt. Die nächsten Tage auf der Insel der Aphrodite gehören zu meinen liebsten Erinnerungen. Tagsüber streiften wir frei über die Insel, sprachen mit den Bauern, photographierten Details und Landschaften, die mir später beim Drehbuchschreiben nützlich sein sollten. Nachts liebten wir uns.

Vielleicht verkläre ich im Nachhinein einige Eindrücke aus jener Zeit. Eine Garantie für journalistische Sorgfalt und Faktentreue kann ich hierfür nicht geben. Es spielt aber auch keine Rolle. Die Erinnerung und die Wirkung, die diese Tage auf Zypern in meiner Seele hinterlassen haben, egal ob wahr oder eingebildet, waren nachhaltig und sie halfen mir, die Trostlosigkeit der folgenden Monate einfacher zu ertragen. Vor allem eine Nachricht, die ich wenige Wochen später bei meiner nächsten MRT Untersuchung in Regensburg bekam, änderte alles: Mein Tumor war, trotz Chemotherapie, weiterhin gewachsen. Ich hatte ein Rezidiv. Es war Zeit, die Sanduhr erneut zu wenden.

12. Der geheime Garten

»Morgen wird das, was wir hier gemacht haben, schon Vergangeheit sein und dennoch weiterhin existent sein ... durch unsere Erinnerungen und ... durch dieses filmische Dokument.«
Jörg Immendorf - Testimony

Mein Leben in Verlängerung ging weiter. Die Chemotherapie war ja nur deren erste Halbzeit gewesen, trösteten mich die Ärzte. Die hatte ich zwar verloren, doch es blieb ja noch die zweite. Da könnte man eine andere Strategie versuchen, eine aggressivere, eine Strahlentherapie, zum Beispiel. Und wenn sie ebenfalls nicht funktionieren sollte? Ja, dann gäbe es noch einige experimentelle Ansätze, die man sozusagen beim Elfmeterschießen einsetzen könnte. Bis dahin sei aber noch ein langer Weg – eine ganze Halbzeit der Verlängerung – und ich wäre noch gut in Form, versicherten sie mir. Die OP und die Chemotherapie hatten meinen Organismus nicht zu sehr geschwächt. Ich hoffte dennoch innigst, dass es nicht soweit kommen würde. Ich traute mir nicht zu, in die richtige Ecke zu hechten, um die feindlichen Schüsse abzuwehren. Also gut, Strahlentherapie zunächst ...

»Nu vă fie teamă, nu doare. Nu veți simți nimic!« Mit diesen Worten empfing mich die Ärztin in der radioonkologischen Abteilung des Frankfurter Nordwestkrankenhauses. Mittlerweile war es keine Überraschung mehr für mich. Schon wieder Rumänisch und es bedeutete:»Haben Sie keine Angst. Es tut nicht weh. Sie werden nichts spüren.« Wie beruhigend. Die Neuroradiologin war als kleines Mädchen vor mehr als 30 Jahren mit ihrer gesamten Familie aus Bukarest nach Deutschland ausgewandert. Sie sprach ein gepflegtes, fast schon altmodisches Rumänisch mit einem charmanten deutschen Akzent. Ich gab mich ihr und ihrem Team bedenkenlos hin.

Die Vorbereitungen zur Kopfbestrahlung sind eine sehr langwierige Prozedur und verlangen von den Ärzten große Präzision und die Befolgung eines vorgegebenen Rituals. Da wird zunächst eine Maske des Patienten erstellt. Klar, man denkt sofort an eine Totenmaske, ich empfand diesen Teil der Vorbereitungen dennoch als sehr angenehm. Die Hände der Assistentinnen und der rumänischen Ärztin modellierten mit großer Sorgfalt ein vorgewärmtes, weiches Kunststoffnetz um die Konturen meines Gesichts. Die Zärtlichkeit der Berührungen stand dabei im Widerspruch zum Sinn und Zweck dieser Maske: Einmal abgekühlt und hart geworden, wird sie am Bestrahlungstisch festgeschraubt und soll den Kopf des Patienten in einer unerbittlichen Umklammerung während der Behandlung festhalten. Die kleinste Bewegung des Kopfes kann zu einer Abweichung der Strahlen von der vorherberechneten Bahn führen, was eine verminderte Effektivität ihrer zerstörerischen Kraft gegen die Tumorzellen im Zielgebiet bedeutet. Im weiteren Verlauf der Vorbereitungen werden anhand von MRT und CT-Bildern jene Areale des Gehirns bestimmt, die bestrahlt werde sollen. Bei mir waren es sieben und sie mussten aus unterschiedlichen Richtungen angegangen werden, damit so wenig gesunde Gehirnsubstanz wie möglich in Mitleidenschaft gezogen würde. Forscher haben herausgefunden, dass das menschliche Gehirn während der gesamten Lebenszeit maximal 60 Grey an Gammastrahlen aufnehmen kann, ohne dabei irreversiblen Schaden zu nehmen. In meinem Falle fraktionierte man diese Menge auf 30 Tagesportionen mit jeweils 2 Grey. Mit diesen Daten fütterte man dann einen Roboter, der den riesigen Linearbeschleuniger und den Behandlungstisch, auf dem ich festgeschraubt lag, in einem grotesken Tanz während der Bestrahlung synchron steuerte.

Jeden Tag fuhr ich alleine ins Krankenhaus. Von einem Taxi gefahren zu werden empfand ich als bevormundend, auch wenn das Angebot bestimmt seine versicherungstechnischen Gründe gehabt haben muss. Die Ärztin holte meine Maske vom Regal, auf dem sich stumm ein weiteres Dutzend Masken reihte. Jede von ihnen erzählte eine Geschichte von Verzweiflung und Hoffnung. Mein Kopf verschwand unter der Maske. Der Linearbeschleuniger verschlang mich in seinen Armen und tanzte dann mit mir die sieben vorgegebenen Figuren durch. Ich war wie eine Puppe, die sanft durch den leeren Raum geschleudert wurde. Nach wenigen

Minuten war alles vorbei. Schmerzen hatte ich tatsächlich keine gespürt. Mehr noch: In dieser kurzen Zeit, in der ich die Augen hinter der Maske schloss, war ich irgendwie glücklich. Es waren meine täglichen Fünf-Minuten-Meditationen, meine Flucht aus der Realität, willkommener Kontrollverlust. Vielleicht war es auch nur die Regelmäßigkeit des täglichen Ablaufs – ins Auto steigen, hinfahren, Platz nehmen, sich festschrauben lassen, Augen schließen, den Geräuschen der Geräte zuhören, sich den Bewegungen des Roboters hingeben, sich behandeln lassen, aufstehen, ein bisschen mit der rumänischen Ärztin und ihrem Team plaudern, nach Hause fahren – die mir Ruhe und das schöne Gefühl gaben, nicht untätig zu sein und etwas gegen die Krankheit zu unternehmen, besser gesagt, unternehmen zu lassen. Fest steht auch: Während ich so auf dem Bestrahlungstisch mit geschlossenen Augen lag, führte ich innerlich bereits Regie bei einem Film, von dem ich immer überzeugter wurde, dass ich ihn auch tatsächlich realisieren würde, sobald die Umstände es erlauben sollten.

Jeden Tag traf ich eine neue Entscheidung, jeden Tag sah ich den Film klarer vor meinem inneren Auge. Ich wollte mich nicht mehr hinter dieser Maske verstecken, keine Marionette mehr im Griff eines Roboters sein. Ich nahm mir vor, die passive Rolle in meinem Verhältnis zum Tumor abzustreifen und endlich die Initiative zu ergreifen, um den tieferen Sinn dieser Erfahrung zu verstehen. Ich würde das Naheliegendste für mich tun: einen Dokumentarfilm darüber drehen. Nicht nach den Ursachen der Erkrankung wollte ich forschen, dieser Ansatz schien mir zu gefährlich, implizierte er doch die Möglichkeit, dass ich mich mit der Frage der eigenen Schuld und der Verantwortung für meinen Tumor auseinander setzen musste. Ich konnte es aber nicht mehr ändern, diesen Krebs hatte ich bereits und die Frage nach dem »Warum« interessierte mich nicht, denn sie war spekulativ und öffnete keine Perspektiven. Vielmehr beschäftigte mich die Frage nach dem »Was nun?«.

Langsam füllte sich der leere, von dicken, bleiummantelten Betonwänden abgeschirmte Bestrahlungsraum mit wohlgesinnten Helfern und potentiellen Gesprächspartnern für meinen Film. Zunächst war es ein richtig großes Gedränge. Mein verstorbener Großvater war da, der Gemeindepfarrer, mein Freund Siggi, der ARTE–Redaktionsleiter, meine Eltern, meine Frau und meine Kinder sowieso. Unter der Maske sah ich sie kommen und gehen. Ich brauchte nur die Augen zuzumachen und schon waren sie da. Doch mit der Zeit wurden die Besuche rarer, nur noch wenige kehrten regelmäßig zurück und verbrachten etwas Zeit mit mir. Einer von ihnen war Jörg Immendorff, von dessen Kampf gegen die Erkrankung ALS ich jeden Tag in der Zeitung las. Dann stieß auch der Videokünstler Bill Viola dazu, dessen Arbeiten über die Schwelle zwischen Leben und Tod mich schon immer fasziniert hatten und über die ich in letzter Zeit häufig und intensiv nachdachte. Vaclav Havel, ein Humanist und Held meiner Jugend, der mit zahlreichen lebensbedrohlichen Krankheiten kämpfte und dessen Buch »Fernverhör« ich gerade gelesen hatte, Montserrat Caballé, Elisabeth Taylor, Marie Fredriksson (»Roxette«), die ihre Gehirntumorerkrankungen besiegt hatten – es waren gutartige Tumoren – und auch Francois Truffaut, dessen Filme und Persönlichkeit ich so sehr bewunderte und der an den Folgen eines Gehirntumors gestorben war, genau so wie George Gershwin, Bob Marley, Bruce Lee, Mary Shelley (»Frankenstein«), Thor Heyerdahl, George Harrison (»Beatles«), Anthony Burgess (»Clockwork Orange«) und zahlreiche andere mehr bevölkerten meine Zeit hinter der Maske. So viele kreative Menschen unter den Gehirntumorpatienten! Ich ging nicht soweit, eine Verbindung zwischen der Kreativität und der Erkrankung des Organs, das eben diese Kraft steuerte, herzustellen. Wie gesagt, die Ursächlichkeit der Krankheit interessierte mich nicht. Auch war ich nicht so vermessen, mich in diese prominente Galerie von Künstlern nur aufgrund einer gemeinsamen Erkrankung einzureihen, doch es interessierte mich brennend, wie diese kreativen Menschen mit der Diagnose und der verkürzten Lebensprognose umgegangen sind. Hatte diese ihre Kreativität und Arbeitskraft beflügelt oder sie gehemmt? War es ein Trost zu wissen, etwas Bleibendes zu hinterlassen, dadurch ein Stück Unsterblichkeit erlangt zu haben? Wussten Sie vielleicht, was zählte, worauf es ankam, wenn die Zeit plötzlich ungeduldig wurde? Waren sie als Künstler, als Schöpfer Gott, dem ultimativen Schöpfer, näher? Würden sie Teil meines Films werden, meine Fragen beantworten können?

Und noch etwas quälte mich: Welche Rolle würde ich in diesem Film einnehmen? Als braver Filmemacher, in der Tradition des guten, objektiven BBC Journalismus und Dokumentarfilms geschult, hatte ich eine fast physische Scheu davor, mich in einem meiner Filme zu erkennen zu geben, ein Urteil zu fällen oder – Gott bewahre! – mich sogar selbst ins Bild zu bringen. Doch diesmal spürte ich mit jeder Faser meines Körpers, dass ich keine andere Wahl hatte. Diese Filmreise musste eine persönliche werden, wenn ich oder die Zuschauer etwas daraus verstehen sollten.

Bereits eine Woche nach Beginn der Bestrahlung rief ich Hans Zimmermann, einen guten Freund und sehr geschätzten Kameramann aus Frankfurt, an, mit dem ich früher einige Reportagen und Dokumentarfilme im Toskanischen Archipel und in Nepal gedreht hatte. Er eilte sofort zu mir ins Krankenhaus und schon am nächsten Morgen begann er damit, die mühsame Prozedur des Maskenanlegens und der Bestrahlung zu drehen. Die rumänische Ärztin öffnete alle Türen und besorgte in Windeseile die notwendigen Genehmigungen. Das ganze Personal half mit, geduldig wiederholte es die Bewegungen oder die Abläufe, bis Hans sie richtig im Bild hatte und zufrieden war. Verständnisvoll beantworteten die Ärzte und Assistenten meine Fragen, die ich hinter der Maske, kaum hörbar, hervorbrummte. Hans übersetzte die spärlichen Anweisungen und drehte weiter, wohl wissend, dass ich ihn nicht einmal bezahlen konnte, so lange ich keine Finanzierung für mein Projekt organisieren konnte. Ich ahnte schon, dass das ein großes Problem sein würde. Wer sollte einen Film unterstützen, dessen Autor unter Umständen das Ende der Dreharbeiten nicht erleben würde? Welcher Sender, welche Filmförderung würde dieses Risiko eingehen? Doch darüber wollte ich mir später den Kopf zerbrechen. Währenddessen drehte Hans unermüdlich weiter, weil er wusste, dass diese Bilder und Situationen unwiederholbar waren und weil er bemerkt hatte, wie wichtig diese Auseinandersetzung für mich war. Ein guter Freund! Plötzlich war für uns alle die Krankheit in den Hintergrund und die Reflexion darüber, der Film, in den Vordergrund geraten. Damit konnte jeder von uns besser umgehen. Die Drehsituation lenkte ab und erforderte trotzdem Konzentration. Diese Aufnahmen sollten einige Zeit später die Eröffnungssequenz meines Films »Testimony« (dt. »LebensWende«) werden.

Es verwunderte mich nicht, dass nach einer Weile und sobald ich die Augen zumachte, plötzlich ein weiterer Protagonist des Films wie selbstverständlich durch den Raum geisterte: ich selbst. Ich war Objekt und Subjekt meiner Arbeit zugleich. Die inneren Gespräche mit den Künstlern in meinem imaginären Film hatten mir deutlich gemacht, dass meine diskrete Präsenz im Film notwendig und alles andere ein Zeichen übertriebener Eitelkeit war. Es war an der Zeit, die alte Scheu abzulegen und neue Wege in meiner Arbeit zu gehen. Ich konnte mich nicht mehr hinter der Maske des unbeteiligten, objektiven Filmemachers verstecken, sondern musste Position beziehen. Am Ende der fünfwöchigen Bestrahlung war mein Film in seinen Grundzügen bereits fertig. Ich musste ihn nur noch drehen.

Am darauffolgenden Wochenende rief ich Jörg Immendorff an. Er hörte mir geduldig zu und lud mich dann in sein Düsseldorfer Atelier ein. Genauso unkompliziert wie der Zugang zu ihm gestaltete sich auch das erste Interview, das mit der Zeit immer mehr zu einem Dialog wurde. Ich bin ihm bis heute dankbar, dass er als erster einverstanden war, bei meinem Film mitzumachen und auch dafür, dass er so offen und geduldig war. Seine Präsenz im Film ist von unschätzbarem Wert für mich. Dass er verstarb, bevor ich ihm den fertig geschnittenen Film zeigen konnte, belastet mich bis heute.

Später gesellten sich weitere Protagonisten dazu: neben dem Amerikaner Bill Viola auch noch der Frankfurter Soziologe und Schriftsteller Helmut Dubiel, mein Freund und mittlerweile »Krebskollege«, der Bildhauer Peter Jecza aus Timisoara und auch der New Yorker Komponist William Finn, dessen Broadway-Musical »A New Brain«, eine persönliche Abrechnung mit der eigenen Diagnose Hirntumor, gerade in Hannover inszeniert wurde. Auch mein Vater sollte ein überraschendes Intermezzo und den entscheidenden musikalischen Soundtrack zum Film liefern.

Es dauerte fast ein Jahr, bis ich die Finanzierung des Films unter Dach und Fach hatte. Dass es am Ende doch noch geklappt hat, verdanke ich auch der geduldigen und feinfühligen Unterstützung eines Frankfurter Produzenten, Carl Schmitt, dem ich zufällig begegnete. Ein Produzent der alten Schule, der bereit war, sein letztes Hemd für ein Projekt zu geben, an das er leidenschaftlich glaubte. Er hielt mir den Rücken frei, als ich schon wankte, und finanzierte einen guten Teil der Produktion vor, bis wir die ersten Zusagen von Geldgebern erhielten. Vor allem befreundete Redakteure und Filmförderungen, die mich und meine vorherigen Filme kannten und Carls Arbeit schätzten, unterstützten das Projekt. Vielleicht aus Mitgefühl, vielleicht aus Neugierde, vielleicht aus Verpflichtung. Vielleicht auch, weil sie an das Projekt glaubten. Alle anderen winkten sehr schnell ab. Zu riskant schien ihnen das Unterfangen. Ich reiste zwei weitere Jahre um die Welt, um meine Protagonisten zu treffen und sie wiederholt in ihren Ateliers oder Studios zu filmen. Doch heute noch, wenn ich die Augen schließe, sehe ich sie alle im Behandlungsraum der Frankfurter Klinik, in meinem geheimen Garten, wo sie um mich herum sitzen und aufgeregt diskutieren. Meinen Film hatte ich um die Frage nach der Verbindung zwischen der Kreativität und dem Schatten der eigenen Sterblichkeit strukturiert, doch geredet haben wir eigentlich über sehr viel mehr, zum Beispiel auch über triviale aber bedeutsame Details des Lebens wie – die Liebe.

In der endgültigen Fassung meines Films tauchen diese Fragen nicht auf. Ich habe sie herausgeschnitten, sie hätten ja sonst vom eigentlichen Fokus des Films abgelenkt. Doch die Antworten sind für mich persönlich teilweise erhellender als jede Diskussion über die Unsterblichkeit der Kunst gewesen.

JÖRG IMMENDORFF
»... Ein wirklicher Trost ist Folgendes, dass ich weiß, dass die Menschen, die mir lieb sind, dass ich ein Teil von denen bin. Es ist nicht zu Ende, verstehen Sie? Es ist wie Shopping. Ich gehe nur um die Ecke, etwas einkaufen, hol mir etwas. Oder ich bin auf Reise, klingt nicht so bescheuert wie Shopping ...«

HELMUT DUBIEL
»Wenn ich die Komponenten in eine Hierarchie bringen sollte, die mir geholfen haben und die mir wichtig waren nach der Operation, nach diesem ganzen Schwenk des Lebens, war es eindeutig die Liebe. Ganz eindeutig. Die Liebe ... Das einzig Wichtige. Das Einzige, was zählt! Das war dasjenige, das, wie gesagt, mir das

Leben gerettet hat. Die Wissenschaft oder die Arbeit, ... sie haben sowieso noch nie die edelsten Anteile in mir mobilisiert.«

JÖRG IMMENDORFF
»Ich habe eine Scheu vor den Begriffen Liebe, Kunst, Tod. Es sind Begriffe die schnell unangenehm werden können. Ich käme nie auf die Idee, einem langjährigen Freund zu sagen »Ich liebe dich«, der Begriff reicht mir nicht. Es ist was anderes, aber überhaupt nicht weniger intensiv. Der Begriff gefällt mir nur nicht. Der ist besetzt. Ich kann ein Hakenkreuz nicht einfach so malen. Es ist ein indisches Symbol, das ist es auch tatsächlich, man sieht es auch in Indien überall, aber es ist zum faschistischen Symbol geworden. Der Faschismus war eben stärker als dieses Ursymbol, der Faschismus hat es diskreditiert. Endgültig. Ich könnt`s nicht mehr benutzen, weil es eben so diskreditiert ist. Oder ich benutze es agitatorisch, aber das ist etwas anderes, ... es kann aber auch umkippen. Das Gleiche passiert mit dem Begriff Liebe, verstehen Sie?«

PETER JECZA
»Vielleicht wird man in Zeiten wie diesen, wenn man krank ist oder einsam, einfach melancholischer, oder sentimentaler, ich weiß es nicht. Vielleicht liebt man seine Mitmenschen einfach stärker und bewusster. Das ist nicht ein Zeichen von Schwäche, mit Sicherheit nicht! Ich stelle einfach nur fest, dass ich viel unbefangener und häufiger Wörter wie »Seele«, »Gefühl«, »Liebe«, »Ewigkeit« in den Mund nehme als früher.«

WILLIAM FINN
»Mein Krankenhauszimmer war voller Liebe! Menschen kamen und gingen permanent, wie bei einer großen Party. Wenn bloß die ganze Angelegenheit nicht so todernst und mein Gesicht nicht zur Hälfte gelähmt gewesen wäre! Und dann war Arthur da, mein Partner mit dem ich seit 26 Jahren zusammenlebe, oder länger sogar – es fühlt sich auf jeden Fall wie 40 an! Er besuchte mich täglich. Er war so zärtlich und aufmerksam. Jede Nacht mussten meine Augen verbunden werden und er bat die Krankenschwester: »Lassen Sie mich das tun«. Es waren diese kleinen Dinge und Gesten, die mir halfen, das Ganze zu überstehen ...«

PETER JECZA

»Ich telefoniere jeden Tag aus diesem Krankenhauszimmer auf der Intensivstation mit meiner Frau und meinen Freunden zu Hause ... Ich fühle mich wie in einem Spinnennetz, getragen von ihrer Liebe und ihren Gedanken. Ich glaube an die heilende Kraft dieser liebevollen Gedanken. Selbst wenn ich es wollte, ich kann jetzt gar nicht sterben! Noch nicht. Ich möchte ihnen noch danken, möchte ihnen kleine Geschenke machen. Ich will nicht mit Schulden weggehen. Mein ganzes Leben habe ich für andere gearbeitet, für Menschen, die mir lieb und wichtig waren. Auch meine Skulpturen habe ich mit Liebe gemacht. Ich glaube, Kunst ohne Liebe kann es nicht geben. Ich bin ... na ja, ich hätte fast gesagt, eine Hure ... ich möchte gefallen, ich möchte, dass man meine Kunst mag. Weil ich sie aus Liebe gemacht habe. Mein ganzes Leben lang habe ich großen Wert auf die zwischenmenschlichen Beziehungen gelegt. Das war mir immer sehr wichtig. Ich möchte deswegen noch kleine Geschenke, in Form von Skulpturen machen. Insofern hoffe ich auch, dass meine Arbeiten Zeugnis ablegen werden davon, dass ich ein ... na ja, ein feiner Kerl war. Mehr nicht.«

HELMUT DUBIEL

»Ich fühle mich sofort Menschen verbunden, denen es schlecht geht, Behinderten, Alten. Leute, die ich früher gar nicht wahrnahm, weil sie nicht zum Kanon der Starken, Schönen, Gesunden gehörten, genießen jetzt spontan meine Sympathie.

Natürlich habe ich eine besondere Beziehung auch zu todgeweihten Menschen, genau so, wie ich eine besondere Beziehung zu allen Menschen habe, die sehr ernst sind, sehr ernsthaft sind, in dem, was sie machen, sei es in ihren Privatleben oder die ihren Beruf mit einem existentiellen Ernst betreiben, der anderen Menschen gar nicht möglich ist.

Das Leben ist einfach ernst und ich lerne langsam in einer Augenhöhe mit mir selbst zu leben. Das hat mir erst die Krankheit verschafft.«

PETER JECZA

»Wichtig für mich ist Folgendes: Das Leben lieben und schätzen, den Menschen, die ich liebe, nah sein.«

HELMUT DUBIEL

»Ich empfinde als wichtig, bedingungslose Akzeptanz, also körperliche Nähe war mir noch nie so wichtig! Um es direkt zu sagen, Erotik, vielleicht auch Sex, aber Erotik vor allen Dingen, war nie so wichtig wie in dieser Zeit. Ich habe intuitiv das Richtige gemacht: Ich habe für eine Frau radikal gekämpft. Was mich dort antrieb, war eine unglaubliche Kraft, deren Mobilisierung mir das Leben gerettet hat, denn ich war, im Grunde genommen, auf dem Trichter, nicht mehr leben zu wollen nach der Operation. Die Frau, über die wir ständig geredet haben, hat mir das Leben gerettet.«

WILLIAM FINN

»Wissen Sie, je länger ich lebe, desto mehr fürchte ich mich vor dem Tod. Damals, vor der OP, war ich ein Held. Ich frage mich manchmal, wie ich es geschafft habe, so zu sein. Aber auch jetzt bin ich überzeugt, dass man nicht deprimiert sein sollte. Schon mal wegen den Angehörigen. Sie sollen weiterhin lächeln können, wenn sie sich an einen erinnern.«

HELMUT DUBIEL

»Ich weiß auch nicht warum, irgendetwas in mir wehrt sich dagegen, Ihre Unterstellung zu akzeptieren, ich hätte da eine Verantwortung. Ich musste so viel Verantwortung für mich übernehmen, seit dem ich diese Krankheit habe, dass ich endlich mal wieder meine Neigung zu Verantwortungslosigkeit ausleben möchte. Offen gesagt, ich möchte nicht auch noch im Tode, vor dem Tod, mich anstrengen müssen. Das Leben ist anstrengend genug!
Wie ist es mit Ihnen?«

Die Frage überraschte mich. Darauf hatte ich noch keine Antwort. Ich schloss schnell das Tor zum geheimen Garten zu und die Stimmen verstummten. Die Maske wurde mir abgenommen. Ich öffnete die Augen.

13. Keine zärtliche Berührung

»Wie friedlich wäre das Leben doch ohne die Liebe, Adson.
Wie sicher! Wie ruhig wäre es ... und wie öde!«
Umberto Eco - Der Name der Rose

Die Wucht des Ausbruchs ließ mich verzweifelt verstummen. Etwas, was ich noch immer nicht begriffen hatte, veranlasste meine Frau zu einer hasserfüllten Tirade gegen mich, gegen meine Familie, vor allem gegen meine Zwillingsschwester, Ioana. Sie ist Ärztin und lebt in Paris. Wir sehen uns relativ selten, ein, höchstens zwei Mal im Jahr, telefonieren gelegentlich. Zuletzt, einige Minuten vor Tinas Ausbruch.

Scheinbar war der Ton zu familiär, Tina fasste dies als eine Intimität auf, die zu weit ging, auf jeden Fall bedrohte es in ihren sensibilisierten Augen und Ohren unsere Zweisamkeit. Sie fühlte sich in die Enge getrieben, nicht anerkannt, von meinen Verwandten abgelehnt und von mir im Stich gelassen. Beweis war ja, dass ich mit meiner Schwester über meine Befindlichkeiten sprach. Statt mit ihr.

Und auch wenn ich ihre Verletzung verstehen konnte, so wollte ich dennoch nicht akzeptieren, dass ein Mindestmaß an Umgang mit Mitgliedern meiner Familie nicht mehr möglich sein sollte. Nicht jetzt, wo ich innerlich dabei war, mich von jedem und allem zu verabschieden, Ordnung zu schaffen und Klärung herbeizuführen. Warum gerade jetzt einen Bruch forcieren? War es nicht bereits zu spät dafür oder ist es dafür nie zu früh? Noch hatte ich die Hoffnung, dass man einen Weg finden würde, vernünftig miteinander umzugehen, dass man Tina nicht weiter verletzen und sie auch etwas von ihrer Kompromisslosigkeit gegenüber meiner Familie ablegen würde. Dass man sich gegenseitig verzeihen würde. Eine Auseinandersetzung mit meinem Vater aber sollte diese Hoffnung bald zunichte machen.

Denke ich an meinem Vater, fällt mir zuallererst sein Nacken ein. Ich habe ihn öfter betrachtet als ich ihm jemals direkt in die

Augen geschaut habe. Er ist Dirigent und Komponist. Schon von Berufes wegen ist er es gewohnt, den Menschen, seinem Publikum, den Rücken zu kehren. Auch wenn er komponiert, schließt er sich für Wochen in die Einsamkeit seines Zimmers oder eines orthodoxen Klosters in den Karpaten ein. Dorthin flüchtet er, wenn ihm die Geräuschkulisse zuhause zu anstrengend und der Alltag zu trivial werden.

Ich saß oft in den Konzertsälen und betrachtete seine eleganten und präzisen Bewegungen. Den Blick richtete er auf etwas Immaterielles, etwas nicht Greifbares, etwas, was ich nicht sehen konnte, auf seine Musik. Lange Zeit blieb mir das verborgen. Ich sah bloß seinen Nacken. Nur durch meinen Beruf als Filmemacher konnte ich ihn während der Konzerte von der anderen Seite betrachten. Ich filmte ihn von vorne und was ich dort sah, irritierte mich. Es war eine Mischung aus aggressiver Verachtung und wütender Verbitterung, wann immer ein Musiker seinen Anweisungen nicht folgte oder ganze Passagen nicht gelangen. Manchmal konnte ich aber auch den Zustand des absoluten Glücks und der Dankbarkeit erkennen. Er stellte sich immer dann ein, wenn Musik in ihrer vollkommensten Form entstand. In solchen Augenblicken interessierte ihn nicht mehr, was hinter seinem Rücken passierte. Er war, im wahrsten Sinne des Wortes, entrückt. Er war glücklich. Sein Leben lang hielt er es so. Bis heute ist die einzige Instanz, die er akzeptiert, vor der er sich neigt, vor der er sich bestätigt oder widerlegt fühlt, der Grad der Vollkommenheit einer musikalischen Darbietung. Jenen Menschen, die keine Affinität zur klassischen Musik haben, kann er nicht viel abgewinnen. Er dreht ihnen den Rücken zu. Ich habe nie Musik studiert und Klavier kann ich auch nur erbärmlich spielen, doch ich erhielt durch die vielen Abende und Wochenenden, die ich während meiner Jugend in Konzertsälen verbrachte, eine ziemlich umfassende musikalische Kultur. Das half, um die Kommunikation mit meinem Vater aufrecht zu erhalten.

Auch in unserem privaten Leben war mir der Anblick seines Rückens vertrauter als sein Gesicht. Bei den gelegentlichen Bergwanderungen lief er uns, vor sich hinsummend, stets davon. Meine Schwester, meine Mutter und ich sahen zu, wie er sich entfernte, nur um dann entnervt auf der nächsten Kuppe auf uns zu warten.

Er reiste viel. Seine Tourneen führten ihn um die ganze Welt. Als kleiner Junge erlebte ich immer wieder, wie er sich umdrehte und hinter der Tür verschwand. Wochen später kam er von seinen Konzertreisen im Ausland zurück. Meistens war er beladen mit Geschenken und manchmal sogar mit Geschichten aus fremden Ländern. Ich hörte seinen spärlichen Erzählungen immer gebannt zu. Was hatte er in der Ferne erlebt? Mein Vater ist ein schlechter Erzähler, mit Worten kann er nicht besonders gut umgehen. Er ist zwar ein belesener Mann, doch kein besonders guter Redner. Es ging mir nicht in den Kopf, wieso ein Mensch, der die Chance hatte, so vieles zu sehen, der geschlossenen Gesellschaft eines kommunistischen Ostblocklandes für kurze Zeit zu entfliehen, darüber nicht berichten konnte. Mich hätte alles interessiert: der Geschmack einer Auster, von der ich gehört hatte, das man sie roh schlürft, die Art, wie die Menschen, denen er begegnete, gekleidet waren und worüber sie redeten, was sie dachten, die Gerüche der italienischen Straßen, die neuesten Automodelle, die letzten Filme. Alles was mir verlockend und fern war und er erleben durfte, interessierte mich. Ich blätterte mit staunendem Blick in den Alben aus fremden Ländern und Kontinenten. Ich sah mich dort und spann die tollsten Abenteuergeschichten und Erzählungen daraus. Meistens behielt ich sie für mich. Mein Vater war schon immer ein ungeduldiger Mann. Den ungaren Fantasien eines Jungen konnte er nichts abgewinnen. »Aus dir wird mal ein Pope« pflegte er beiläufig zu sagen, dann ging er seinen Beschäftigungen weiter nach. Er hatte ja seine Musik, die wartete auf ihn; und sie reichte ihm offenbar. Doch den Menschen in seinem Umfeld – mich eingeschlossen – reichte sie nicht. Ich spielte weiter mit den neuesten Matchbox Automodellen, die mir mein Vater stumm in die Hand gedrückt hatte und nahm mir vor, später selbst die weite Welt zu erkunden, sie zu schmecken und zu berühren. Und darüber zu erzählen.

Ich weiß: Mein Vater ist ein sensibler und verletzlicher Mann. Er kann das aber nur auf eine einzige Art ausdrücken: durch die Musik, die er komponiert. Er möchte die Menschen damit berühren. Jede andere Form der Berührung ist ihm zuwider. Allerdings übertönen die gelegentlichen lautstarken Krisen so manch betörende Musik, die er geschrieben hat.

Mein Vater hat schöne Hände: lange Finger, stets gepflegte Nägel. Schon während seines Studiums am Bukarester Konservatorium fielen sie einem Regisseur auf. Er musste daraufhin als Double für einen musikalisch unbegabten Schauspieler in einem Liebesfilm auftreten. Die einzigen bewegten Bilder meines Vaters aus jener Zeit zeigen eben nur seine zarten Finger, die virtuos und fast zärtlich über die Klaviertastatur schweben und Schumanns »Aufschwung« in einem romantischen Film erklingen lassen. Mittlerweile sind sie grober geworden. Altersflecken bedecken sie. Und dennoch, wenn sie beim Dirigieren durch die Luft schwingen und die Musik zu streicheln scheinen, dann wirken sie wieder jung und geschmeidig. Die Musik ist für meinen Vater ein unerschöpflicher Jungbrunnen. Ich kann mich nicht erinnern, ihn jemals krank erlebt zu haben, er war noch nie in einem Krankenhaus.

Trotzdem: Denke ich an meinem Vater, so sehe ich keinen glücklichen Mann. Tiefe Verletzungen, über die er mit uns nie sprach – vielleicht seine erste unglückliche Ehe, vielleicht das traumatische Berufsverbot durch die kommunistischen Amtsinhaber bald nach seinem Studium oder die Schikanen später – hatten aus ihm einen zynischen und verbitterten Menschen gemacht. Die Musik war ihm Fluch und Zuflucht zugleich.

Jeder junge Mann hat so seine eigenen Schwierigkeiten, den Vater »umzulegen«, ihn sich vom Leib zu halten, bevor eine erwachsene Annäherung wieder möglich ist. Ich merke, wie schwer mein 15-jähriger Sohn sich damit tut, sich gegen seinen kränkelnden Vater zu stemmen. Einfacher als ich hat er es nicht. In meinem Falle hatte mich der Zwiespalt, den meinen Vater umgab – einerseits der ungeheuer sensible Musiker, andererseits das unsensible Ungeheuer – stets irritiert. Ich musste die Erfahrung der Krankheit machen, die Nähe des Todes spüren, um vom Schatten meines Vaters befreit wieder aufzustehen.

Die Nachricht von meiner Erkrankung erschütterte ihn. So hat man es mir erzählt, denn gesagt hat er es nicht. Er kam aus Rumänien zu uns nach Frankfurt, während ich im Krankenhaus lag. Viel sprach er in der Zeit sowieso nicht. Ich merkte aber, wie er seine Notizen zu der Symphonie, die er gerade begonnen hatte, sammelte und sich zurückzog. Er war wie ein Tier, das seine Wunden unbeobachtet lecken wollte, unbeholfen und stumm.

Im Krankenhaus erfuhr ein musikbegeisterter Chirurg aus dem Team, das mich operiert hatte, vom Beruf meines Vaters. In der Annahme, mir etwas Gutes zu tun, brachte er mir während meiner Konvaleszenz jeden Tag neue CDs: Reger, Anton Webern, Tschaikowski, Bach. Die Musik war wunderschön, sie tat wirklich gut, doch ich glaube, er suchte eigentlich nur die Gelegenheit, sich mit meinem Vater auszutauschen. Auch für manch einen Arzt ist das Weiß der Krankenhäuser ohne die Verklärung der Kunst nur schwer zu ertragen. Mein Vater aber drehte sich um, zog sich in mein Arbeitszimmer zurück, schrieb und verbitterte.

Als er herauskam, hatte er den gleichen Gesichtsausdruck, wie bei den misslungenen Passagen während der Orchesterproben: wütend und aggressiv. Dem drohenden Verlust seines Sohnes sah er unbeholfen und unvorbereitet zu. Das Einzige, was ihm bisher genutzt hatte, seine Emotionen zum Ausdruck zu bringen, klappte diesmal offenbar nicht. Die Musik wollte nicht raus.

Stattdessen richtete sich seine ganze Wut gegen Tina. Nicht der drohende Tod, nicht Gott, nicht das Schicksal und schon gar nicht er hatten Schuld daran, dass sein Sohn sich von ihm entfernte, sich langsam auflöste. Viel einfacher war es, die Schuld Tina zu geben, seine Wut gegen sie zu richten! Wegen ihr hatte sein Sohn doch das Land verlassen, wegen ihr lebte er nun in Frankfurt und ging an der Belastung zugrunde. Ohne einen Schuldigen ergab das Ganze für ihn keinen Sinn.

Und so nahm der schon lange und leise vor sich hinlodernde Konflikt zwischen ihm und meiner Frau seinen ausgeprägt gewaltigen Lauf. Er sollte in einem Streit gipfeln, der jede Begegnung zwischen den beiden für alle Zeiten unmöglich machen sollte. Und auch zwischen ihn und mich sollte sich eine zweijährige, bleierne Stille legen. Wir sprachen nicht mehr miteinander. Ich war wütend, denn er hatte meine Frau zutiefst verletzt. Offenbar hatte diese Zeit aber auch etwas Gutes zur Folge, etwas Bereinigendes. Die Wut, die er gegen mich und meine Ablehnung empfand, löste seinen kreativen Knoten. Die Musik ergoss sich wieder aus ihm in seine wohl beste Symphonie. Ich wiederum, ganz davon befreit, meinem Vater etwas beweisen zu müssen, richtete meine ganze Aufmerksamkeit und Kraft auf mein eigenes Leben und auf meine Arbeit. Ich realisierte meinen ersten 90-minütigen Film. Die Musik meines Vaters sollte dennoch zum kongenialen Soundtrack werden. Wir hatten beide den Blick voneinander abgewendet und ihn nach innen gerichtet. Und doch passten die Musik und der Film auf eine unbeabsichtigte und rätselhafte Weise perfekt zueinander. Niemals davor und niemals später sollte uns eine vollkommenere Kommunikation gelingen. Dabei hatten wir nicht ein einziges, persönliches Wort gewechselt! Sobald wir anfingen, wieder miteinander zu reden, zerstörten wir die fragile Brücke erneut. Der Umweg über die Musik blieb uns jedoch erhalten.

Doch nun tobte Tina gegen meine Schwester. Sie überwarf mich mit Vorwürfen, die von Feigheit bis Charakterlosigkeit gingen. Ihre Sprache wurde immer ungehaltener, die Schimpfworte immer rauer, sie steigerte sich in ihre Verzweiflung und Wut dermaßen hinein, dass ich ebenfalls die Kontrolle verlor. Worte und Argumente kamen mir nicht mehr in den Sinn. Ich war erschüttert und verkrampft, mein Kopf dröhnte. Nackte Unbeholfenheit gegen die Monstrosität der Vorwürfe. Ich begann, mit allem, was ich in die Hände kriegte, um mich herum zu werfen: die Hundeleine, die Vase, die orientalischen Kissen. Eine solch primitive Reaktion ist eigentlich nicht meine Art, doch ich muss gestehen, sie war effektiv. Tina verstummte für eine Weile und ich nutzte die Gelegenheit für einen theatralischen Abgang, mit allem was dazu gehört: einer hinter mir zugeknallten Tür, einem dumpfen, verletzten Grummeln, einem von Tina nach mir geschmissenen »Lass dich von deiner Schwester pflegen, wenn du ... wenn du ... du Scheißkerl!« .

Wie konnte ich mich mit solchen Vorwürfen auf eine vernünftige Art auseinandersetzen, wenn sie mir wie Fausthiebe entgegen geschmettert wurden, wenn sie für »Entweder ich oder deine Familie« standen, wenn sie »du machst alles falsch« bedeuteten, wenn sie »ich bin der einzige autorisierte Zuhörer und Helfer in deiner Not« implizierten?!

Wie hätte ich in dieser aufgeladenen Situation die Zwischentöne heraushören können, »Ich bin auch noch da und mache mir

Sorgen« oder »Ich weiß auch nicht, wie ich mit deiner Krankheit umgehen soll« und »Wo bleibe ICH bei der ganzen Scheiße?!« Ich zog es vor, der Hitze des Gefechts zu entgehen und mit meinem Hund durch den kühlen Wald zu laufen.

14. Sterbehilfe?

»Es gibt keinen Makel, kein Stigma, keine Entstellung einer
Person, die nicht durch Gesten der Freundschaft und der Liebe
›überbrückt‹ werden könnte.«
Helmut Dubiel - Tief im Hirn

Natürlich hatten die immer wiederkehrenden Streitereien mit
Tina etwas mit Liebe zu tun, mit Vertrauen und dem Mangel daran. Die Quellen dieser Auseinandersetzung lagen schon eine Weile zurück. Während meiner Konvaleszenz nach der Operation
hatte ich mit Ioana ein langes und aufrichtiges Gespräch geführt.
Ich hatte ihr von meinem Wunsch erzählt, lebensverlängernde
Maßnahmen zu unterlassen, sollte mein Zustand sich jemals so
verschlechtern, dass ich nur noch ein Stück Fleisch, zuckende
Muskeln, künstlich ernährt und beatmet, werden würde. Mehr
noch, ich hatte ihr das Versprechen abgerungen, mir zu helfen,
meinem Leben freiwillig und selbstbestimmt ein Ende zu setzten,
sollte meine Krankheit für mich, meine Frau und meine Kinder
unwürdig und zu belasten werden. Ich hoffte, dass sie als Ärztin
Mittel und Wege finden würde, mir zur Seite zu stehen.
  Es war ein ernsthaftes, wohl überlegtes Gespräch. Ich war mir
darüber im Klaren, was ich ihr gerade abverlangte. Die ganze me-
diale Aufregung über Sterbehilfe hatte ihren Höhepunkt erreicht
und ich fand sie befremdlich. Es ging mir nicht in den Kopf, warum mir jemand verbieten sollte, Sterbehilfe in Anspruch zu nehmen. Und wenn es auch ein egoistischer Gedanke war – denn es
braucht eine fremde Hand, die einem hilft, den Tod einzuleiten
– so konnte ich mich moralisch darüber nicht empören. Eine Alternative blieb natürlich der Selbstmord, doch ich fürchtete, dabei
wie ein Dilettant zu versagen. Ich wusste auch nicht, was diese
Geste mit meiner Frau und meinen Kindern anrichten würde. Ich
hingegen hätte keine Sekunde gezögert, jemandem, dem ich nahe
stand und von dessen aufrichtigem und wohlüberlegtem Wunsch
nach Sterbehilfe in einer ausweglosen Situation ich überzeugt ge-

wesen wäre und nachdem ich alles getan hätte, ihn von seinem Vorhaben abzubringen, einen solchen Dienst auch zu erweisen.

Das Thema war mir so wichtig, dass ich unbedingt mit Tina, dem wichtigsten Menschen in meinem Leben, zuerst darüber reden wollte. Doch sie lehnte es ab. Jedes Mal. Meine Bitte, mir im Falle eines Falles meinem Wunsch, sterben zu dürfen zu entsprechen und sogar mit Ioana zusammen zu arbeiten, um mein Leben, das ich unter Umständen nicht mehr leben wollte, frühzeitig zu beenden, füllte sie mit Entsetzen. Sie weigerte sich, darüber zu reden. Mehr noch, sie lehnte auch jeden meiner Versuche ab, sich über Patientenverfügung, Testament oder Vorsorgevollmacht, all jenen lästigen, bürokratischen Prozeduren, die einem das Gefühl geben sollen, dass man noch die Fäden in der Hand hat, wenn man es eigentlich gar nicht mehr kann, zu unterhalten. Sie verdrängte das alles.

Für mich saß diese Ablehnung tief und während der folgenden Jahre habe ich immer wieder den Versuch unternommen, diesen Zustand zu ändern. Bis ich zuletzt begriff, dass Tina damit überfordert war, dass diese Diskussionen ihr Angst machten und ihre sorgfältig zusammengestellte Strategie im Umgang mit meiner Krankheit durcheinander wirbelten. Sie hatte mich missverstanden und eine Klärung war nicht mehr möglich. Ich hatte eigentlich gewollt, nur einmal, ein einziges Mal, diese Sachen für immer zu bestimmen, sie dann in einer Schublade zu verschließen und zu vergessen. Weiterzuleben. In Vertrauen. Tina hingegen dachte, eine solche Diskussion, einmal angefangen, würde für immer in unser Leben Einzug halten, zwischen uns stehen. Sie schaffte es über die Jahre, sich diesem Thema nicht zu stellen und ich lernte, meine Wünsche und mein Sterben alleine zu organisieren.

Die Aufregung um meine Person, die Wogen, die ich durch meine Krankheit im Leben der Angehörigen auslöste, hatte dramatische Folgen. Mein Vater verbitterte zusehends, meine Schwester traute sich nicht mehr, bei uns anzurufen, Tina war tief verletzt. Eine Eiszeit, die drei quälende Jahre dauern sollte, brach über uns herein und machte sogar jede Form physischer Nähe zwischen mir und meiner Frau unmöglich. Die vielen Streitigkeiten mit meiner Familie und meine, in ihren Augen, ambivalente Haltung dazu, hatten jede ihrer Regungen für mich getötet. Ich glaube, sie verachtete mich. Verantwortlich dafür waren wohl ich und mein Wunsch nach Harmonie, den alle um mich herum offenbar als krankheitsbedingte Schwäche deuteten. Ich wurde still, lernte meine Gedanken für mich zu behalten und mich allein um meine Probleme zu kümmern.

Ja, ich habe eine Patientenverfügung, ich habe meiner Frau eine Vorsorgevollmacht erteilt. Doch sie weiß kaum etwas davon, da ich mit ihr darüber nicht reden kann. Sie hat am Rande zur Kenntnis genommen, dass wichtige Unterlagen in der obersten Schublade meines Schreibtisches liegen. Zumindest weiß sie, wo sie zu suchen hat. Bei mir bleibt die quälende Unsicherheit, dass, sollte eine radikale Verschlechterung meines Gesundheitszustandes eintreten, sie meinen Wünschen doch nicht entsprechen wird, dass sie dazu nicht in der Lage sein wird und dass sie im entscheidenden Moment viel eher an die eigenen moralischen Konsequenzen denken wird, statt meinem Wunsch zu folgen. Das Misstrauen bleibt. Kann ich es ihr verübeln? Wohl kaum. Deswegen rede ich gelegentlich auch mit meiner Schwester darüber. Und auch mit Freunden. Und auch mit Ärzten. Plötzlich ist das ein Thema, Teil meines Lebens, was ich eigentlich immer vermeiden wollte. Ein Thema, das nun erst recht zwischen mir und meiner Frau steht. Ich möchte sichergehen, möchte, dass im Falle eines Falles jeder weiß, was ich gewollt hätte. Ich hätte es allerdings vorgezogen, nur mit Tina, ein für alle Mal alles zu klären. Nur viel zu spät begriff ich, dass die Last, die ich ihr damit aufbürden wollte, zu groß war.

Meine Frau und ich stürzten uns einmal mehr in die Bewältigung unseres Alltages, schlüpften in Rollen und Muster, die es uns ermöglichten, all die wichtigen Nichtigkeiten des Lebens in den Griff zu kriegen und über unsere wahren Bedürfnisse und Sorgen nicht mehr nachzudenken.

Der Tod wurde einmal mehr erfolgreich verdrängt, die Lösung der familiären Konflikte verschoben, die körperlichen Bedürfnisse betäubt. Tina suchte sich einen neuen Job. Ich widmete mich erneut meiner Arbeit und zog mich für zehn Tage in unser Sommerhaus in Transsilvanien zurück, um in Ruhe ein neues Filmprojekt vorzubereiten. Einmal mehr überbrückten Briefe die Entfernung zwischen uns. 20 Jahre nach dem Wegfall des Eisernen

Vorhangs hatte sich die Technologie zwar geändert – wir kommunizierten nun über Email – doch die Verzweiflung und die Sehnsucht waren geblieben.

15. Briefwechsel zwischen Welten

»Hoffnung ist eine Dimension des Geistes. Sie ist nicht außerhalb von uns, sondern in uns. Wenn du sie verlierst, musst du sie neu in dir selbst und den Menschen um dich herum suchen – nicht in Gegenständen oder Geschehnissen.«
Vaclav Havel - Brief aus dem Gefängnis vom 17.11.1979 an seine Frau Olga aus »Briefe an Olga«

Lieber Razvi,

tut mir Leid, dass es dir so schlecht geht, tut mir Leid, dass du schlecht schläfst und dich sorgst, tut mir Leid, dass du dich schlecht konzentrieren kannst. Tut mir Leid, dass du noch länger in deinem gottvergessenen, transsilvanischen Haus in Hodosa bleiben willst und dir von mir wünschen würdest, ich würde dir aus ganzem Herzen sagen: »Bleib.« Tut mir Leid, dass du krank bist.

Dennoch: Ich kann dich nicht immer verschonen mit meinen Gedanken, jedes Wort auf die Waagschale legen und mir überlegen, was dir wohl gerade gut tun würde. Das wäre verlogen und es wäre nicht real. Es wäre eine Traumwelt. Und diese hätte nichts, aber auch gar nichts mit der Realität, die ich gerade lebe, zu tun.

Warum sollte ich dich immer verschonen? Willst du nicht oder kannst du nicht an unserem gemeinsamen Leben, so öde es auch sein mag, teilnehmen? Ich bin zwar nicht krank, fühle mich aber so und weiß, dass da auch eine Zeitbombe tickt. Wofür willst du eigentlich Kräfte sammeln? Zum Schutz vor unserem Leben? Die Sorgen sind einfach da, ich kann sie dir nicht nehmen und du dir auch nicht. Sie werden uns auch immer begleiten. Im Grunde genommen ist es jeden Tag eine neue Entscheidung für oder gegen diese Sorgen. Willst du sie nicht mehr tragen, wäre das gegen uns. Wollte ich sie nicht mehr tragen, wäre das entweder gegen dich oder gegen euch. Manchmal komme ich auch an meine Grenzen und kurzzeitig hege ich den Gedanken, alles hinzuschmeißen. Meinen Job, unser Leben so wie es momentan ist und auch die Beziehung zu dir. Nicht nur du hast es schwer und nicht nur du bist belastet. Manchmal träume ich von einem anderen Leben. So habe ich mir diesen unseren Lebensabschnitt nicht vorgestellt. Und du schon längst nicht. Es ist einfach passiert, und möglicherweise würde über der Suche nach den Ursachen unser gesamtes Leben vergehen. Es ist schlimm, wie es gerade ist, und es ist schön zugleich. Bitter-süß und zum Verzweifeln.

Jeden Tag beim Aufstehen, wenn ich noch längst nicht ausgeschlafen bin, stelle ich mir neu die Frage, ob ich dieses Leben so weiter leben kann. Jeden Morgen entscheide ich mich neu dafür. Manchmal mit großen Widerständen und schon lange nicht mehr fröhlich. Auf meinem Schreibtisch in der Arbeit stapeln sich schon 101 Vorgänge. Aber trotzdem, ich nehme das Leben so an, wie es ist. Und dich auch, wie du bist. Und auch wenn du es verneinst und dich fragst, wieso du dich nicht angestrengt haben solltest – das Leben mit dir ist zuweilen sehr anstrengend. Dass es so kam, daran hast du keine Schuld. Aber was du daraus machst, kannst du immer noch steuern. Ich habe das Gefühl, dass du dich bereits aufgegeben hast. Dass dein Aufenthalt dort nur ein Vorwand ist, dass dein Unmut über deine Arbeit nur eine Ausrede ist, um Dinge nicht wahrzuhaben. Würde es dir nützen, wenn ich dir sagte, du könntest aus meiner Sicht noch zwei Monate in Rumänien bleiben? Du würdest wahrscheinlich erneut grübeln, dieses Mal über dem Gedanken, wieso ich dich abschieben will. Es steht dir frei, dich zu entscheiden, ob du lieber dort oder da sein willst. Ob du das dort brauchst und wozu. Wir brauchen dich hier. Ich brauche dich hier. Für den dir verhassten Alltag, für ein Gespräch, vielleicht für mehr, vielleicht aber auch nicht. Ich weiß nicht, wie es ist, so eine Krankheit zu haben. Ich bin aber auch der Überzeugung, dass ich es nie wissen würde, ohne selbst betroffen zu sein. Egal wie sehr ich versuchte, mich in deine Lage hineinzuversetzen, egal, wie empathisch ich wäre. Ich kann es nur bedingt nachempfinden. Und wünsche mir nicht, es je im Leben am eigenen Leib zu erfahren. Ich habe keine Ahnung, wie viel Lebenszeit dir noch bleibt, wie viel Zeit wir noch zusammen haben und wofür. Ich würde mir wünschen, wir wären zusammen ohne deine Erwartungshaltung an unsere Beziehung und an unsere Liebe, ohne deinen Unmut, ohne dein Abgleiten in Traumwelten, ohne dein

Anspruchsdenken. Einfach so, wie es gerade kommt, schlecht, schlecht, schlecht, gut, schlecht, schlecht ... Der Alltag ohne dich ist traurig, öde und mühsam. Ich vermisse dich.
Tina

Liebe Tina,
ich schicke Dir einige der Zeilen, von denen ich Dir erzählte, dass ich sie so doof fand, die mir aber nach Deiner jetzigen Mail (gestern Abend habe ich sie gelesen), gar nicht mehr so doof vorkommen. Vor allem, wenn ich bedenke, dass ich sie womöglich zeitgleich mit deinen Zeilen geschrieben habe oder kurz davor:

»Nichts ist außergewöhnlicher für einen chronisch Kranken als das Gewöhnliche, das Normale, nichts beunruhigender als die Ruhe. Eine kleine Geste, der man unter normalen, ›gesunden‹ Umständen kaum Beachtung geschenkt hätte, ein Schulterzucken, eine erhobene Augenbraue, eine Berührung kann nun, unter der Last einer Erkrankung, zu einer dramatischen, hochemotionalen Situation führen.

Das macht es anstrengend, mit einem ›Kranken‹ zu leben, ihn zu lieben. Harmlose Worte können plötzlich tiefe Wunden schneiden, einfache Gesten, oder auch deren Verbleib, bleibende Schäden anrichten. Selbst der geduldigste und verständnisvollste Begleiter kann dadurch an den Rand eines Zusammenbruchs getrieben werden.

Das alles ändert aber für den Betroffenen nichts an der Tatsache, dass die Sehnsucht nach Normalität, nach dem Gewöhnlichen, nach den kleinen, liebevollen Gesten bleibt. Man stellt sich nur häufig beim Fordern dieser Gesten ungeschickt an. Und überhaupt, das Fordern! ... es verkrampft die Situation schon wieder dermaßen, dass, wenn einem die ersehnten Gesten oder Worte endlich zuteil werden, sie zu mechanischen Karikaturen eines ehemals selbstverständlichen Rituals verkommen und sie ihre angedachte Wirkung verfehlen. Was einem natürlich vorkommt, erscheint dem anderen als eine Zumutung. Und andersherum auch. Doch wenn sie ausbleiben, so machen sie Platz für die quälendsten Fragen, bohrendsten Einsichten, für die größten Zweifel und das Verzweifeln, für die zerstörerischsten Formen des Verlangens, kurz, für die Einsamkeit.

Demzufolge: Was liegt näher, als die Normalität zu simulieren, für kurze Zeit und solange einen noch die Füße tragen und die Zeichen der Krankheit noch nicht allzu sichtbar sind, jenes Spiel noch eine Weile zu spielen, das wir Leben nennen? Sich vom Schatten der Krankheit befreien und den ›unkranken‹ Gefühlen ohne die Verzweiflung eines zum Tode Verurteilten hingeben? Es stimmt, in gewisser Weise, die Krankheit auszublenden und so zu tun, als ob man noch dazu gehören würde, ist eine Lüge. Doch was spricht gegen eine kleine Lüge, die einem gut und niemandem wehtut? Vielleicht war meine Arbeit am Film »Testimony« auch nur eine Strategie, Normalität in außergewöhnlichen Zeiten zu leben, sie künstlich zu erzeugen.«

Usw., usw.

Du magst es eine Traumwelt nennen, in die ich mich angeblich flüchte, eine Lüge. Ich nenne es die einzig mögliche Welt für mich und keineswegs eine traumhafte. Ich fühle mich sehr geerdet, habe mich gar nicht aufgegeben und auch sind mir Deine Sorgen nicht fremd. Ich habe das starke Gefühl, dass Du mich gründlich missverstanden hast, trotz Deiner gegenteiligen Beteuerungen.

Nein, ich bin nicht nach Hodosa geflüchtet. Ja, ich arbeite an einem Projekt, an das ich glaube und von dem ich mir erhoffe (mehr als Du), dass es etwas wird, an meinem Film und unserem Buch. Und auch, dass es mich am Leben hält. Nein, zu Hause hätte ich es nicht tun können. Du bist mir dort nah und unnahbar zugleich. Genau so wenig konnte ich auch an meinem Film zuhause arbeiten. Deswegen Berlin.

Ja, das Leben ist ungerecht, ich fröne angeblich den schönen Dingen einer »Traumwelt« und Du kämpfst mit der Misere des Alltags, mit gesperrten Konten (?) und anstrengender Arbeit. Nein, etwas Besseres als das, was ich gerade tue, nämlich, das nächste Filmprojekt vorzubereiten, das alte zu Ende zu bringen und nebenbei ein Gefühl für mein wahres Ich (wie unpragmatisch, was für ein Luxus und wie ungerecht!) wieder zu bekommen, kann ich nicht machen. Ja, es ist hart, dass ich für 14 Tage nicht bei Euch sein kann. Nein, es tut mir nicht Leid. Ja, ich vermisse Euch und Dich. Nein, ich erwarte nicht Deinen Segen, um hier noch einige Tage zu bleiben. Ja, ich hätte es aus praktischen Gründen richtig gefunden. Ich bin hier, mit 30 Euro kann ich mein Flugticket verlängern, ich weiß nicht, wann ich wieder hierher kommen werde, vielleicht nie wieder, mein Schreiben am Film-Treatment funktioniert gerade ganz gut. Mit Dir kann ich per Mail sogar ehrlicher und besser kommunizieren – sollten wir öfter machen, so wie früher, als wir uns Hunderte von Briefen schrieben! – als unter vier Augen. Den Kindern kann ich auch so ein Kamerad und Vater sein (Außerdem, da gerade Herbstferien sind, hätten sie hier mit mir sein können, wenn Du es erlaubt hättest!). Nein, anders würde ich nicht handeln.

Ja, selbst das, was ich gerade mache, fällt mir schwer und noch schwerer fällt es mir, mich permanent vor Dir für meine neue Langsamkeit oder Zerstreuung zu rechtfertigen. Oder dafür zu schämen, dass Du wegen mir ein solches Scheißleben führst.

Ja, das Leben ist ungerecht, ich bin erkrankt und keiner kann mir zurzeit sagen, wie lange ich noch leben werde und wie. Das ist Scheiße. Nein, ich leide längst nicht mehr darunter und fallengelassen habe ich mich trotzdem nicht. Jeden Morgen entscheide ich mich erneut für das Leben, so wie Du. Ja, Du bist an Krebs miterkrankt. Das ist ebenfalls Scheiße. Ja, ich sammele Kräfte für eine mögliche zweite Operation, für eine mögliche zweite Chemotherapie, ich versuche, mein Immunsystem zu kräftigen, einen Weg zu mir selbst zu finden. Ich weiß jetzt, anders als bei der ersten OP, was möglicherweise auf mich zukommt. Nein, ich sammle keine Kräfte für Euch oder für die gemeinsame Zeit. Dafür müssten sie reichen. Ja, Du machst mich müde. Nein, ich will Dich nicht verlassen.

Ja, ich bin anstrengend. Ja, ich bin unvernünftig. Ja, ich bin lächerlich. Ja, ich bin hässlich geworden. Ja, ich bin nicht nur ein Deutscher, ich bin auch Rumäne und, ja, ich heiße Georgescu, habe einen rumänischen Namen mit allen Konsequenzen. Ja, ich gebe Dir nicht das, was Du brauchst, das was Du Dir so sehnlichst wünschst. Nicht einmal einen richtigen, deutschen Namen! Ja, ich bin Dir womöglich kein guter Partner, nicht zärtlich genug, nicht einfühlsam genug, nicht forsch genug, nicht selten genug, nicht rechtzeitig genug, einfach nicht genug. Ja, mein Mund erzählt zu oft von Traumwelten. Ja, ich rede manchmal zu viel und lasse Dich an meinem Innenleben ohne Hemmungen teilhaben. Ja, ich bin wahrscheinlich die größte Herausforderung Deines Lebens, die größte Liebe und die größte Enttäuschung. Ja, Du darfst mich verlassen, wenn Du ein anderes Leben führen kannst oder willst. Nein, ich werde es Dir nicht nachtragen. Ja, es würde die Situation vielleicht vereinfachen. Nein, ich werde Dich nicht hassen. Ja, ich werde Dich verstehen, Dich immer lieben. Ja, es wäre für mich auch einfacher. Nein, ich werde nicht gehen, nicht einfach verschwinden, ich werde aber Deine Sicht der Welt nicht immer und ganz akzeptieren und auch nicht Deine Sicht über meine Daseinsberechtigung und über das, was ich angeblich leiste oder unterlasse. Ja, ich bin müde, mich ständig nach Deinen Vorstellungen entscheiden zu müssen (»Entscheide Dich, ob Du in Rumänien leben willst, oder bei uns sein willst. Für uns oder gegen uns. Für mich oder gegen mich.«). Ich habe mich schon längst entschieden. Und ich will trotzdem nicht alle Brücken sprengen. Was soll das? Es ist kein Anspruchsdenken. Es ist menschlich. Es ist Normalität. Und sie mag für dich anstrengend sein.

Deine Email war offen. Dafür bin ich Dir dankbar. Normalerweise ziehst Du Deinen Igelpanzer an, sofort denkst Du, ich möchte etwas von Dir, ich möchte Dich verändern, ich lenke bloß ab oder jammere nur. Oder Du schweigst lange und führst die Gedanken nicht zur letzten Konsequenz. Wir reden oft, nur um zu reden. Der so genannte Alltag breitet sich wie ein Totenhemd über uns und unsere wahren Bedürfnisse. Nein, meine letzte Email an Dich war kein Lamento. Ich wollte Dir nur mein Mitgefühl zeigen und mich für meine Haltung rechtfertigen (bescheuerterweise!).

Ich spüre bei Dir eine große Sehnsucht nach Normalität, eine Sehnsucht, die ICH nicht mehr erfüllen kann. Ganz gewiss nicht! Vielleicht solltest Du aufhören, sie von mir zu erwarten. Komischerweise empfinde ich eine ähnliche Sehnsucht (s. o.). Nur sehnen wir uns scheinbar nicht nach den gleichen Dingen. Dies quält uns beide. Also, wenn Du vorzeitig gehen willst, tu das bitte. Suche Deine Normalität woanders. Meine offenen und gut gemeinten Vorschläge waren Dir nie gut genug. Oder sie verpufften in Deinem verlängerten, verängstigten Schweigen. Ob Du jetzt gehst oder ich später, spielt keine Rolle mehr, nur Deine Kräfte würden etwas verschonter bleiben, solltest Du jetzt einen Schlussstrich ziehen wollen. Ich werde es verstehen und daran nicht zugrunde gehen. Ganz im Gegenteil, ich wäre glücklicher, wenn ich wüsste, dass Du gelassener und zufriedener bist, dass Du auch zu Deinem wahren Ich vordringst, wo immer es sich verstecken und wie weit es von meinem wahren Ich auch liegen mag. Wenn ich nicht Dein 102ter Vorgang wäre!

Vielleicht habe ich erst jetzt zu jener Liebe gefunden, die Du meintest und die wohl keine Gleichgültigkeit ist: Jemanden so stark zu lieben, dass man ihm das ganze Glück der Erde wünscht, ohne etwas im Gegenzug zu erwarten.

Ich liebe Dich.

Razvan

Lieber Razvi,

du hast mich leider nicht verstanden. Überhaupt nicht. Während ich deine Zeilen las, bin ich – wieder mal – panisch in Tränen ausgebrochen.

Ich habe panische Angst. Zum ersten Mal in meinem Leben habe ich das Gefühl, dass mir alles entgleitet: Du, die Kinder, meine Jobaussichten, meine Gesundheit, die Zukunft, die Wohnung (Wir wohnen heute seit zwei Jahren hier und ich habe das vage Gefühl, dass es nicht mehr lange der Fall sein wird.), einfach alles. Wir befinden uns in einer Abwärtsspirale. Ich frage mich manchmal, ob du das auch merkst. Oder ob dein persönliches Leid so groß und gewichtig ist, dass es alles andere überlappt und für dich unsichtbar werden lässt. Es geht nicht mehr darum, ob wir uns nächsten Winter einen Skiurlaub leisten können, es geht ums Überleben. Ich weiß nicht, was gerade passiert, aber wir sind heftigst ins Trudeln geraten. Die Konsequenzen dieser finanziellen Geschichte sind mir noch nicht so ganz klar. Möglicherweise eine Strafanzeige wegen der unendlich vielen geplatzten Zahlungen und Überweisungen, die ich in Unkenntnis der Dinge gemacht habe und die auf unserem Konto weiterliefen. So etwas ist Betrug und strafbar. Jeden Tag flattern Briefe ins Haus mit geplatzten Überweisungen, darum muss ich mich auch in der kommenden Woche kümmern. Noch nie kam mir ein Monat so lang vor und noch nie hatte ich dieses Gefühl des Ausgeliefertseins. Wir haben uns mit unserem Leben verschätzt und ich habe schon länger eine schleichende Ahnung davon. Du magst es vielleicht Jammern nennen oder eine Bagatelle angesichts deiner Not, für mich aber ist es existenziell. Wie auch immer wir es drehen und wenden, ich habe das Gefühl, wir packen es nicht.

Nein, ich will dich nicht verlassen, ich möchte gerne bei dir bleiben. Ich fühle mich nur allein, sehr allein. Und missverstanden in meiner Not. Sollte dir etwas passieren, muss ich diese Misere weiter allein managen. Das macht mir Angst. Ich fühle mich nackt und schutzlos und habe Angst, dass ich deine Geschichte wiederhole – an der Realität zu zerbrechen.

Es ist ja noch gar nicht mal so, dass ich zu hohe Ansprüche habe an das Leben. Mein größter Wunsch wäre es, dass einfach nichts mehr passiert. Dass am Monatsende das Konto leer wäre, aber nicht überzogen, dass unser Sohn nicht so unglücklich wäre und nicht diese Schikanen durch den Mathelehrer erdulden müsste, dass die gesamten Lehrer nicht so schlechte Pädagogen wären, dass ich meinen Job kündigen könnte, dass wir niedrigere Fixkosten hätten. Und dass wir sowieso am besten all unsere Scheißsachen verkaufen und noch einmal von vorn anfangen würden – ohne das Streben nach Besitz, einfach bescheiden und befreit von diesen Verpflichtungen.

Ich verabscheue diese Arroganz der Leute immer mehr, die meinen, es besser zu wissen, Statussymbole zum Lebenszweck erklären und sich irgendwelchen stupiden gesellschaftlichen Normen beugen, was »man tun« und »man unterlassen« sollte. Ich bin müde und ausgelaugt und darf nicht einfach aufgeben. Te iubesc.
Tina

Liebe Tina,
welche geplatzten Rechnungen flattern noch ins Haus? Unendlich viele???? Strafanzeige? Worum geht es? Worüber redest Du? Wie hoch soll die Überziehung sein?

Auf dem einen Konto sind noch über 2.000 Euro. Abzüglich der großen vierteljährlichen Hausrate bleiben noch einige Hundert Euro übrig. Am Dienstag kommt mein Geld. Ich bringe ca. 550 Euro mit. Wir können die eiserne Reserve verkaufen. Das sind nur ca. 5.500 – 6.000 Euro, aber ich brauche sie nicht. Oder wir behalten sie als Sicherheit für die Dezember- oder Märzrate (was ich befürworten würde). Zur besseren Übersicht und zur Vereinfachung unseres Lebens können wir auch meine Versicherung verkaufen. Oder wir machen das erst nach meiner Kontrolle und/ oder Operation. Über das Rumäniengeld sage ich noch nichts, es ist etwas unübersichtlich und unterliegt den Kursschwankungen, also weiß ich nicht genau, was für uns übrig bleibt. Außerdem muss es erst überwiesen werden. Ich habe zwei Tage damit verbracht, die neuen Formulare für die rumänische Filmförderung auszufüllen und zwei 80seitige Dossiers 180fach abzustempeln, abzurechnen und zu versenden. Im November weiß ich mehr. Ja, es ist nicht einfach. Und dennoch will ich eine Lösung, nicht mehr nur reden. Und schon gar nicht in Panik verfallen! Wenn die Wohnung, (die wir nun seit 2 Jahren bewohnen ... na und?) nicht zu halten ist, so lass uns über Lösungen reden. Meinetwegen verkaufen, oder vermieten und wir fangen von vorne in einer neuen kleinen Mietwohnung an (es würde dem 2-Jahresrhythmus unserer bisherigen Umzüge entsprechen). Ich bin einverstanden. Alles, was ich dachte, dass Dir wichtig ist und vielleicht Dein Leben, möglicherweise nach mir, einfacher machen würde (sprich Haus), scheint für Dich eine Last zu sein. Weg damit. Mehr als schreiben, vorbereiten, arbeiten in dieser Übergangsphase kann ich nicht machen. Wenn es nicht reicht, dann habe ich versagt. Du sollst aber nicht darunter leiden. Ich hänge an nichts mehr. Kannst alle Möbel, Bilder, Autos verkaufen. Von mir aus können wir auswandern, in Neuseeland oder in Hodosa autark und billig leben. Doch solange die Kinder in der Schule sind, müssen wir wohl hier nach Lösungen suchen. Außer einem Laptop, meinen Kindern, Netka und Dir brauche ich nichts.

Gib nicht auf. Te iubesc,

Razvan

P.S.: Was ist mit dem Mathelehrer schon wieder los?

Ich habe meinen Aufenthalt in Rumänien natürlich nicht verlängert. An Arbeit war kaum noch zu denken und der morgendliche Lärm der Schafe, Kühe und Hähne störte plötzlich nur noch wie ein deplazierter Witz. Ich kehrte nach Frankfurt zurück. Zuhause konnte ich nicht viel tun, um Tinas Ängste zu lindern, außer einfach die Kinder nach der Schule mit einer warmen Suppe zu empfangen, während sie noch im Büro arbeiten musste. Später hörte ich mir ihre Sorgen, Unzufriedenheit und die Verzweiflung an, die sie aus ihrer Arbeit mitbrachte, oft bis spät in die Nacht. Ich merkte, dass meine simple Anwesenheit zu einer gewissen allgemeinen Entspannung beitrug, doch ich hatte permanent das Gefühl, mich meiner eigentlichen Verantwortung zu entziehen, zu wenig Initiative zu zeigen, um uns ein sichereres, angenehmeres, finanziell stabileres Leben zu gestalten, selbst wenn das hieß, weg von meiner Familie zu sein. Noch konnte ich es, noch war ich gut bei Kräften. Die alten Reflexe waren immer noch da und es wurde mir klar, dass ich sie niemals loswerden konnte. Und auch Tina hatte sich in diesem Punkt nicht verändert. Wir beide teilten das Gefühl, das Falsche im Leben zu tun und dabei zu kurz zu kommen.

Ich wollte meine Filmprojekte unbedingt vorantreiben. Zugegeben, nicht nur aus materiellen Gründen, sondern auch aus einem gewissen beruflichen Ethos, aus Ehrgeiz. Die Krankheit hatte nicht eine Läuterung im Sinne von Tina herbeigeführt, ich wollte und konnte nicht weniger denken, arbeiten, planen. Der einzige Unterschied war bestenfalls, dass ich mehr auf die Qualität meiner Arbeit achtete. Dafür war ich aber umso verbissener, angefangene Projekte auch zu Ende zu führen, egal, was es kostete. Unvollendetes ließ mich schier verzweifeln. Das gefiel Tina nicht immer. Warum aber musste ich mich permanent entscheiden, warum stand mein berufliches Glück angeblich ständig im Widerspruch zu meinem Eheglück? Ich konnte und wollte es nicht verstehen. Die Zeit lief währenddessen unerbittlich weiter.

Zwei Wochen später gewann mein Film »Testimony« in Berlin den PRIX EUROPA für den besten europäischen Dokumentarfilm des Jahres. Das Geld, das damit einherging, reichte, um die kleine Überziehung der Konten, die Tina so große Kopfzerbrechen bereitet hatte, zu beenden. Ihre Freude über die wieder ausgeglichenen Konten war groß und ehrlich, doch sie war von kurzer Dauer. Wenige Tage später fiel unsere Beziehung in das alte Muster, das von Angst, Unsicherheit, Hoffnungslosigkeit gekennzeichnet war, zurück. Wir waren erschöpft und emotional ausgelaugt. Erleichtert, ob der unerwarteten, momentanen Lösung unseres finanziellen Problems, fielen wir müde ins Bett. Unendlich solidarisch in unseren ähnlichen und doch so unterschiedlichen Erschöpfungen schliefen wir ein. Nichts hätte uns stören können. Am nächsten Morgen wachten wir, müde von soviel Schlaf, auf. Wir waren immer noch angezogen. Ein neuer Tag begann, als ob nichts gewesen wäre.

An jenem Morgen setzte ich mich erneut vor meinen Computer und schrieb an dem Text, den ich in Hodosa angefangen und der meine Email an Tina eingeleitet hatte, weiter. Denn das Ganze hatte eine Fortsetzung.

16. Dreharbeiten in Venedig

»Kein Anseh'n in Venedig
Vermag ein gültiges Gesetz zu ändern.«
William Shakespeare - Der Kaufmann von Venedig

(...) Vielleicht war meine Arbeit am Film auch nur eine Strategie, Normalität in außergewöhnlichen Zeiten zu leben, sie künstlich zu erzeugen. Dass sie mir in einer der melancholischsten Städte dieser Welt begegnen sollte, in Venedig, kommt mir heute wie eine Ironie des Schicksals vor.

Der Schnellzug zum Berliner Flughafen Schönefeld wand sich wie eine laute Peitsche durch die nebelfeuchte brandenburgische Ebene. Sein unruhiges Schütteln halfen mir, meinem Kameramann Stefan und seinem Assistenten Jürgen, den Schlaf an diesem viel zu frühen Morgen zu vertreiben. Nach einer kurzen Nacht in einem Berliner Hotel war ich froh, endlich unterwegs, endlich auf dem Weg nach Venedig zu sein, wo ich den amerikanischen Videokünstler Bill Viola treffen und einige Tage mit ihm drehen sollte.

Die Arbeit am Film machte mir Sorgen, viele meiner gewünschten Protagonisten hatten, aus Aberglauben, aus Unbehagen oder auf Drängen ihrer Familien, abgelehnt über ihre Kreativität in den außergewöhnlichen Zeiten der Krankheit zu reden. Umso wichtiger war mir die Begegnung mit Bill Viola, der seine Installation »Ocean without a shore«, eine Meditation über die Schwelle zwischen Leben und Tod, in der kleinen Kirche San Gallo im Rahmen der Kunstbiennale uraufführen und sich über das Thema Tod und Kunst mit mir unterhalten wollte.

Bis zu unserem Abflug waren es noch einige Stunden. Ich versuchte, die Notizen für das Interview noch einmal im eilenden Zug zu überfliegen. Doch es waren nicht die unruhig hüpfenden Zeilen, die mich daran hinderten, meine Aufmerksamkeit auf den Text zu fokussieren. Ich fühlte mich beobachtet. Wenn ich früher dieses Gefühl mit Gleichgültigkeit behandelt hätte, so war ich seit meiner Operation nicht mehr in der Lage dazu, reagierte fast allergisch darauf. In Restaurants setzte ich mich immer mit dem Rücken zur Wand oder zumindest an einer Stelle, wo mich keiner von hinten sehen konnte, in Konzertsälen immer in die letzte Reihe. Und auch jetzt, obwohl hinter mir nur die brandenburgische Landschaft jenseits der Glasscheibe vorbeirauschte, schob ich mir instinktiv die Kappe tiefer in den Nacken, so dass meine lange Narbe am Hinterkopf nicht zu sehen war. Es hätte ja sein können, dass sie sich im Fenster spiegelte und jemand vor mir sie somit sehen würde. Ich fühlte mich beobachtet und als ich meine Augen von den Notizen erhob und die Person vor mir anschaute, wich sie schnell, wie ertappt, vor meinem Blick zurück.

Eine schöne, großgewachsene, schlanke Frau, Anfang 30, die die Frische und Neugierde einer wahrscheinlich nur wenige Jahre zurückliegenden Studentenzeit noch bewahrte, versuchte einen ständig umkippenden Koffer festzuhalten. Ihr Aussehen strahlte etwas Bodenständiges und gleichzeitig Abgehobenes aus, eben diese Unbekümmertheit einer schwindenden Jugend gepaart mit einem ernsthaften, zielstrebigen, neugierigen Blick. Sie hatte kräftige Hände und zarte Gesichtszüge, eine schmale Nase und trug etwas zu große Sandalen. Eine Art Interrailtramperin, dachte ich, mit der Ausstrahlung einer Intellektuellen. Ich konnte sie mir genauso gut in einem Trekking Outfit vorstellen, wie auch in einem eleganten Kleid bei einer Vernissage. Eine Frau im »Dazwischen«. Ihre Augen noch jung, die Haut schon von den ersten Spuren der Müdigkeit gezeichnet. Sie kam mir interessant vor. Nun war ich derjenige, der sie beobachtete und sie schien es zu merken. Sie erwiderte meinen Blick und für einen kurzen Augenblick wand keiner von uns ihn ab. Meine Narbe war ja in Sicherheit, gut verdeckt. Wie in dem Kinderspiel, in dem derjenige verliert, der zuerst schmunzelt und dem Blick des anderen ausweicht, so schauten wir uns eine Weile an. Sie lächelte und ich, Idiot, senkte meinen Blick. Verloren.

Das Rütteln ging weiter. Bis zum Flughafen kreuzten sich unsere Blicke nicht mehr. Wie in einer asynchronen Choreografie streiften sie sich, ruhten nacheinander, niemals gleichzeitig, auf dem anderen, wichen von ihm ab, nur um dem anderen Platz zu machen, um seinen Blick unbemerkt tanzen zu lassen.

Stefan sprach während der ganzen Zeit mit mir, erzählte mir von seinen Sorgen mit dem Equipment. Ich habe nur die Hälfte davon verstanden, versuchte die stumme Kommunikation mit der Frau vor mir unauffällig wieder in Gang zu bringen. Bis die Bahn stehen blieb und uns herausspülte. Nun verstand ich auch Stefans Sorgen. Unsere Filmausrüstung war tatsächlich zu schwer. Von der Vereinbarung das Übergepäck betreffend wusste man am Schalter der Airline nichts mehr. Die Stimmen wurden immer lauter, die Zeit immer knapper, die Kilos immer teurer, Stefan immer ungehaltener, der telefonisch eilig angerufene Produktionsleiter, der alles organisiert hatte, immer defensiver. Ich ließ sie nach Lösungen suchen und sah mich in der Abflughalle um. In der Menge erkannte ich sie wieder. Sie ging an mir vorbei, die junge Frau aus dem Zug – eine ruhige Erscheinung – und verschwand hinter der Passkontrolle, als der Flug nach Teneriffa zum letzten Mal ausgerufen wurde. Plötzlich ging auch an unserem Schalter alles ganz schnell. Ein vermisstes Schreiben tauchte auf wundersame Weise wieder auf, das Equipment wurde angenommen, wir durften fliegen. Jenseits der Passkontrolle suchte ich weiter nach ihr. Doch die Passagiere für Teneriffa waren bereits eingestiegen und unsere Maschine nach Venedig stand auch bereit. Schade eigentlich, dachte ich.

Nichts ist vergleichbar mit der Ankunft in der Lagunenstadt. Schon der lange Weg vom Terminal des Flughafens Marco Polo zum Ablegehafen der Vaporetti, den wir mit unserer schweren Ausrüstung mühsam zurücklegten, ist eine Art Passage in eine eigene Welt. Und sobald man in diesen merkwürdigen Wasserbussen Platz nimmt, fällt die alte Welt von einem ab. Anders aber als bei einer Insel, in der man vielleicht die Abgeschiedenheit sucht, ist die Serrenissima ein Ort, der sich lange Zeit für den Mittelpunkt der Erde hielt, ein unnatürlicher Ort, künstlich dem Wasser abgerungen, in dem das Nicht-Normale zum Normalen erklärt oder verklärt wurde.

Was treibt Menschen dazu, die atemberaubendsten Schönheiten dieser Welt über Jahrhunderte an einem Ort, der auf Eichenpfählen in einem stinkenden, sumpfigen Küstenstreifen errichtet wurde, mit der natürlichsten Selbstverständlichkeit zu horten und zu erschaffen? Normalität ist hier eine Frage der Perspektive.

Sobald man die Lagunenstadt betritt, ist all der Zauber das Natürlichste der Welt und die Welt da draußen krank und blass. Von außen betrachtet ist natürlich Venedig krank, gebrechlich und wider die Natur. Kein Wunder also, dass ich mich hier auf Anhieb wohl fühlte, eine tiefe Verbundenheit mit dieser sinkenden, instabilen und dennoch seit Jahrhunderten den Elementen und der Vergänglichkeit trotzenden Stadt empfand. In den Kanälen Venedigs schwingt der Schwanengesang immer leise mit und ich war für solche Klänge gerade besonders empfänglich.

»Worüber handelt der Film?« Die Stimme erklang direkt hinter mir. Ich zuckte zusammen und führte instinktiv meine Hand an meinem Schädel, nur um sicher zu gehen, dass die Kappe meine Narbe auch gut verdeckte. Als ich mich umdrehte, erkannte ich sie, die Frau aus der S-Bahn, die scheinbar doch nicht nach Teneriffa wollte. Ich war so überrascht, dass ich gar nichts antwortete. Stefan, der sich neben sie setzte, übernahm die Konversation und erzählte ihr etwas von einer »Kulturdokumentation für Arte« und von »Bill Viola«, einem »bekannten amerikanischen Videokünstler«. Ich würde gerne behaupten, dass ich derjenige war, der sie ansprach, dass ich dieses normale Spiel des Lebens und des unschuldigen Flirtens in Bewegung hielt. Aber sie war es, und das erschien mir äußerst ungewöhnlich normal. Seit Jahren, und gewiss seit meiner Erkrankung nicht mehr, hatte mich keine Frau so spontan angeschaut und angesprochen. Natürlich war es auch das Fernseh-Equipment, das Fragen und neugieriges Staunen provozierte, doch sie schaute mich an, während sie Stefan zuhörte.

Als die Insel Murano hinter uns verschwand und die Campanile von San Marco vor uns auftauchte fragte sie mich: »Und Du bist der Autor des Films?«

Dabei musterte sie mich genau, diesmal ohne Umschweife.

»Ich habe morgen den halben Tag frei. Dürfte ich Euch beim Drehen begleiten? Ich kann anpacken.«, sprach die Interrailtramperin. Ihre direkte Art gefiel mir.

»Bill Viola's Arbeiten kenne ich gut«, ergänzte die Intellektuelle.

Sie hieß Lea, war eine Galeristin aus Berlin, hatte sich gerade selbständig gemacht, einen wichtigen Sponsor für ein langfristig angelegtes Kulturprojekt gewonnen und war nun nach Venedig gekommen, um während der Biennale internationale Partner und vielversprechende, junge Künstler zu finden, denen sie ein befristetes Arbeitsstipendium und ein Atelier in Deutschland anbieten konnte. Es stellte sich heraus, dass sie während ihres Studiums der Kunstgeschichte in London, Barcelona und Shanghai lange über Bill Viola recherchiert und referiert hatte. Wir verabredeten uns für den nächsten Tag auf der Friedhofsinsel San Michele, wo ich einige Aufnahmen für die Anfangssequenz des Films drehen wollte. Ich musste daran denken, dass ich mich zum ersten Mal mit einer anderen Frau verabredete, auch wenn ich unser morgiges Treffen nicht als Date bezeichnen wollte.

San Michele ist von einer roten Ziegelmauer umgeben, deren Monotonie von schlankgewachsenen Zypressen durchbrochen wird. Eine kleine Insel als letzte Herberge für die Gebeine alteingesessener Venezianer und einiger weltberühmter Künstler. Außer Stravinsky, der neben seiner Frau und seinem Freund, dem Choreographen und Impressario Sergej Djaghilew begraben liegt, ruhen hier auch Nono, Ezra Pound und Stephan Brodsky.

Bruder Paolo, ein gutgelaunter Mönch, wartete bereits auf uns. Er führte uns durch das leere Kloster und gewährte schließlich Einlass zum hinteren Teil des Friedhofs, wo einige dieser Künstler begraben sind.

Während er uns erklärte, wie es hier zu Zeiten des »aqua alta« aussieht, also dann, wenn die Flut und die Stürme draußen im Mittelmeer den Pegel des Wassers in der Lagune ansteigen lassen und die Piazzas von Venedig überschwemmen, musste er ständig gegen den unwiderstehlichen Drang ankämpfen, loszukichern. Nun, fing er mit einem verschmitzten Lächeln an, auf San Michelle passiere es während der »aqua alta« Zeit oft, dass Särge einfach ausgeschwemmt werden und plötzlich auftauchen. Er musste lachen, weil viele der hier Begrabenen keine einfachen Gemüter gewesen sein müssen. Da es schon immer eine große Ehre und Ausnahme war, auf San Michele als Nicht-Venezianer seine letzte Ruhe zu finden, konnte Bruder Paolo sich lebhaft vorstellen, wie einige der ehrwürdigen Verstorbenen gegen diese Unannehmlichkeiten und den schlechten Service, der gar nicht zu diesem exklusiven Ort passte, lautstark protestierten, während andere die Auszeit aus der Gruftruhe und die Runden im Freien genossen.

Er ließ uns arbeiten und entfernte sich kichernd. Ich stieg in einen verlassenen Glockenturm, um eine Position für die Kameratotale zu finden, während Stefan und Jürgen die Liste mit den Sequenzen, die ich ihnen aufgetragen hatte, abarbeiteten.

Oben im Turm befand sich ein leeres Zimmer mit eingeschlagenen Fensterscheiben und – seltsam an diesen Ort – der verrostete Rahmen eines Eisenbettes mittendrin. Das morgendliche Licht wurde an den Fensterleisten gebrochen und zeichnete geometrische Muster auf die verstaubten Holzdielen. Es war gemütlich, als ob dieses Zimmer, das lange nicht mehr bewohnt war, bald wieder zum Leben erweckt werden würde. Ich schloss die Augen und versuchte mir vorzustellen, ich würde die Schatten vergangener Zeiten erkennen und die Geräusche, die mich umgaben – Glocken, Wind und Möwen – wären nur der dumpfe Widerhall einer eigenen, vertrauten alten Welt. Als ob all das hier mein Zuhause gewesen wäre, das nun zum alten Leben und Glanz erweckt werden würde. Als ich die Augen aufmachte, sah ich das Vaporetto der Linie 2 am Steg der Friedhofinsel anlegen. Eine einzige Frau stieg aus. Sie trug eine weite, hellbraune Hose, eine weiße Bluse und hatte ein feines Tuch über die Schultern geworfen. Ihre Silhouette zeichnete sich elegant und unscharf im Gegenlicht der flimmernden Wasserreflexionen ab. Es war Lea. Hier betrat eine Intellektuelle den Friedhof, keine Abenteurerin mehr.

Sie schien sich über meinen Anblick zu freuen und ich muss zugeben, ich tat es auch. Nein, der Friedhof bereite ihr kein Unbehagen, versicherte sie mir. Als ob es das Natürlichste der Welt gewesen wäre, lud sie mich zu einem Rundgang auf der Insel ein. Bereits in der nächsten Sekunde empfand ich mich als äußerst lächerlich, wie einem Roman von Dickens oder der Brontë-Schwestern entsprungen. Hier war ich nun, an einem romantischen, vor Todessehnsucht triefenden Ort, führte galante Gespräche mit einer charmanten Frau und spazierte auf efeuüberwucherten Wegen, an Grabsteinen aus dem 18. und 19. Jahrhundert vorbei. Über uns kreisten aufgeregt die Möwen. Nicht besonders zeitgemäß und dennoch angenehm.

Ich bin nicht gut in Smalltalk, auch die hohe Kunst des lockeren Flirtens habe ich längst verlernt, und so kostete es mich zu viel Mühe und Überwindung, das Gespräch über das vorsichtige

Maß an ersten Erkundungsfragen hinaus zu führen. Wir blieben uns die ganze Zeit fremd und vertraut zugleich.

Lea war von der Atmosphäre der Insel ebenfalls angetan. Während ich mich entfernte, um mit Stefan einige Details der nächsten Einstellungen zu besprechen, holte sie ihr Notizbuch hervor, setzte sich auf eine Mauer und schrieb los. Ich weiß nicht, was, muss aber zugeben, dass mich der Anblick dieser schönen Frau an diesem friedlichen Ort auf eine überraschende Art anrührte.

Es vergingen Stunden, bis wir das Material im Kasten hatten, Stunden, in denen zwei Menschen zu Grabe getragen wurden. Einer auf einer reich verzierten Karre, vorne eine Bläserkappelle, hinten eine Schar von Trauernden. Etwas später folgte der zweite, in einem schlichten Sarg auf einer ungeschmückten Karre. Hinter ihm schritt niemand. Vor ihm, Stille. Für beide läuteten die Glocken.

Ich hatte Lea beinahe vergessen, als ich sie uns entgegenkommen sah. Das Notizheft klemmte unter dem Arm und ihre Augen leuchteten. Sie hatte sich der ersten Prozession angeschlossen und war von der ganzen Zeremonie offenbar sehr angetan und angeregt. Die zweite hatte sie gar nicht bemerkt. Ohne ein Wort griff sie sich den schweren Koffer mit dem Tonequipment des Assistenten und begleitete uns zur Anlegestelle. Die Frau konnte wirklich anpacken. Es war dunkel geworden, Stille umhüllte nun die Friedhofsinsel San Michelle. Ein Bootstaxi brachte uns zu einer Osteria in der Nähe von Arsenale.

Der Abend flog dahin. Es war schon nach Mitternacht, als wir uns auf den langen Weg zurück zum San Marco Platz, wo sich mein Hotel befand, machten. Leas Hotel hingegen lag auf der anderen Seite der Lagune, auf Giudecca. Auf der Höhe der San Lorenzokirche blieb sie kurz stehen und fragte mich: »Schon die ganze Zeit wundere ich mich, warum ein junger Mann wie Du eine Kulturdokumentation über den Friedhof San Michele macht, was Bill Violas Todesobsession mit Dir zu tun hat, was Dich eigentlich treibt? Ich verstehe es einfach nicht. Wie passt das alles zusammen?«

Stefan und Jürgen waren längst in Richtung des Hotels vorausgeeilt. Sollte ich ihr wirklich alles erzählen? Wollte ich tatsächlich den Zauber der Normalität mit meiner Geschichte zerstören?

Konnte ich offen über meinen Krebs mit einem fremden Menschen reden? Ich hatte darin kaum Übung und meine bisherigen Erfahrungen damit waren mir Warnung genug. Doch letztendlich machte ich einen Film darüber und der würde früher oder später öffentlich aufgeführt werden, lange Zeit würde ich mich sowieso nicht mehr verstecken können.

Wir setzten uns auf die marmorne Balustrade der Brücke und ich erzählte ihr hastig, dass ich so jung nicht sei, dass ich zwei Kinder im Teenageralter habe, dass mir ein Tumor im Kopf wachse, dass Ärzte mir nur noch drei Jahre geben und dass ich diesen Film mache, in der Hoffnung, den tieferen Sinn dieser Erfahrung zu verstehen, dass es kein Film über den Tod sein soll, sondern über die Kreativität im Angesicht des Todes.

»Und Deine Frau? Es gibt doch sicherlich eine Frau?«

»Sie hat auch Krebs. Meinen Krebs.«

Wir schwiegen den ganzen Weg bis zum Bootsteg. Eine schöne Nacht drohte in betretener, peinlicher Stille zu enden. Ich bereute bereits meine Offenheit. Sie wollte sich gerade verabschieden, als uns die merkwürdige Leere um uns herum auffiel. Offenbar war sie der einzige Mensch, der um diese Uhrzeit nach Giudecca wollte. Ein Straßenkehrer bestätigte uns, dass keine Boote, kein Taxi mehr zur anderen Seite der Lagune fuhren. Es blieb uns nichts anderes übrig, als in meinem Hotel nach einem freien Zimmer zu fragen. Doch der gelangweilte Concierge am Empfang winkte mit einem müden Lächeln ab. Alles ausgebucht.

»Hast Du Platz in Deinem Zimmer?«, fragte sie mich direkt.

»Ich weiß nicht«, stotterte ich überrascht. »Ich zeige es Dir.«

Das war bescheuert. Ich wusste, es war ein kleines Zimmer mit einem Doppelbett.

»Du kannst es haben, ich werde bei Stefan schlafen.«

Wir standen beide in der Tür. Sie schaute mich lange an und, ohne zu lächeln, sagte sie: »Musst Du nicht. Du kannst hier bleiben.«

Als ob ich die Antwort auf diese Aufforderung längst gewusste hätte, spätestens aber seitdem ich mit meiner Geschichte die Normalität unserer Beziehung beendet hatte, zögerte ich keine Sekunde.

»Doch, ich muss.«

Am nächsten Morgen weckten mich die ersten Sonnenstrahlen in Stefans Zimmer. Er drehte sich neben mir im Bett um, sah mich überrascht an und murmelte: »Guten Morgen, Chef.«

Ich musste lächeln und dachte: »Guten Morgen, Leben. Lass uns noch eine Runde drehen.«

Ich habe Lea nie wiedergesehen, doch diese kurze, lächerliche, unschuldige und vollkommen normale Zwischenzeit erinnert mich gelegentlich daran, dass Normalität eine fragile Erscheinung ist und dass sie einem überall begegnen kann, auch an den unwahrscheinlichsten Orten. Wahrhaftig erlebte ich sie allerdings erst, als ich heimkehrte und Tina umarmte.

In den Jahren seit meiner Erkrankung hatten wir gemeinsam gekämpft. Wir hatten uns ein Haus gekauft und renoviert, wir hatten zwei Ginkgo-Bäume in unserem Garten gepflanzt und wir haben unsere Kinder umsorgt, sie hoffentlich zu vernünftigen Menschen erzogen. Ich hatte weiterhin gearbeitet, Filme produziert, dadurch auch anderen zu Geld und Arbeit verholfen. Tina leistete eine für die Gesellschaft nicht hoch genug zu schätzende Arbeit als Sozialpädagogin. Ohne es zu merken und trotz des Krebses in meinem Kopf, hatten wir es geschafft, unseren Un-Ort in eine Insel der Normalität mitten in der Lagune der Mortalität zu verwandeln. Vielleicht waren wir bloß zu getrieben gewesen, um all das anzuerkennen.

Die Wahrheit ist, wir sind es weiterhin, denn wir fürchten uns noch immer vor »aqua alta«, vor dem zerstörerischen Hochwasser. Trotz der fertig gestellten Filme. Trotz des fragilen Friedens in unserer Beziehung. Trotz des goldenen Lichts in unserem Garten. Trotz der Reisen, die uns noch bevorstehen. Weil der Tumor in meinem Kopf immer wieder langsam wächst und mich zwingt, meine Sanduhr ständig zu wenden. Weil ich befürchte, mein Leben verwirkt zu haben, weil ich dennoch Angst habe, die Zeit zwischen der Ebbe und der Flut zweier Wachstumsperioden meines Tumors nicht richtig genutzt, sie in einer Traumwelt verbracht zu haben.

Das Telefon klingelt. Es ist die Künstlersozialkasse. Die Sachbearbeiterin, Frau S., lässt mich wissen, dass sie meine Mitgliedschaft beenden möchte, da sie davon ausgehe, dass ich meine künstlerische Tätigkeit eingestellt hätte. Den letzten Beitrag habe ich offensichtlich deswegen nicht rechtzeitig überwiesen. Es ist nur normal, dass sie so reagieren muss, da werde ich ihr wohl zustimmen müssen, nicht wahr?!

Normal? Die richtige Welt hat mich wieder. Ich ..., ich bin müde ... Aber ich stimme ihr zu.

17. Die zärtliche Berührung

»Du sollst, bis du dich wirst verklärt erheben,
Im Aug der Lieb und diesem Liede leben.«
William Shakespeare - Sonett 55

Es fällt mir schwer, ein gutes Ende, ein gutes Bild für diese Geschichte zu finden. Nicht im Sinne eines »Verweile doch! Du bist so schön!«, nein, so etwas würde bekanntlich den Stillstand, den Tod, des Teufels Sieg bedeuten. Welches Bild eignet sich also als Sprungbrett, als Überleitung zum nächsten Kapitel des Lebens, zu weiteren Erfahrungen? Welcher Schluss ist überhaupt der »richtige« für eine Biopsie der Liebe? Welchen vielversprechenden Moment einer Lebensreise möchte ich einfrieren? Doch nicht den Augenblick des Todes?! Auch dann nicht, wenn er nicht das wirkliche Ende darstellt, oder?! Es wäre zu schlicht, zu kitschig, zu vorhersehbar. Außerdem kenne ich ihn noch nicht, den müsste ich mir erst ausdenken und das möchte ich nicht.

Natürlich gefällt mir das Bild von mir, aufgenommen im Juni 2008, also sieben Jahre nach meiner ersten Aura-Erfahrung, jene Vorstufe eines epileptischen Anfalls, die ich im Oktober 2001 am Lenkrad des Ford Mustang in der kalifornischen Mojawe-Wüste erlebte. Damals hatte ich noch keine Ahnung von dem Tumor, der leise in meinem Kopf wucherte. Das Bild des Jahres 2008 zeigt mich, wie ich erneut einem Ford Mustang entsteige. Diesmal bin ich in den kanadischen Rocky Mountains in der Nähe des Lake Louise, wo ich an einem Filmforum teilgenommen hatte. Diesmal weiß ich von meinem Krebs. Am letzten Tag in Banff hatte ich ein Pferd, einen echten Mustang, für einige Stunden gemietet und mich einem Trail angeschlossen. Ich wollte auf die spektakuläre Hochebene der Rockies reiten. Es ist ein heroisches Bild. Vom tiefsten Punkt des amerikanischen Kontinents im kalifornischen Death Valley bis zu den Gipfeln der kanadischen Rocky Mountains war es ein langer Weg gewesen. Natürlich ist es ein schönes Bild, es öffnet die Möglichkeit für ein strahlendes Finale, für ein

Happy End. Wie ein Cowboy ritt ich damals die kieferbedeckten Täler hinauf in den Sonnenuntergang, der oben auf dem noch schneebedeckten Plateau auf mich wartete. Es ist aber ein unfertiges, ein unbefriedigendes Bild. Und unerträglich kitschig obendrein auch noch! Weder hatte ich die Indianer besiegt, noch die Braut meines Lebens endgültig auf meine Ranch gelockt. Noch immer loderte der Tumor unter meiner von Titanschrauben festgehaltenen Schädeldecke. Noch immer hatten Tina und ich nicht so recht zueinander gefunden. Dieses Bild, so schön es in meiner Erinnerung auch verklärt wird, ist für ein Ende dieser Geschichte nicht zu gebrauchen, es ist nicht weniger kitschig als ein tränenreiches Todesfinale.

Genauso wie das Bild in der Mojawe-Wüste sieben Jahre davor, taugt auch dieses höchstens als Kunstgriff, als dramaturgischer »plotpoint« einer Reise, die mich vor allem durch die Täler und Hügel dazwischen führte. Das war nicht immer spektakulär. Es war chaotisch, nicht planbar, aufreibend und mühsam. Das Leben hielt sich nicht an dramaturgische Regeln und die Handlung plätscherte meistens angestrengt vor sich hin. Es war ein Leben in Verlängerungen, mit unzähligen Enden und Neuanfängen, mit Tumorregressen und -progressen. Jeder Skriptdoktor aus Hollywood würde bei einer solch unvorhersehbaren und holprigen Geschichte die Hände über dem Kopf zusammenschlagen. Die Szene in den Rocky Mountains ist somit auch nur eine beliebige Station einer umwundenen Reise. Sie zeugt nur von einer Sache: Dass ich Glück hatte, in den Jahren nach meiner Operation unter keinen großen neurologischen Ausfallerscheinungen zu leiden. Ich konnte fast ohne Einschränkungen und schmerzfrei leben und reisen. Ich hoffe, es bleibt noch eine Weile so. Deswegen: Lieber gar kein Schlussbild, ein offenes Ende!

In den Jahren nach meiner Krebsdiagnose, habe ich mit Sicherheit vieles falsch gemacht. Ich war ungeduldig und rastlos. Die kurz bemessene Zeit wollte ich nicht vergeuden. Ich war gelegentlich ungerecht, selbstgerecht, launisch und voller Selbstmitleid. Für viele Menschen in meinem Umfeld war ich ein anstrengender Genosse. Für meine Frau ganz gewiss. Meine Hoffnung ist aber, dass ich in dieser Zeit vielleicht ein bisschen offener, aufmerksamer und fokussierter in allem, was ich tat und auch in der Art, wie ich Menschen begegnete, wurde.

Es zählt zu den wenigen Erkenntnissen, die ich seit meiner Erkrankung gewonnen habe, dass nicht die Quantität der Sehnsüchte wirklich zählt, sondern deren Qualität. Es reicht auch nur eine einzige davon, es muss nur die Richtige und sie muss unbändig sein. Dann ist man lebendig. Die Sehnsucht nach der Liebe meiner Frau war mit Sicherheit meine. So sehr sie mich auch über die Jahre quälte, so sehr hatte sie auch eine willkommene Nebenwirkung: In den Stunden großer existentieller Verzweiflung, die mir meine Krebserkrankung bescherte, war diese Sehnsucht zweifelsfrei mächtiger als meine Angst vor dem Tod. Sie überdeckte alles und sie hielt mich am Leben. Ja, ich möchte sogar behaupten, das Unglück und die Einsamkeit, die ich verspürte, als die Krankheit mich und Tina voneinander entfernte, waren auch der Treibstoff für meine Arbeits- und Lebenskraft gewesen. Man sollte sich daher vor den eigenen Sehnsüchten nicht fürchten. Wie der Maler Jörg Immendorff wenige Monate vor seinem Tod zu mir sagte: »Glück ist keine Garantie für ein gutes Bild, eine gute körperliche Verfassung auch nicht. Die Wut, die Enttäuschung, all das gehört dazu.« Ich wäre wohl die Filme, die ich nach meiner Diagnose gemacht habe – die guten und die schlechten gleichermaßen – niemals mit der gleichen Intensität und Verzweiflung angegangen, hätte ich diese Zeit in einem Zustand aufgeklärter Entzückung oder in einer seichten Beziehung durchlebt. Ich hätte die Liebe und die Wärme anderer Menschen wohl kaum so tief empfunden. Ich wäre – krebskrank, wie ich war und weiterhin bin – auch niemals um die halbe Welt gereist, um am Ende doch wieder neben der Frau meines Lebens anzukommen. Es hätte ja unvernünftig und gefährlich sein können! Sogar diese Zeilen, diesen Amoklauf der Gefühle, hätte ich wohl niemals niedergeschrieben.

Es braucht die Brüche und den Kampf, um die Vitalität und den Geist aufrecht zu erhalten. Selbstverständlich in einem erträglichen Maße, was bei mir nicht immer der Fall war. Erkennt man die Zeichen richtig, ich meine damit vor allem, identifiziert man die eigene, bedeutsamste Sehnsucht, kann die Zeit nach einer Krebsdiagnose, so kurz oder lang bemessen sie auch sein mag, eine sehr fruchtbare, intensive und – ja ich wage es, dieses große Wort zu benutzen – sogar eine glückliche Zeit sein.

Was mich anbetrifft, so lernte ich in dieser Zeit, die Schönheit einer einfachen, zärtlichen Berührung zu schätzen und dafür dankbar zu sein. Natürlich sehne ich mich noch immer danach, das Leben uneingeschränkt und in seiner vollen Pracht zu berühren. Vor allem träume ich davon, es ohne die Verzweiflung, die aus der Erkenntnis entsteht, dass die eigenen Tage gezählt sind, zu tun. Doch mittlerweile ist das, außer in meinen Träumen, nicht mehr so wichtig. Die Dauer des Glückszustands ist nicht von Bedeutung, seine Intensität schon und diese ist wiederum von der Lebensprognose nicht abhängig.

Ich habe noch einige Wünsche offen. Ich bin sicher, ich werde sie mir erfüllen. Mit ein bisschen Glück, vielleicht noch heute. Berühren möchte ich noch die Flügel einer Libelle, das Gras im Morgenlicht und die feuchte Schnauze meines Hundes, die heißen Kacheln des knisternden Ofens, die Tropfen des Sommerregens, die die prächtigen Farben eines Regenbogens an den Himmel malten. Berühren möchte ich die Zunge eines Kalbes und noch einmal, tröstend, das von Koliken gequälte Bäuchlein eines Säuglings. Selbst die Farbe Weiß möchte ich jetzt anfassen. Und auch die sanften Formen von Jeczas Bronzeskulpturen, das Salz des Meeres, die Blüten des Apfelbaumes in meinem Garten möchte ich noch streicheln. Doch von allen Sehnsüchten ist jene nach der Liebe meiner Frau wohl die stärkste, die Sehnsucht danach, von ihr berührt zu werden.

Eine zärtliche Berührung ist Sehnsucht und Teilhabe zugleich. Sie ist kein Besitz, kein Griff, festklammernd. Sie bedeutet: Ich nehme Dich an, so wie Du bist. Es gehört zu den Unwägbarkeiten meiner individuellen Geschichte, dass diese Berührung am Ende meiner Lebensreise vielleicht wieder möglich ist. Ich mag die Vorstellung, dass die verklärte Beziehung zu Tina in einer der Nächte auf Zypern endete, kurz bevor wir nach Deutschland zurückkehrten. Doch tatsächlich ging sie im lauten und banalen Krach unserer Familienzwiste unter. Die Kraft und Fantasie, unsere alte Liebe neu zu erfinden, haben wir in den darauffolgenden Jahren nicht mehr gefunden. Vielmehr wurde sie zwischen den Mühlen des Lebens zu feinem Mehlstaub zerrieben.

Irgendwann – es dauerte unendlich lange! – entdeckten wir, dass sich daraus ein ganz passabler Teig formen ließ. Zwar nicht mehr so süß, aber doch ziemlich fest. Meine Krankheit hatte sich zwischen uns geschoben, trotzdem wäre es falsch zu glauben, dass unsere Unfähigkeit, leidenschaftlich zueinander zu finden und über den eigenen Schatten zu springen, allein ihr zuzuschreiben wäre.

Es kann kein Krebs die Wunden heilen, die bereits vorhanden waren. Keine Krankheit dieser Welt taugt als Therapie für tief sitzende Verletzungen der Seele. Es ist auch ein Trugschluss zu glauben, dass die Begegnung mit der eigenen Sterblichkeit eine angeschlagene Liebe retten kann. Eine solche Erfahrung kann höchstens Klarheit über die eigenen Bedürfnissen schaffen. Mehr nicht. Aber das ist schon eine ganze Menge! Und es ist, im besten Fall, die Chance, die eine Krankheit mit sich bringt. Die Liebe …, sie gehorcht weiterhin den eigenen Regeln.

Was aber trotz allem lebendig bleibt, sind die Erinnerung und die Sehnsucht: Die Erinnerung an die zärtlichen Berührungen von einst und die Hoffnung, dass sie einem in der letzten Stunde erneut zuteil werden, dass wir es mit unserem Leben verdient haben, noch einmal berührt zu werden.

Peter Jecza, der Temeswarer Bildhauer, starb vor Kurzem. Bekannte sagten, fast mechanisch, er habe den Kampf gegen den Krebs verloren. Ich kann diese Formulierung nicht ausstehen, ich will sie nicht mehr hören. Peter Jecza war kein Verlierer, er war kein Looser. Peter Jecza hatte nämlich gewonnen.

Seine Frau Sorina war bei ihm, als es geschah. In seinen letzten zwei Wochen war er geschwächt, konnte sich nicht mehr bewegen. Er lag regungs- aber noch nicht teilnahmslos im Bett. Noch erkannte er mich, wenn ich ihn im Krankenhaus besuchte, noch reagierte er auf meine Fragen mit schwachem Händedruck. Sein Blick wurde langsam gläsern und leer, doch er konnte noch für wenige Minuten am Tag reden. Einige Nächte bevor er starb, hatte sich seine erschöpfte Frau zu seinen Füßen ins Krankenbett gelegt und seine knorrigen Knöchel zärtlich umarmt und immerzu gestreichelt. Sie fragte, ob ihn das störte oder schmerzte.

Er flüsterte leise: »Es ist schön.«

Es waren seine letzten Worte. Danach fiel er ins Koma und wenige Tage später war er tot. Ähnlich wie bei meinem Freund Siggi, war das letzte, was er bewusst erlebte und verspürte, eine zärtliche Berührung.

18. Epilog

»Nicht einmal eines Erinnerns bedarf die Liebe.
Da ist ein Land der Lebenden und ein Land der Toten,
und die Brücke zwischen ihnen ist die Liebe – das einzige
Bleibende, der einzige Sinn.«
Thornton Wilder - Die Brücke von San Luis Rey

Am 1. Juni 2009 feierte meine Frau ihren 40. Geburtstag und ich gab ihr diese Zeilen zum Lesen. Es folgten zwei glückliche Monate, in denen wir uns und die Welt wie zwei Teenager wiederentdeckten. Wir gingen ins Schwimmbad, so oft wir konnten, genossen den Kaffee in einer der unzähligen Bars und Terrassen in unserer Nachbarschaft, wir radelten den Main entlang und machten Urlaub in Spanien zusammen mit meiner Schwester und ihrer Familie. Wir redeten viel miteinander, lernten, erneut gemeinsame Pläne zu schmieden und Träume zu teilen.

Ich bewarb mich, mit minimalem Elan, für eine zweisemestrige akademische Fortbildung an der Universität Frankfurt und – zu meiner großen Überraschung – wurde ich zur Teilnahme ausgewählt. Ab November bin ich wieder Studierender! In drei Jahren, wenn beide Kinder volljährig und hoffentlich selbst Studenten sein werden, wollen meine Frau und ich nach Berlin oder nach Frankfurt in eine schöne Dreizimmer-Altbauwohnung umziehen. Wir wollen gemeinsam reisen, kochen, füreinander da sein. Nichts Spektakuläres, einfach nur eine normale, reife Liebesgeschichte weiterspinnen. Wir wollen die Jahre annehmen, wie sie kommen, ohne Hast, ohne Gier, ohne Jähzorn, ohne sie zu zählen. Ganz selbstverständlich. Ich finde meine Frau begehrenswerter als jemals zuvor und zeige es ihr so oft es geht. Sie erwidert diesmal meine Gefühle. Manchmal streichelt sie einfach meine Wange und ich berühre den Haarflaum ihrer Arme. Es passiert auch, dass sich unsere Blicke beiläufig treffen. Es genügt, um verschworenes Glück zu empfinden. Zugegeben, gelegentlich bin ich über die letzten Jahre wütend. Doch vielleicht waren sie nicht vergeudet. Vielleicht haben sie ihren Sinn gehabt. Vielleicht waren sie nötig, um die Liebe bis ans Lebensende aufrecht zu erhalten.

Zwei Wochen nach unserer Rückkehr aus Spanien stand fest, dass mein Tumor erneut gewachsen ist. Schon wieder die Sanduhr wenden! Diesmal war sogar die Resektionshöhle der ersten Operation mit Blut vollgelaufen. Bald folgten Auren in immer kürzeren Abständen. Der Hirndruck stieg an, mein Gesichtsfeld wurde immer eingeschränkter, mein Gang unsicherer. Die Müdigkeit und die Antriebslosigkeit legten mich immer öfter lahm.

Nun steht eine zweite Operation an. Nächste Woche soll es soweit sein. Das Lebensende rückt erneut bedrohlich näher. Doch diesmal bin ich sicher: Es wird nicht das Ende unserer Liebe sein. Eine so starke Sehnsucht kann sich nicht einfach so in Nichts auflösen, sie muss in irgendeiner Form weiter bestehen. Natürlich hoffe ich, dass sie uns weiter trägt und mich am Leben hält. Sollte sie es dennoch nicht tun, dann bin ich trotzdem unendlich dankbar, dieses wunderbare Gefühl gekannt zu haben: Tina geliebt zu haben und von ihr geliebt worden zu sein.

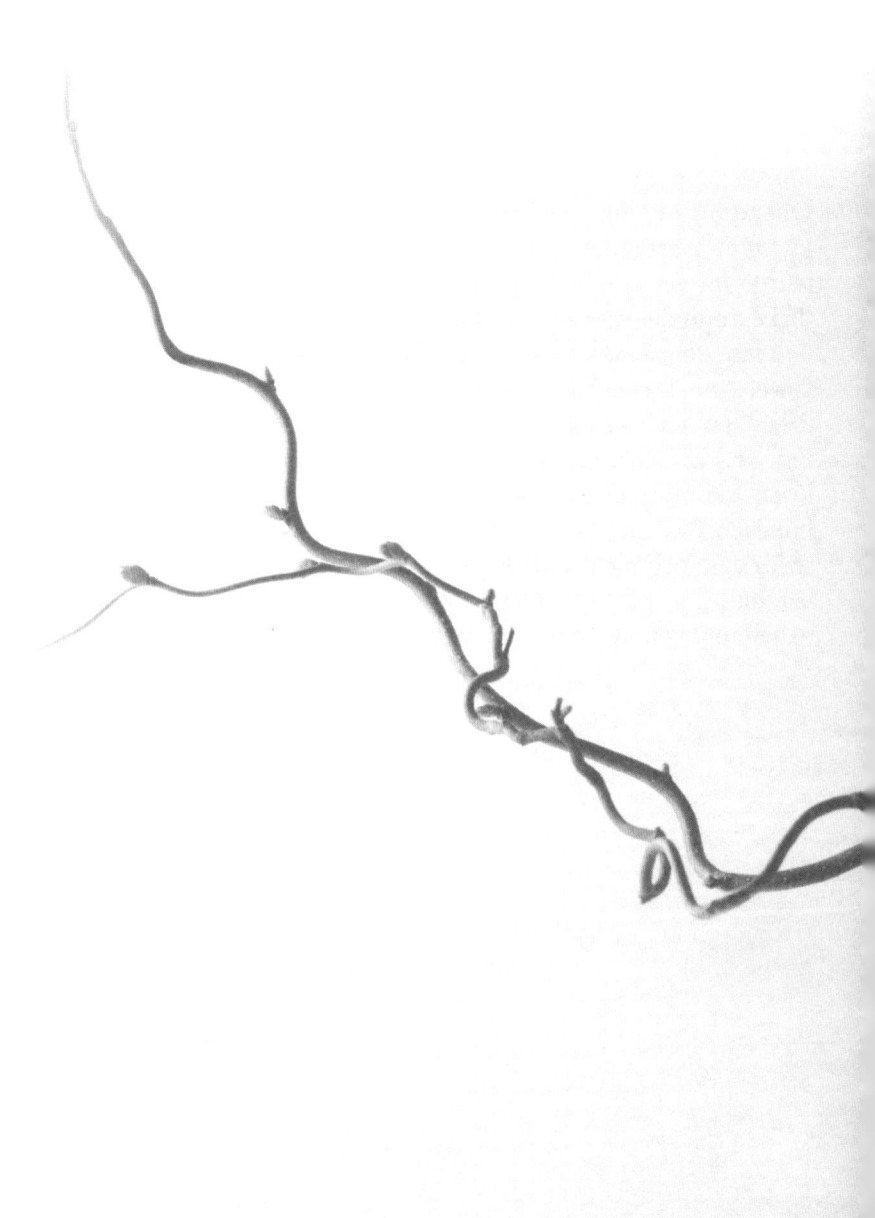

TEIL II.
TINA

1. Erste Anzeichen

Die ersten Anzeichen des Tumors sind zart und treten fast unbemerkt in unser Leben ein. Instinktiv wissen wir, dass dahinter Angst lauert. Also wehren wir sie ab, manchmal mit ganz primitiven Argumenten: Die Arbeit ist zu anstrengend, der Alltag zu belastend, der letzte Urlaub zu lange her, unser Leben insgesamt zu stressig.

Mit der Zeit jedoch werden die Zeichen immer lauter, bohrender, hämmernder, fordernder. Sind sie jetzt Vorboten der Veränderung unserer Beziehung? Omen eines Unglückes? Doch etwas mehr als nur schwarze Gewitterwolken am Himmel der harmonischen Liebe? Ein Warnsignal wie: »Hey, hier bin ich, beachtet mich, ihr entkommt mir sowieso nicht?« Oder: »Ab sofort müsst ihr mit mir leben. Findet euch damit ab. Take it or leave it.«

Razvans Tumor – ein Zeichen meiner eigenen Veränderung als Frau, Partnerin und Mutter? Ein Vorgeschmack meiner zukünftigen Unzulänglichkeit und des häufigen Überschreitens meiner körperlichen und emotionalen Grenzen?

Sie sind zweifelsohne da, die Vorzeichen. Sehr wahrscheinlich zu einem Zeitpunkt, als wir sie noch nicht zu deuten wissen. Jedes für sich genommen unscheinbar und lächerlich, in der Summe aber besorgniserregend.

Razvans Krankheitssymptome sind so eindeutig wie nur möglich, beschrieben in jeder Gratisbroschüre, die beim Hausarzt ausliegt. Die Kunst ist es wohl, zum richtigen Zeitpunkt in der richtigen nachzuschlagen. Aber wer denkt schon daran, medizinische Fachliteratur zum Thema Gehirntumor einfach mal so zu lesen?

Es muss also bereits vor vielen Jahren angefangen haben. Lange bevor Razvans Kopf aufgesägt wurde. Lange bevor die Chirurgen das aus seinem Schädel entfernten, was sie zunächst eine »unbekannte Raumforderung« nannten.

Wahrscheinlich beginnt es damit, dass Razvan Aussetzer bekommt. Er nennt sie Blackouts. Sie verabschieden ihn unfreiwillig für einige Sekunden, manchmal sogar Minuten aus der Realität. Raum und Zeit sind für ihn nicht mehr bestimmbar. Er entgleitet unserer Welt. Im Nachhinein hat er größte Mühe, sich wieder zu finden und zu orten. Dort anzuknüpfen, wo er zuvor aufgehört hatte. Sind es kleine epileptische Anfälle? Ein völliges Sich-Ausklinken als letzte Konsequenz einer unerhört stressigen Situation? Die Flucht durch die Hintertür, wenn er das Gefühl hat, alles stürze über ihm zusammen?

Wir nehmen die Warnsignale ernst, aber nicht ernst genug. Der Arzt ermahnt Razvan, kürzer zu treten, sich mehr zu bewegen, mehr zu schlafen. Gelegentlich verweist er auf einen Fachkollegen und schreibt eine Überweisung.

Razvan schiebt Zeitmangel vor, lässt die Überweisungen verfallen und zieht seinen Lebensplan weiter durch.

Ich vertröste mich damit, dass in Zukunft Besserung zu erwarten sei. Positives Denken ist schon immer Teil meiner Lebensphilosophie gewesen.

Gibt es bei Gehirntumoren so etwas wie eine Früherkennung? Geht man zur Gehirnkrebsvorsorge? Kann eine frühe Diagnosestellung den Verlauf dieser Krankheit beeinflussen? Oder gar stoppen?

Was uns anbelangt, kam es eben ganz anders. Trotz aller Vorboten traf uns die Wucht des Krebses ungedämpft und unvermittelt. Wir hatten keine Gelegenheit mehr, das Unvermeidliche abzuwenden. Auch keine Gelegenheit, darüber nachzudenken, was besser zu machen gewesen wäre.

Am wenigsten die Gelegenheit, unsere Beziehung darauf einzustimmen. Und für eine lange Zeit keine Gelegenheit, das uns Widerfahrene zu verarbeiten.

2. Augen-Blicke

Klick. Blende auf, Blende zu.

Der Auslöser der schweren russischen Kamera haucht dem regungslosen Grüppchen neues Leben ein. Es wird wieder gemurmelt, gelacht und geraschelt. Meine Mutter zupft ihren Hut zu Recht. Das dunkelblaue Kostüm mit den feinen Nadelstreifen betont ihre schlanken Beine. Sie strahlt, denn sie hat ihre gesamte Familie um sich geschart, die eben beurkundeten 25 Ehejahre sind ihr kaum anzusehen. Noch weniger, dass sie bereits Großmutter ist.

Mein Vater steht nur kurz unschlüssig herum, ehe er sich fängt und die Leute zum Fortbewegen ermahnt. Die Eheringe an den Händen meiner Eltern werden jetzt umschmeichelt von einem zarten silbernen Reif. Die Neuberingten haken sich zärtlich unter und laufen zusammen mit meinen Schwestern zur Straßenbahnhaltestelle.

Ich verharre noch einen Augenblick auf den Stufen der kleinen katholischen Kirche in meiner Heimatstadt Temeswar im rumänischen Banat. Soeben hatte der Pfarrer meine Eltern neu gesegnet, ihnen Kraft und Gesundheit für mindestens weitere 25 Jahre gewünscht. Uns Töchter hat er aufgefordert, sich ein Beispiel daran zu nehmen. An der Zuversicht und Ausdauer der Eltern. An deren Toleranz, Größe und Liebe. An ihrem Durchhaltevermögen im Kampf um die Ausreise nach Deutschland, ins Land ihrer Vorfahren und Träume.

Meine Eltern verschwinden hinter der Ecke. Die Straße ist plötzlich leergefegt. Gut, dass das Festessen nur für die Großen, für die Freunde der Eltern ist. Gut, dass es deswegen keine Diskussionen gegeben hat. Gut, dass meine Eltern heute in Feierlaune sind.

Feiern. Ich bin danach noch auf die Feier einer Freundin eingeladen. Bin ich zu früh oder zu spät? Was feiert sie eigentlich? Die ganze Welt scheint in Partylaune zu sein, als ob es dazu mitten im Kalten Krieg einen Anlass gäbe.

Eine Windböe verfängt sich in meinen Haaren. Auf ihrer Reise durch die engen, alten Gassen der Stadt bringt sie einen Hauch

Moder und Süße aus den Kellerschächten mit. Eine Mischung aus verfaulten Kartoffeln, feuchten Wänden, Fasskraut und jahrhundertealter Geschichte. Meine Augen fangen an zu tränen.

Klappe auf. Rückblende.

Seit Tagen träume ich von diesem Augenblick. Wenn ich richtig zählen könnte, würde ich bei den verbleibenden Minuten anfangen. Heute soll ich erlöst werden!

Mit meinen fünf Jahren habe ich Mühe, Schritt zu halten mit dem stämmigen Großvater, der eigentlich nicht mein echter ist, den ich aber liebe und vergöttere wie einen solchen. Bei ihm fühle ich mich geborgen. Er gibt mir zusammen mit der Großmutter bedingungslose Liebe und viel Aufmerksamkeit. Und vor allem bin ich sein unangefochtener Liebling.

Auf dem Treppenabsatz der verhassten Poliklinik schlägt mir der faulige Kellerdunst entgegen. Ja, die Stadt stinkt wie immer. Doch daran störe ich mich heute nicht, denn gleich wird ein ganz anderer Geruch mein Gesicht umspielen: der Duft der Freiheit. Ich kann es kaum noch erwarten.

Der Großvater sitzt geduldig mit mir im Wartezimmer. Er erzählt mir eine Geschichte aus dem Krieg. Warum musste er in einem Graben voller Bomben schlafen? Hat er vor, nach oder zusammen mit den Bomben darin gelegen? Und wer waren die Russen? Gehörten die zu den Guten oder zu den Bösen? Ich verstehe nicht, wieso mein gutmütiger, bärtiger Großvater Krieg gemacht haben soll.

Noch weniger verstehe ich, wieso ich hier bin. Immer und immer wieder. Wieso ich wochenlang Kreise auf die Schnittpunkte karierter Schulhefte malen soll, obwohl meine Schwestern dies nicht tun. Wieso ich mit den Augen komische Spiralen auf ächzenden Apparaten und bunte Lämpchen fixieren muss. Wieso meine Brillengläser immer dicker und die Blicke der Erwachsenen immer ernster werden.

In meinem Gesicht sitzen Augen, zwei an der Zahl. Ich frage mich, wieso ich immerzu einäugig durchs Leben laufen muss?! Meine Eltern bringen mich wieder und wieder zum Arzt. Mit jeder weiteren Untersuchung steigt meine Angst. Sie schauen mich an, schütteln den Kopf, zwingen mich, ihrem Leuchtstift zu folgen. Und dann schließen sie die Blende. Manchmal für Wochen oder gar Monate. Ein dickes, stinkendes Pflaster hinter noch dickeren Brillengläsern.

Ich bin klein, schüchtern und hilflos, die Ärzte hingegen schlau und groß. Ein Missverhältnis, ungerecht, scheußlich und sehr blöd. Weil dumm und klein zu sein nicht gut für mich ist, habe ich vor einiger Zeit beschlossen, mich zu wehren. Neuerdings lüge ich. Ich trickse sie alle aus.

Das geht so: Beim Weggehen aus dem Zimmer mit den vielen Lämpchen bin ich sehr aufmerksam. Ich schaue mit dem guten Auge auf die Zeichen- und Buchstabentafeln und merke mir diese genau. Das gute Auge teilt es meinem Gehirn mit und dieses speichert alles. Damit das alles nicht wieder aus meinem Kopf hüpft, übe ich viel. Täglich forme ich mit meinen Fingern Figuren, male seltsame Zeichenfolgen in die Luft und wiederhole E-S-R-M-B-R-T-E-E-R-M-B-R-T-E …

Buchstaben eben. Die ich aber noch gar nicht kennen sollte, denn ich gehe ja noch nicht in die Schule. Ich merke sie mir aber trotzdem, habe sie extra für die Ärzte heimlich gelernt, denn so kann ich sie glücklich machen. Wenn ich ihnen die komischen Zeichenfolgen richtig aufsage, schauen sie nicht mehr besorgt oder schütteln den Kopf. Im Gegenteil, sie fangen an zu nicken, sie lächeln, streicheln mir über die Wange und lassen die Blende manchmal für ganz lange offen.

Meine Mutter sagt, die Ärzte wollen mir nur helfen. Warum bestrafen sie dann mein gutes Auge durch Zukleben? Warum tun sie dies nicht mit dem schlechten, bösen, nichtsnutzigen?

Meine Mutter sagt auch, so lernt das faule Auge sehen. Aber wie kann es das tun, wenn es nur die Hälfte von der Welt mitbekommt?

Vor Kurzem habe ich meine Eltern gefragt, was ein Kindergarten ist. Sie erzählen, dass Kinder dort singen, basteln und spielen. Aber meine Eltern finden, ich hätte keine Zeit für den Kindergarten. Ich müsse mich doch um mein krankes Auge kümmern.

Der Arzt ruft meinen Namen. Mit hochroten Wangen springe ich vom Stuhl und hüpfe ins Untersuchungszimmer. Ich habe alle Zeichenfolgen im Kopf. Er zeigt mit dem Stock auf die Untersuchungstafel. Ich mache ihm die Fingerzeichen vor und flüstere die

Buchstabenfolgen vor mich hin. Der Arzt sagt lange gar nichts. Ob er böse schaut, kann mein schlechtes Auge nicht erkennen. Als er langsam auf mich zukommt, streicht er mir über den Kopf. Jetzt sehe ich sie, seine Zähne, also muss er wohl lächeln. Dann zieht er langsam an dem einen Ende des Pflasters, während er die Kleberspuren aus meinem Gesicht mit Benzin entfernt. Ich atme den befreienden Duft tief ein. Mhmm, tut das gut. Bald hat er es geschafft. Bald habe ich es geschafft.

»Das machen wir jetzt nur noch in den Ferien«, sagt er. Und: »Jetzt kannst du in den Kindergarten gehen.«

Ich schwebe vor Glück. Das Licht wird grell und weiß, die Farben bunt und prächtig. Ab sofort bin ich wieder zweiäugig.

Die Blende bleibt offen. Jahrelang.

Vorspulen.

Als ich nach der kirchlichen Einsegnung meiner Eltern auf der Party meiner Freundin eintreffe, ist das Zimmer in gleißendes Licht getaucht. Die tiefe Abendsonne blendet und zwingt mich, die Augen zusammenzukneifen. Als ich sie wieder öffne, sehe ich ihn direkt vor mir.

Er fasziniert mich von der ersten Sekunde an. Umso mehr, als es den Anschein erweckt, als sei er bereits vergeben, »zusammen« mit einer Klassenkameradin. Mein Kampfgeist wird sofort geweckt.

Er sitzt dicht neben ihr auf dem Bett. Sie unterhalten sich angeregt, während ihre Hand nicht von seinem Bein rückt. Ihr gesamtes Gehabe ist besitzergreifend. Schlimmer noch, ich finde, es steht ihr zu. Sie ist ehrgeizig, wortgewandt, rücksichtslos, intelligent und gibt sich arrogant. Und vor allem ist sie eine waschechte Rumänin. So wie er.

Die Tanzfläche ist winzig, der Raum voller Menschen. Manche tanzen engumschlungen, andere essen Schnittchen.

Auch ich tanze bald mit einem anderen guten Freund. Dass er mich mag, weiß ich schon länger. Ich finde ihn auch sehr nett, es könnte sicherlich mehr daraus werden.

Wäre da nicht er, und immer wieder er, der meine Blicke magisch anzieht; der mein Herz plötzlich Purzelbäume schlagen lässt; der meinen Puls zum Rasen und meine Wangen zum Glühen bringt. Im Laufe des Abends stellt sich heraus, dass dies nicht einseitig ist.

Während des ersten gemeinsamen Tanzes bemerkt er, dass meine Haare nach einer Mischung aus Apfel und Malve riechen.

Während des nächsten Tanzes unterhalten wir uns über meine ältere Schwester Gerda. Er kennt sie, sie hat ihm früher auch gefallen.

Während des dritten Tanzes steht fest, dass er mit der anderen echten Rumänin weder zusammen ist, noch die Absicht danach hegt.

Später wechseln wir die Tanzpartner erst gar nicht mehr.

Dieser Junge verwirrt mich über alle Maße. Er schafft es, in jeder Faser meines Teenagerkörpers ein unbändiges Verlangen nach noch mehr Tanz, noch mehr Zusammensein, noch mehr Nähe, noch mehr Hingabe zu entfachen. Er sieht gut aus, er fühlt sich gut an, er hat einen Dirigenten zum Vater, die Familie ist in der Stadt bekannt.

Doch wie und weshalb sollten wir zusammenpassen?

Ich kenne ihn ja kaum. Alles, was ich über ihn weiß, spricht gegen eine mögliche Beziehung. Wir bringen völlig unterschiedliche Voraussetzungen mit und wurden, obwohl wir in der gleichen Stadt aufgewachsen sind und die gleiche deutsche Schule besuchen, sehr unterschiedlich sozialisiert. Er entstammt einer bekannten Familie der gehobenen rumänischen Gesellschaftsschicht, trotz aller kommunistischer Gleichschaltung.

Ich hingegen bin die jüngste Tochter eines deutschen Dreimädelhauses. Unter der Strenge eines konservativen Elternhauses habe ich zwar nicht mehr zu leiden, diesen Weg haben mir meine älteren Schwestern bereits durch unzählige Machtkämpfe geebnet. Bei mir scheinen die Eltern resigniert oder erkannt zu haben, dass sich, selbst in der Pubertät, viele Dinge von allein erledigen.

Hilfreich ist, dass ich ein stilles und angepasstes Mädchen bin, aufgewachsen im Schatten meiner begehrten und hübschen Schwestern.

»Stille Wasser sind tief« ist einer der Lieblingssprüche meiner Großmutter, die vor wenigen Wochen nach Deutschland ausgewandert ist und alles, aber auch alles, was sie je besessen hat, dabei aufgegeben hat.

Ich bin somit der bislang letzte Sprössling einer Familie, die jener deutschen Minderheit angehört, die vor etwa 250 Jahren auf Geheiß der österreichischen Kaiserin Maria Theresia aus dem Saarländischen ins Banat zog. Donauschwaben nennt man uns, weil unsere Vorfahren auf der Suche nach einer neuen Heimat dem Lauf der Donau folgten. Die Donau habe ich persönlich noch nie gesehen, doch eines weiß ich nun, im Jahre 1983, genau: Zu Hause dreht sich alles nur um einen Gedanken – Auswandern, zurück nach Deutschland, heim ins Reich. Ohne Rücksicht auf Verluste und auf das, was sich die Familie in den letzten Jahrzehnten aufgebaut hat.

All diese Dinge verwirren mich an diesem Abend. Sie hindern mich aber keineswegs daran, ab sofort nur noch an ihn zu denken. Als wir alle Tänze zusammen getanzt haben, verlassen wir die Party. Ich habe eine solch riesige Portion an Aufmerksamkeit, Zuwendung und Aufregung getankt, dass ich anfange, mich zu verändern. Plötzlich bin ich mehr als nur der schüchterne, ratlose Teenager. Ich bin alle Mädchen und Frauen der Welt zugleich, schreite auf Wolken der Glückseligkeit und habe ganze Kolonien von Schmetterlingen im Bauch. Ich bin 14 Jahre alt, fühle mich beachtet und begehrt, schön, schlank und interessant. Ich habe mich unendlich und unbeschreiblich verliebt.

Zu Hause angekommen, weiche ich den fragenden Blicken meiner Schwester Gerda aus. Erfolglos, lässt es sich doch kaum verbergen, dass ich schwebe und bebe. Später nenne ich ihr den Grund. Sie setzt an, mich zu warnen, erwähnt kulturelle Unterschiede. Sie weist mich darauf hin, dass dieser rumänische Junge fast vier Jahre älter als ich und somit fast erwachsen ist. Wahrscheinlich will sie mich auch – nur für den Fall natürlich, dass mehr daraus werden könnte – davor warnen, schwanger zu werden. Ihre Worte registriere ich wie durch Watte und denke weiterhin nur an ihn.

Dieser Zustand soll auch in den kommenden Wochen anhalten. Mein Schulweg führt mich sonderbarerweise immer an seinem Haus vorbei – könnte er doch rein zufällig just in dem Moment aus der Tür treten. Jeder Schritt wird minutiös geplant und nach der Wahrscheinlichkeit eines Treffens bewertet. In der Schule sucht mein Blick immer wieder nach ihm, nach Razvan.

Dem Unterricht folge ich nur am Rande, Freundinnen interessieren mich kaum noch.

Tage später werden wir klassenweise aufs Land befördert, um beim Einfahren der Ernte behilflich zu sein. Geistesabwesend streichle ich liegengebliebene Maiskolben und umarme Apfelbäume. Dabei stelle ich mir vor, dass Razvan dies auch einige Tage zuvor getan haben könnte, als er mit seiner Klasse die gleichen Felder begangen hat.

Ich quelle über vor verliebten, lächerlichen Teenagergedanken. Fange an, auf meine Figur zu achten und träume mich in ein Erwachsenenleben hinein. Was gäbe ich nicht alles dafür, diesem peinlichen Alter bereits entkommen zu sein!

Einige Wochen später bin ich auf eine andere Geburtstagsfeier eingeladen. Die Freundin begreift schnell, dass ich ohne ihn nicht kommen würde. Sie lädt Razvan schließlich auch ein.

Die ganze Woche über fiebere ich dem Samstagabend entgegen und fürchte mich zugleich davor. In leuchtenden Farben male ich mir aus, wie wir uns noch näher kommen könnten; ängstlich stelle ich mir vor, dass er einer anderen seine Aufmerksamkeit schenkt.

Ich wasche meine Haare mit dem Apfel-Malven-Shampoo und dusche eiskalt, Warmwasser ist mal wieder nicht da. Ich zwänge mich in eine knallenge Jeans, um die ich Gerda lange bekniet habe. Vermeide es, das Thema Heimkommen mit meinen Eltern anzusprechen, und breche auf ins Ungewisse.

Als ich den Raum betrete, ist er bereits da. Unsere Blicke treffen sich und ich fange sofort an zu schweben. Von diesem Moment an ist alles um mich herum in einen dichten Nebelschleier gehüllt. Wir tanzen, lachen miteinander, haben Spaß, tanzen wieder, diesmal enger, teilen uns Schnittchen. Die Welt um mich herum ist ausgeblendet. Ich sehe nur noch ihn:

Razvan, der das Versprechen einer Öffnung zu einer fremden Welt in sich trägt, weil er so anders ist.

Razvan, der mir ausgiebig von Orten in Italien, Frankreich, Skandinavien und Deutschland berichtet, die er im Sommer besucht hat, als er seinen Vater auf Tournee begleitete. Er war schon dort gewesen, im Land der banaterschwäbischen Sehnsucht!

Razvan, der Ahnung von der großen weiten Welt hat.

Razvan mit dem gefürchteten Vater. Mit dem unerzogenen irischen Setter, der mich das Fürchten lehrt.

Razvan, der Konzertgeher und Kenner klassischer Musik, von der ich wenig verstehe.

Razvan mit den starken Schultern und dem dichten Haar.

Zu unerhört später Stunde begleitet er mich schließlich nach Hause. Noch lange stehen wir in meiner Toreinfahrt und schaffen es nicht, uns voneinander zu trennen. Als Razvan sich schließlich umdreht und geht, bleibe ich wie angewurzelt stehen. Ich flehe zum Himmel, der Augenblick möge andauern. Etwas scheint mich zu erhören, denn Razvan steht sogleich wieder da, um mir ein versprochenes Buch in die Hand zu drücken.

Einen Wimpernschlag später kleben wir aneinander. Wie selbstverständlich finden sich unsere Lippen und vereinen sich zu einem ersten scheuen, fragenden, fordernden, nach mehr schreiendem, Halt suchenden, tröstenden, warmen, aufwühlenden Kuss. Die ganze Stadt duftet plötzlich nach Apfel, Malve und herbem Aftershave.

Als wir uns nach einer Ewigkeit voneinander lösen, für den nächsten Tag verabreden und ich die Treppen hoch laufe, weiß ich, dass etwas Außergewöhnliches in meinem Leben geschehen ist. Ich habe mich auf etwas eingelassen, das ich nur bedingt steuern kann. Es ist mehr als nur Verliebtheit, viel mehr als nur Herzklopfen und ein Flattern im Magen. Es ist Magie.

Etwas Besonderes fordert ab sofort Raum in meinem Leben. Besonders groß, besonders intensiv, besonders stark. Vielleicht auch besonders tragisch und aussichtslos.

Mit Sicherheit aber etwas, das meine Fähigkeit zu lieben entscheidend beeinflussen wird. Das meine Sicht auf das Leben für immer verändern und meine Biographie nachhaltig prägen wird.

3. Kalter Krieg

Wie so oft in den letzten Jahren fegt der Wind kalt durch die Straßen Temeswars. Er windet sich um Ecken und hält nicht vor den Haustüren der Menschen, oft auch nicht vor deren Seelen. Die Wohnungen sind unterkühlt, dort steigen die Temperaturen an manchen Tagen nicht über 5 Grad Celsius. Der rumänische Staat spart eben an allen Ecken und Enden, um seine Auslandsschulden zurückzuzahlen. Vor allem aber spart er an seinen Bürgern: Es gibt so gut wie nichts mehr zu kaufen. So bläst dann auch durch die Geschäfte der Wind, fegt die Regale leer und lässt verstaubte Leberwurstkonserven und trübe Gläser mit eingekochten Paprika zurück.

Kleidungsmäßig ist in diesem Winter der Zwiebellook in, ebenso angesagt ist auch das Warten.

Und so stehen die Verkäuferinnen in den Geschäften mit Pullovern, Mützen und Handschuhen um die leeren Regale herum und warten auf das Ende des Tages. Wäre jetzt Sommer, würden sie die vielen Stunden mit Stricken füllen. Masche für Masche, Gedanke für Gedanke entstünde dann das, was sie im nächsten Winter frierend und wartend in Schichten übereinander ziehen würden.

In den Klassenräumen sitzen Schüler, ebenfalls mit Mänteln und Schals, und warten auf das Pausenklingeln, um die erstarrten Gliedmaßen aufzuwärmen. Wäre jetzt Sommer, säßen sie im Schwimmbad und träumten von Reisen an die Schwarzmeerküste oder in die Karpaten.

An ihren Arbeitsstellen sitzen Eltern und warten den passenden Moment ab, um ungesehen aus der Tür zu schleichen und sich der Menschenschlange vor dem Lebensmittelgeschäft an der Ecke anzuschließen. Wäre jetzt Sommer, täten sie das gleiche.

Überall in der Stadt sitzen unzählige Angehörige der deutschen Minderheit wie auf glühenden Kohlen, um endlich, endlich den begehrten Reisepass als Freibrief in den ersehnten Westen zu erhalten. Wäre jetzt Sommer, säßen die Auserwählten unter ihnen zusammengepfercht in Übergangswohnheimen der Bundesrepublik vor einem Berg zu erledigender Formulare. Die weniger

Auserwählten hielten in der Heimat bereits die nächste Absage der Ausreisebehörde in der Hand. Schon bald aber würde das Prozedere von Neuem anfangen, immer und immer wieder.

Meine Eltern hingegen warten nicht mehr. Noch heute werden sie Kälte, Hunger, Entbehrungen, Erniedrigungen, Gefängnisaufenthalte und 22 Jahre unerfüllte Träume zurücklassen. Sie werden einige Kisten mit Erbstücken und jeweils einen Koffer mit einer streng reglementierten Anzahl an Unterhosen, Socken und Pullovern mitnehmen ins Land ihrer Sehnsüchte. Ebenso auch ihre Nachkommen, mich eingeschlossen.

Wir haben den 27. März 1986. In wenigen Stunden wird sich der Zug in Bewegung setzen und die Grenze passieren. Irgendwo im Niemandsland wird er so lange halten, bis jeder kleinste Winkel durchforscht und strengste Kontrollen durchgeführt sind. In 24 Stunden werden wir unser Ziel erreicht haben, in wenigen Wochen deutsche Staatsbürger sein.

Für mich fängt es dann wieder an, das Warten.

Aber damit kennen wir uns schon bestens aus, wir beide, das Teenagerliebespaar. Was mich anbelangt, so steht fest: Ich bin bereits verschmolzen mit dem Warten. Es ist Teil meiner Persönlichkeit geworden, ich habe es zu meiner Lebensaufgabe gemacht.

Traurigkeit, Trennung, Schmerz, Vorfreude. Unbändige Wiedersehensfreude. Der Rhythmus wird uns vorgegeben, unsere Körper und Seelen passen sich ihm widerwillig an. Wir lernen ihn schnell, den Tanz der emotionalen Talfahrten. Zwei Schritte vor, einen zurück. Warten. Das gemeinsame Tanzen in Erwartung des großen, erlösenden Augenblickes wird fast zur Sucht. Wir nehmen die Trennung, den Schmerz, die Verletzung wie Ertrinkende in Kauf, nur um kurze Zeit später wieder Hoffnung zu schöpfen. Um das hochexplosive Gemisch aus Sehnsucht und Vorfreude wieder wie eine Bombe hochgehen zu lassen. Die Intensität unserer Wiedersehen ist unermesslich. Sie schmiegt sich wie Balsam um unsere geschundenen Seelen und trägt bereits in der Stunde des Wiedersehens die Bitterkeit der nächsten Trennung in sich.

1984, wenige Monate nach Aufkeimen unserer Liebe, trennen wir uns zum ersten Mal. Razvan hat das bestandene Abitur in der Tasche und die Aufnahmeprüfung auf die Hochschule für Philologie geschafft. Doch erst muss er den Militärdienst, für den es im damaligen Rumänien keinen Ersatzdienst gibt, ableisten.

Im September, als die Sonnenstrahlen bereits ein starkes Herbstversprechen in sich tragen, steigt er in den Zug Richtung Constanta am anderen Ende Rumäniens. Ich winke ihm tieftraurig nach und verfluche mein Alter einmal mehr. Dabei wünsche ich mir, es auch bereits auf eine Hochschule geschafft zu haben; so könnte ich Anteil nehmen an der neuen Welt Razvans.

Danach sehen wir uns alle paar Wochen, um uns in der Zwischenzeit nacheinander zu sehnen. Neun Monate lang bekommt unsere Beziehung so kaum die Gelegenheit, sich selbst zu hinterfragen. Neun Monate Zeit, voneinander zu träumen und das Bild des anderen in den vorteilhaftesten Farben zu malen.

Einmal scheint der Gedanke in Razvan aber doch Gestalt angenommen zu haben. Im Sommer 1985, kurz nach seiner Entlassung aus dem Militärdienst, befindet sich Razvan bereits seit 24 Stunden wieder in der Stadt, ehe er sich bei mir meldet. Als er anruft, bemerke ich sofort, dass etwas nicht stimmt. Seine Stimme klingt irgendwie fremd, gereift, erwachsen, als sie kundtut, dass er mir etwas zu sagen hat.

Auch unser Wiedersehen ist anders als sonst. Als ich ihn sehe, wird mir erneut klar: Von diesem gutaussehenden, muskulösen, gereiften Mann kann und will ich mich nicht trennen. Ich falle meinem Helden in die Arme und drücke ihn, will ihn festhalten; er rückt ein Stück von mir ab und mit der Sprache heraus: Über Trennung habe er nachgedacht, auch darüber, wie jung ich bin. Ein Kind, noch lange Schülerin. Ein liebes Kind eben, ohne die Möglichkeit, auszubrechen, ohne die Chance, die sich ihm als freier Mann in Bukarest eröffnet, wo ein Studienplatz auf ihn wartet, in einer Welt eben, in der für mich eigentlich kein Platz mehr vorgesehen ist.

Seine Worte lassen mich erstarren, doch habe ich auch etwas mitzuteilen: Dem Gesuch meiner Eltern, Rumänien zu verlassen und einen Neubeginn in Deutschland zu starten, wurde stattgegeben. Der Zeitpunkt der Ausreise ist nur noch eine Frage von wenigen Monaten.

Es ist wohl einer jener Augenblicke im Leben, die vermögen, dem Schicksal eine neue Wendung zu verleihen. Einer jener Momente, in denen alles passieren kann, eine Weggabelung mit mehreren Möglichkeiten.

Razvan könnte mir tief in die Augen schauen, mich ein letztes Mal umarmen und für die gemeinsame Zeit danken. Er könnte sich in reifere Beziehungen stürzen, eine neue Frau fürs Leben finden oder wechselnde, flüchtige Liebschaften, mit seinem Charme Professorinnen an der Universität um den Finger wickeln, später vielleicht eine fulminante akademische Karriere hinlegen.

Ich könnte ihn ein letztes Mal umarmen, ihm zuwinken und mich vom Liebeskummer getrieben vor die nächste Straßenbahn werfen. Oder monatelang meine Wunden lecken, ehe ich einen bodenständigen, korrekten, aber leider langweiligen Banater Schwaben kennenlerne.

Ich könnte aber auch nichts tun, einfach nur warten, acht Monate später nach Deutschland auswandern, um dort – wer weiß – eine neue Liebe zu finden.

Beide könnten wir beschließen, eigene Wege zu gehen, einfach so, denn die Türen dafür stehen uns an diesem heißen Tag im Juli 1985 offen.

Wir fühlen es beide, mit jeder Faser unseres Körpers, und wählen trotzdem das Nächstliegende: Uns in den Armen zu wiegen, festzustellen, dass wir füreinander bestimmt sind und der Zukunft gemeinsam entgegentreten wollen. Mehr noch, wir fassen den – angesichts unseres Alters fast ungeheuerlichen Entschluss – zu heiraten. Wir zeichnen unseren Weg vor. Mehr als bereitwillig lassen wir uns auf dieses neue Spiel des Schmerzes und der Sehnsüchte, des Wartens und des Wiedersehens ein. Wir sind 16 und 19 Jahre jung.

Bis zu meiner Ausreise nach Deutschland reist Razvan noch einige Mal aus Bukarest an. Wir treffen uns heimlich in schmierigen Kellerräumen und windigen Hausfluren und tauschen verstohlene Zärtlichkeiten aus. In meterlangen Briefen und gelegentlichen Telefonaten gestehen wir uns immer wieder unsere Liebe, bis an unserem Wiedersehen erneut der Dunst des Verbotenen haftet.

Fast nebenher taucht Razvan in ein vielversprechendes Studentenleben ein, geht auf in seiner neuen, reichhaltigen Welt. Ich hingegen fühle mich einsam, verlorener denn je, ermahne mich jedoch, ihm die Freiheit zu gönnen. Mit einem Fuß befinde ich mich bereits im fernen, unbekannten Deutschland, von dem man sagt, es würde seine Vertriebenen mit offenen Armen empfangen. Was wird mich dort wirklich erwarten? Wie soll ich noch weiter weg von diesem Jungen, der mir alles bedeutet, atmen können?

27. März 1986.

Nun haben es meine Eltern bald geschafft. Ungläubig und misstrauisch halten sie den langersehnten Pass als handfesten Beweis der Erfüllung ihres Ausreisetraumes nach Deutschland in den Händen. Doch nichts ist wirklich gewiss, so lange die Grenze nach Ungarn nicht passiert ist, am besten auch noch jene nach Österreich, denn genau genommen fängt der Westen dort erst an.

Wir steigen zu acht in den Zug. Ob ich wirklich mit will, hat niemand gefragt, ich selber habe auch nie ernsthaft darüber nachgedacht. Irgendwie bin ich einfach hineingewachsen in diesen Traum aller Träume, von dem meine Eltern denken, dass er auch meiner geworden ist.

Und so verfluche ich an diesem kalten Frühjahrstag einmal mehr meine Jugend, die es mir immer noch nicht gestattet, eigene Entscheidungen zu treffen. Mit knapp 17 Jahren bleibt mir nichts anderes übrig, als mich dem Willen meiner Eltern zu unterwerfen und ihnen in den goldenen Westen zu folgen. Was gäbe ich jetzt nicht alles dafür, diesen Schritt rückgängig zu machen und bei Razvan in Rumänien bleiben zu können.

Das Zugabteil ist in ein anstrengendes Zwielicht getaucht. Mit grellen Lampen, forschenden Blicken und begehrlichen Fingern durchwühlen sie alles, wenden Koffer, tasten unsere Körper ab und schlitzen einem Kleinkind den Teddybären auf. Sie verlangen nach Reisepässen, immer und immer wieder, durchblättern diese ungehalten, gierig, Abweichungen zu entdecken. Ich wünsche mir insgeheim, sie würden etwas finden, sich darauf stürzen wie hungrige Löwen auf ein Stück Fleisch. Wünsche mir auch, sie würden uns zum Aussteigen zwingen, verhören, uns zurückschicken in das alte Leben, das nicht mehr unseres ist und in dem wir keinen Platz mehr haben. Doch irgendwann hören sie einfach auf, uns anzugaffen und gehen, wie sie gekommen sind – gelangweilt und ohne Gruß. Irgendwann höre ich auch auf, auf Zwischenfälle zu hoffen, und schäme mich ob meiner Ungerechtigkeit. Irgendwann herrscht wieder Zwielicht.

Ich lehne meinen Kopf an die Scheibe und blicke nach draußen in die Dunkelheit. Dicker Nebel hat die Landschaft umhüllt, nichts mehr ist erkennbar, alles milchig. Mitten in der dichten Brühe nimmt ein Gesicht Konturen an. Müde ist es, tränenüberströmt und bar jeglicher Fröhlichkeit. Ein Stück Jugend wird ihm gerade weggebrochen. Was werden die nächsten Monate bringen? Was das nächste Jahr? Was mein Leben? Was unsere Liebe?

Doch wird auch noch etwas anderes sichtbar. Anfangs zaghaft, später immer deutlicher liegt es da, mitten im Gesicht, um die Augenpartien herum. Er prägt sich ein, gewinnt klare Konturen, will bleiben, für immer: Es ist Entschlossenheit, der Mut zu kämpfen, einmal mehr und immer wieder. Langsam setzt sich der Zug in Bewegung. Das Gesicht lächelt jetzt, denn draußen dämmert es bereits. Ein Tag des Wartens ist vorbei.

Mir bleiben nur noch 364 Tage zum Zählen, ehe ich Razvan wiedersehen darf. Dann ist das Einreiseverbotsjahr der rumänischen Regierung vorbei.

4. Heißer Juli

Der Augenblick hat nichts Erhabenes, vielmehr zeugt er von schmerzhafter Nüchternheit. Geschmeidig und fast lautlos dreht der Deckenventilator seine Kreise über unseren Köpfen, ohne auch nur im Ansatz gegen die Hitze anzukommen.

Juli 2003, Jahrhundertsommer. Der Schweiß läuft uns den Rücken entlang. Die Menschenrunde um uns herum ächzt. Ihr kleinster gemeinsamer Nenner ist unsere zukünftige Immobilie. Eine überteuerte Penthousewohnung in einer bevorzugten Wohngegend am Fuße des Taunus. Kubisch, Licht durchflutet, begrüntes Flachdach, 62 Außenstufen zum Wohnglück. Die riesigen Terrassenflächen grenzen unmittelbar an den Wald, Bolzplatz und Reitstall liegen vor der Haustür. Wohnen, wo andere Urlaub machen, – ein idealer Ort, um die Kinder behütet und unbeschwert erwachsen werden zu lassen. Nur allzu bereitwillig lassen wir uns von dieser grünen Idylle darüber hinwegtäuschen, dass die Räumlichkeiten für unsere 4-köpfige Familie unpassend sind. Ungeeignet für unsere Kinder in den Startlöchern zur Pubertät. Ungeeignet für uns alle aufgrund der zu erwartenden finanziellen Belastung. Zum Glück jedoch fehlt nur noch unsere Unterschrift.

Vor wenigen Wochen haben wir das Objekt zum ersten Mal besichtigt. Auf den ersten Blick ein schöner Bau, beim genaueren Hinsehen jedoch voll kleiner Mängel, offen gesagt, einer ganzen Menge davon. Mein Bauchgefühl warnt: Irgendetwas ist hier nicht stimmig. Wohlwollend verpackt der Makler in schöne Worte, was sich später als Fakt herausstellen wird: Der Verkäufer ist ein mieser Kerl, die Wohnung vermietet an jemanden, der sie selbst kaufen will. Es ist ein fremder Interessenskonflikt, in den wir hineingeraten, er soll auf unseren Schultern ausgetragen werden.

Ich höre jedoch weder auf meinen Bauch, noch auf die Warnungen anderer. Vom ersten Augenblick ist für mich klar, dass diese Wohnung uns gehören muss. Ich werde angetrieben, ohne Widerstand leisten zu können, eine unbekannte Macht in mir ist bereit, fast jeden Kompromiss für diese Immobilie einzugehen.

Die Besichtigung geht dem Mieter eindeutig gegen den Strich.

Seine Rache kommt auf der Stelle in Form steriler Krankenhausüberschuhe, die er uns überziehen lässt. Doch auch diese Erniedrigung schafft es nicht, meinen Optimismus zu untergraben. Immer wieder werfe ich Razvan verstohlene Blicke zu, begierig auf seine Bestätigung. In meiner Vorstellung nimmt das nötige fünfte Zimmer Gestalt an, es werden Wände gestrichen und Möbel gestellt. Wir sitzen bereits im Liegestuhl auf der Terrasse und schlürfen kühle Cocktails.

Auch in den folgenden Wochen ist unsere Arbeitsaufteilung perfekt: Razvan kümmert sich um die schier unmögliche Finanzierung der Wohnung, ich halte krampfhaft den Deckel auf dem Topf voller Zweifel und stelle die Weichen gewaltsam auf Glück. Was nicht passt, kann schließlich passend gemacht werden.

In der glühenden Sommerhitze Anfang August 2003 bekommen wir dann doch eine letzte Chance, die Entscheidung zu überdenken. Auf halbem Weg zum Notartermin stellen wir im Auto fest, dass wir die 7.000 € für den Makler zu Hause liegen gelassen haben. Erschrocken halten wir an und vermeiden es, uns in die Augen zu sehen.

»Wir fliegen damit in die Türkei, oder nach Ägypten. Auf die Malediven. Oder ganz schlicht nach Rumänien, oder …«

Razvan scherzt. Ich weiß es, erkenne aber auf der Stelle die Gefahr, kontere und kämpfe mit ebenso nüchternen Argumenten dagegen an. Ich setze Vernunft gegen Lebensfreude, Bodenständigkeit gegen Verrücktsein und Anpassung gegen Revolte ein und frage mich keinen Augenblick ernsthaft, ob Razvan dies alles auch wirklich mittragen kann.

Nein, ich bin nicht getrieben von falschem Ehrgeiz. Ja, ich möchte diesen gesellschaftlichen Tanz nur allzu gerne mitmachen. Ich will dazugehören, möchte steigenden Wohlstand, uns nur zu gerne ein Nest bauen. Was ist denn schon falsch an fast 30 Jahren Zwangsehe mit der Bank, bis kurz vor Renteneintritt? Das machen doch schließlich so viele mit, oder?

Die Sonne knallt unbarmherzig auf das Autodach, als Razvan den Motor erneut startet und wir längst wieder in grübelndes Schweigen verfallen sind. Eine Viertelstunde später haben wir unterschrieben, Hände geschüttelt und die Sektflasche des Maklers in Empfang genommen. Der Heimweg wird noch schweigsamer verlaufen. Ebenso schweigend werden wir zur Kenntnis nehmen, dass unsere Zweifel auf der Rückbank Platz genommen haben. Was mich anbelangt, so werden sie mich dauerhaft begleiten. Und ebenso dauerhaft und beharrlich werde ich sie abschütteln, ihnen nur in ganz seltenen Momenten Raum in unserem Leben gewähren. Die Malediven werde ich auch in den nächsten Jahren nicht sehen. Macht nichts, werde ich mich trösten, Fliegen ist sowieso nicht mein Ding.

5. Kalter Februar

Krampfhaft klammert sich der Februar an den Winter und will ihn nicht weichen lassen. Draußen ist es kalt, rutschig und diesig. Razvans Flieger soll in wenigen Minuten landen. Wenn ich pünktlich sein will, werde ich mich beeilen müssen. Andererseits lässt das Wetter kein Beeilen zu, also steige ich lieber gleich ins Auto.

Der Volvo liegt sicher auf der Straße. Ich mag ihn, diesen dunkelblauen, Razvans Volvo, fast schon ein Statussymbol. Sein Dienstwagen, einer, den er sich allein ausgesucht und abgeholt hat. Ein Zeichen des kleinen Wohlstandes, des Angekommenseins, untrüglich dafür, dass Razvan in der Firma eine bestimmte Position hat, vielleicht sogar unentbehrlich ist. Dieses Auto ist für mich Sinnbild des vielversprechenden Gelingens.

Mein hellblauer Volvo hingegen ein Wahrzeichen des jämmerlichen Versagens. Dieser, ein viel älteres Modell, etwas für Liebhaber, wurde aus einer Laune heraus gekauft, in der irrigen Annahme, dass nicht an allen Ecken des Seins auf Sicherheit gebaut werden muss. Was als Zeichen des Spaßes, der Freiheit und der Lust am Leben erstanden wurde, präsentierte sich nach wenigen Tagen als Fiasko. Der Unterboden ist komplett durchgerostet und das Fahren des Wagens wird zum Wahrzeichen der Fahrlässigkeit. Einen Anwalt haben wir bereits eingeschaltet. Sollten wir uns nicht mit den Verkäufern einigen – und es sieht nicht danach aus – werden wir vor Gericht gehen müssen. Bei dem Gedanken klumpt mein Magen. Ich und vor Gericht, das passt nicht zusammen. Wie eine Festung türmt sich das Gerichtsgebäude bereits in meinen Gedanken auf, während ich die Ausfahrt zum Flughafen nehme.

Warum hat Razvan beim Kauf nicht besser aufgepasst? Warum nicht die richtigen Fragen gestellt? Warum besitzt er nicht den Blick für diese technischen Details? Warum muss ich das nun ausbaden?

Der Flughafen ist überfüllt. Organisiertes Chaos. Erstaunlich, dass hier alles funktionieren kann. Heute werde ich Razvan nicht in der Ankunftshalle erwarten, dafür langt die Zeit nicht. Schließlich habe ich noch viel vor und brauche dazu seine Hilfe.

Doch woher kommt er eigentlich? Zypern? Israel? Rumänien? Es muss wohl Rumänien sein, schon wieder Rumänien.

Im Rückspiegel sehe ich Razvan auf das Auto zukommen. Er schleppt sich mühevoll dahin, zieht lustlos den Kofferkuli hinter sich her, strauchelt, fällt fast. Als ich neben ihm stehe, hat er sich etwas gefangen. Er stützt sich fest auf mich, wir umarmen uns lange. Zu lange für meinen Geschmack, ich bin ungeduldig, möchte gerne weiter, noch etwas schaffen, bevor die Kinder aus der Schule kommen.

Sein Gepäck lässt sich kaum neben die vielen Kisten und Kartons in den Kofferraum quetschen. Razvan sieht mich fragend an.

»Du hilfst mir doch, die Kisten in die neue Wohnung zu bringen?«

Natürlich will er helfen, keine Frage. Aber echte Lust scheint er darauf nicht zu haben, und eigentlich auch keine Zeit. Razvan stützt den Kopf in die Hände. Er stöhnt leise, kaum hörbar.

»Hast du schon wieder Kopfschmerzen?«

Er nickt und fängt an, von seiner Reise zu erzählen. Von den Leuten in Bukarest, mit denen er ein neues Projekt auf die Beine stellen möchte. Von dem Kollegen in Temeswar, mit dem die Zusammenarbeit sehr schwierig ist. Schwierig klingt harmlos, sie ist grottenschlecht, vor wenigen Monaten noch gab es unzählige Geschäftstreffen in unserem Wohnzimmer. Die halbe Nacht wurde geschrien, ohne dass dabei viel rausgekommen wäre.

Razvan erzählt auch von seinen Eltern, die viele Fragen zu unserer neuen Wohnung haben. Von seiner Mutter, die so gut wie kein Kniegelenk mehr hat und in wenigen Wochen ein neues bekommen soll, vom Vater, der sich mit einem neuen Werk herumquält. Von all den vielen alten Bekannten, die mich grüßen lassen ...

Ich höre schon längst nur mit halbem Ohr hin und bin in Gedanken bereits in der neuen Wohnung. Haben wir noch Zeit, schnell im Baumarkt stehen zu bleiben? Können wir noch Farbe für Sebastians Zimmer holen? Wo habe ich mir die Palettennummer aufgeschrieben? In welchem Karton stecken die Abdeckplanen?

Razvan schaut mich fragend von der Seite an. Er muss es schon länger tun, denn sein Blick durchbohrt mich schier: »Hättest du Lust darauf?«

»Lust worauf?« erwidere ich mit halbem Munde.

»Auf einen Kaffee bei Venezia, vielleicht gut gegen die Kopfschmerzen.«

Nein, darauf habe ich keine Lust, schon gar nicht jetzt. Sieht er denn nicht, wie beschäftigt ich bin? Und außerdem wieder die Kopfschmerzen. Immerzu Kopfschmerzen. Ich fange so langsam an, sie zu hassen. Sie torpedieren mein schönes Konzept, meinen Traum vom Glück, meine Renovierungs- und Umbauplanung. Hat es jemals eine kopfwehfreie Zeit gegeben? Habe ich Razvan je ohne diese ewigen Schmerzen gekannt? Ich kann mich nicht mehr daran erinnern.

Genervt stoße ich einen Seufzer aus. Razvan schaut weg.

»Ist schon gut, ich meine ja nur ... vielleicht ein andermal ...«

Kopfschmerzen.

Die schlimmste Kopfwehzeit, die ich bislang bei Razvan erlebt habe, war im September 1989 gewesen, im Jahr der Erfüllung unseres Traumes von Zweisamkeit und Liebe. Der rumänische Diktator Ceausescu hat unserem Heiratsgesuch nach zwei Jahren des Wartens, Hoffens und Bangens endlich stattgegeben und die Genehmigung höchstpersönlich unterschrieben. Für Razvan bedeutet es, dass die Ausstellung des Reisepasses und seiner Ausreisegenehmigung in greifbare Nähe gerückt sind. Für mich, dass ich ihn, meinen Razvan, nun bald für immer in Deutschland haben werde.

Am 26. August 1989 heiraten wir im kleinen Kreis in Timisoara. Meine Eltern sind nicht dabei. Razvan und ich haben nach Bekanntwerden der Zusage das Aufgebot zum nächstmöglichen Termin bestellt, zu kurzfristig für meine Eltern. Sie können keinen Urlaub organisieren, für keine Vertretung in der Arbeit sorgen. Für uns kein Problem, jetzt ist es vor allem wichtig, dass es schnell geht, ich traue dem rumänischen Staat nicht. Wer weiß, vielleicht nimmt er seine Entscheidung wieder zurück. Je früher also, desto besser.

Die kleine Feier verläuft ruhig und ohne Zwischenfälle. Trotz der Anwesenheit zweier ungeladener Gäste, die uns auf Schritt und Tritt begleiten und als Paar getarnt lediglich ihre Pflicht als Securitate–Spitzel erfüllen. Um ihre Anwesenheit mache ich mir ebenso wenig Gedanken wie um die Tatsache, dass sie über uns Bericht erstatten werden. Akribisch jeden Moment unserer Feierlichkeit festhalten, jede Minute protokollieren werden. Ich schwebe im siebten Himmel, habe seit wenigen Stunden den Namen meines Mannes angenommen und fühle mich ihm dadurch noch viel verbundener. Unsere gemeinsame Zukunft kann losgehen.

Wenige Wochen nach der Hochzeit bin ich erneut in Rumänien. Ich komme an, als Razvan bereits im Krankenhaus liegt, zwei Stunden nach einer Leistenbruch–Operation. Ich habe Mühe, mich in das Krankenhaus zu schleichen, folge dabei einem ausgetüftelten Plan, den ich zusammen mit meiner Schwägerin Ioana entworfen habe. Um Razvan besuchen zu können, muss ich, als Studentin der Medizin mit Kittel und Tasche verkleidet, jedes Mal den Hintereingang benutzen und dem Portier täglich Lügen auftischen. Es gelingt mir jedes Mal aufs Neue und ich wundere mich darüber, wie einfältig manche Leute sein können.

Mehr als einfältig erscheint mir auch der operierende Arzt, der, als Koryphäe gehandelt, vor allem durch Abwesenheit glänzt. Er erscheint nie, geschweige denn, um nach dem Wohlbefinden seiner Patienten zu schauen.

Razvans Augen glänzen, als er mich wiedersieht. Als er sich erheben will, stöhnt er auf, denn sein Kopf droht vor Schmerzen zu zerplatzen. Die hastig herbeigerufene Schwester gibt ausweichende Antworten und verweist darauf, dass Patienten nach einer Spinalanästhesie flach im Bett zu liegen haben. Einen Tag später, als Razvan sich vor Schmerzen übergibt, räumt sie ein, dass die Zeit des flachen Liegens an sich vorbei sein müsste. Am dritten Tag murmelt sie etwas von abgelaufenem Anästhetikum, um am vierten Tag überhaupt nicht mehr in Erscheinung zu treten. Razvan bleibt allein mit der messerscharfen Pein in seinem Kopf, ich bin innerhalb des korrupten und undurchschaubaren Gesundheitssystems wehrlos meiner Sorge ausgeliefert. Mein frisch angetrauter Ehemann liegt als hilfloses, stöhnendes Kopfwehmonster in einem Sechsbett-Zimmer eines schmutzigen rumänischen Krankenhauses, ich sitze Stunden an seinem Bett und kann nichts für ihn tun außer warten. Keiner will die Verantwortung für die offensichtlich verpfuschte Operation übernehmen, am wenigsten der Arzt selbst. Aber, verpfuscht oder nicht, eine solche Operation fordert, einem ungeschriebenen rumänischen Gesetz folgend, seinen Tribut. Als wir diesen eine Wochen später im Büro des Arztes mit einer teuren Flasche West-Whiskey und einer angemessenen D-Mark-Summe zollen, grinst der Chirurg. Jede seiner Gesten bestätigt uns, wie gleichgültig wir ihm sind. Die Frage nach der Ursache der Kopfschmerzen vergisst er sofort, nicht aber, uns eine Lektion seines menschenverachtenden Humors zuteil werden zu lassen. Er empfiehlt den nahe gelegenen Schlachthof, dort gäbe es Ersatzköpfe in Hülle und Fülle. Ich traue meinen Ohren kaum, mich aber auch nicht, dem Arzt zu widersprechen. Schließlich bin ich jetzt Gast in diesem Lande, erst 20 Jahre alt, viel zu jung, um dieses Spiel der Korruption und der Emporkömmlinge zu durchschauen.

Razvan plagt sich noch einige Tage mit den Schmerzen herum und ich versuche, ihn zu unterstützen, so gut es geht. Nur am Rande gestehe ich mir ein, dass mich dieses Wiedersehen enttäuscht hat. Kein siebter Himmel, keine langen Umarmungen, keine Flitterwochen. Statt dessen Krankenhäuser, wieder Warten und Ungeduld. Und Kopfschmerzen, eine ganze Menge davon. Ist es ein Vorgeschmack dessen, was noch kommen wird?

Kopfschmerzen. Auch nach 15 Jahren noch, im Februar 2004. Fröstelnd erklimmen wir die 62 Stufen zu unserer neuerstandenen Penthousewohnung. Nun bin ich doch wütend. Warum kann bei uns nie etwas nach Plan verlaufen, geschmeidig und reibungslos? Warum muss es immer wieder Störungen geben?

Ich zürne Razvan. Er scheint es, wenn auch unbewusst, darauf angelegt zu haben, mir meinen Glücksplan madig zu machen. Ich wünsche mir, mit jedem Meter, den wir die Umzugskartons höher schleppen, einen neuen Abschnitt auf unserer Glückstreppe zu erklimmen. Ich wünsche mir, es geschafft, den Kampf um das Eigenheim gewonnen zu haben. Ich wünsche mir, dass die verbissene Suche und unser Verlangen – mein Verlangen? – danach nicht umsonst gewesen sein sollen.

Was mich antreibt, bleibt mir zunächst verborgen. Es versteckt sich irgendwo in meinem Inneren und kriecht nur selten hervor. Wenn es zuschlägt, dann unvermittelt und richtig. Ist es der Wunsch der ersten Generation von Auswanderern nach einer eigenen Bleibe? Die Angst, zu versagen, schlechter dazustehen als andere und als Besucher der alten Heimat keine wirtschaftlichen Erfolge belegen zu können? Spielt mir mein Unterbewusstsein als Aussiedlerin einen Streich? Was steuert mich mit einer solchen Verbissenheit? Es erschließt sich mir, wie gesagt, viel zu selten. Verborgen bleibt mir allerdings auch, dass ich Razvan mit meinen Zielen überfordere.

Immer wieder enttäuscht es mich, dass Razvan nicht wirklich einstimmt in mein Lied des Nestbaus. Er wirkt einfach nur müde, abgespannt, immer wieder ausgelaugt. Ich hingegen wünsche mir von ihm gute Laune, Stolz und Heiterkeit. Vor allem aber wünsche ich mir, er möge über den Dingen stehen, beobachte andere Männer in unserem Bekanntenkreis und versuche zu deuten. Sie alle wirken immer viel vitaler, lebendiger und entschlossener auf mich.

Razvans Zögern tut weh. Es scheint eine Grundeigenschaft bei ihm zu sein, Dinge in Frage zu stellen und von mehreren Seiten zu beleuchten. Immer wieder ein vielleicht, könnte sein, eventuell, mal schauen.

Sicher, auch meine Nerven liegen blank. Die Finanzierung unseres Wohntraumes ist beklemmend eng, der Dauerärger mit dem Wohnungsverkäufer entwürdigend-schikanös und die Umbauarbeiten arbeitsintensiver als gedacht. Aber gehört das nicht dazu? Ist das nicht notwendiger Teil des Lebenskonzeptes aller Familien in unserer Situation? Winkt nicht am Ende solcher Bemühungen der Preis des genussvollen Miteinanders?

Doch wie sehr miteinander sind wir gerade?

»Wenn wir erst in der neuen Wohnung sind, wird sicherlich alles besser.« Ist das meine Stimme? Wollte ich das sagen? Muss wohl so sein, denn es liegt ja an mir, Hoffnung zu spenden.

Doch Razvan hat mich nicht gehört: »Glaubst du das nicht, Razvan?«

Er trägt den letzten Karton die Treppe hoch. Jetzt strauchelt er, tritt falsch, schwankt. Vor der Wohnungstür angekommen, wirft er den Karton hin, schnauft und flucht.

Jetzt ist meine Laune endgültig dahin und ich hätte gerne eine Antwort. »Glaubst du das nicht auch?«, bohre ich weiter.

Razvan sieht mir direkt in die Augen, diesmal auch wütend: »Diese Scheißtreppen. Irgendetwas stimmt mit ihnen nicht. Sie sind zu schmal, zu eng, irgendwas, keine Ahnung … Sie sind zum Kotzen«

Schon wieder das. Razvan wiederholt es zum x-ten Mal. Ich schaue mir die Treppe an. Alles ganz normal, breit, einladend, griffig, Standard. Wende meinen Blick genervt nach oben. Grau, alles grau. Gewitterwolken.

In der Wohnung herrscht Chaos zwischen Abdeckplanen, Tapetenfetzen, Müllsäcken, Möbeln und Farbeimern. Razvan versucht eine Weile, sich nützlich zu machen, er räumt Töpfe in den Küchenschrank und Kartons aus dem einen in das andere Zimmer, um schließlich unschlüssig herumzustehen.

Ich nehme Farbrolle und Eimer, verschwinde im zukünftigen Zimmer von Denise und drehe das Radio an. Razvan folgt mir und sieht eine Weile lang zu, immer noch planlos. Er wartet auf Anweisungen.

»Kaffee steht noch in der Küche, wahrscheinlich ausgekühlt … ich mache hier mal weiter …«, murmele ich vor mich hin, ohne mich umzudrehen. Hinter mir keine Regung. Razvan rührt sich nicht vom Fleck. Nein, ich will nicht mehr in den Baumarkt. Nein, ich will auch keinen weiteren Möbeltransport aus der alten Wohnung fahren. Ja, es ist in Ordnung, wenn er jetzt direkt in die Arbeit fährt. Wohin denn auch sonst? Als die Wohnungstür ins Schloss fällt, fixiere ich einen dunklen Fleck an der Wand. Ist es Tinte, Filzstift oder Teer?

Ich tauche die Farbrolle in den Eimer, immer und immer wieder. Eintauchen, abrollen, streichen. Eintauchen, abrollen, streichen. Gleitet die Farbrolle nach oben, ist der Fleck verdeckt. Gleitet sie abwärts, nimmt sie wieder Farbe mit und legt ihn frei, sichtbar, nicht zu übersehen.

Ich verstehe Razvan nicht. Was ist mit seinem Körper los? Ist es Unwille?

Eintauchen, abrollen, streichen.

Will er nicht oder kann er nicht?

Eintauchen, abrollen, streichen.

Ich streiche und streiche, während mir die Tränen die Wangen hinunterlaufen und mein altes Arbeitshemd fleckig wird.

Den Fleck bekomme ich weder an diesem, noch in den nächsten Tagen weg. Er bleibt bis zu unserem Auszug erhalten.

6. Ruhe vor dem Sturm

Razvan reist, wie immer.

Die Planung ist kurzfristig, Hemden waschen, bügeln, manchmal – in der Kürze der Zeit – auch trocken fönen. Einpacken, Koffer zu, schnelle Verabschiedung: »Kannst du mich bitte zum Flughafen fahren?«, »Bis bald.« Schnelle Umarmung zweier Körper, Traurigkeit, »Pass auf dich auf.« Angst: Was ist, wenn der Flieger abstürzt? Wiedersehensfreude. Wehmut.

Diesmal ist es aber auch Erleichterung, die ich verspüre. Erleichterung und Panik, denn es ist wie immer und doch irgendwie ganz anders. Razvan ist für mich nicht mehr greifbar. Er ist weg, irgendwo auf Zypern oder sonstwo, dreht einen Beitrag für ein Fernsehmagazin und meldet sich gelegentlich. Inzwischen kümmere ich mich um meine Minijobs, die Kinder und den Haushalt. Doch diesmal wird die eingespielte Routine gestört von der sicheren Gewissheit: Irgendetwas stimmt hier nicht.

Die unentwegten Kopfschmerzen der letzten Wochen, Razvans gequältes Stöhnen beim Aufstehen, Niederlegen, Weggehen, immerzu. Die Schmerztabletten auf dem Schreibtisch, Nachttisch, in seinen Taschen, Jeans, überall.

Seine unkontrollierten Bewegungen, Mengen an zerbrochenem Geschirr. Die Aussetzer, die Vergesslichkeit, die Überforderung, die Müdigkeit. Der Schlaf, der die Kopfschmerzen eigentlich noch potenziert. In Wahrheit stimmt nicht nur irgendetwas nicht. Es gerät gerade alles aus den Fugen.

Denke ich an Razvan, so fühle ich jetzt auch Erleichterung. Nicht darüber, dass es ihm besser gehen oder er einen Arzt aufsuchen könnte. Auch nicht darüber, dass uns ein paar freie – erholsame? – Tage bevorstehen. Es ist vielmehr die erleichternde Entlastung darüber, dass er gerade nicht da ist.

Ich schäme mich, solche Gedanken zu haben, lasse sie kaum zu, aber dennoch steht für mich fest: Während Razvans Abwesenheit ist die Sorge zwar weiterhin da, brodelt im Unterbewusstsein und kommt gelegentlich hervor. Sie steigert sich aber nicht, gewinnt nicht jeden Tag eine neue Dimension dazu. Sie stagniert und schafft mir so ein wenig Raum zum Aufatmen, ein wenig

Ruhe und Erholung. Wenigstens das.

In diesen Osterferien sind die Kinder für einige Tage zu meinen Eltern gereist. Die Wohnung ist hell, die Wände frisch gestrichen. Noch sind nicht alle Kartons ausgepackt, es steht uns noch vieles bevor: die Renovierung der Terrasse, die Umgestaltung des Gartens, das Streichen der Türen. Berge von Arbeit eben, eine unübersichtliche Fülle an kleinen und größeren Dingen.

Ich bin unverhofft allein und habe auf all die Arbeit keine Lust. Mein einziges Bedürfnis: Nichtstun und Entspannen, Ruhe. In der ersten Nacht in der Wohnung bekomme ich fast kein Auge zu. Ich stehe alle paar Minuten auf und spähe in die Dunkelheit des Gartens. Ausgesprochen schutzlos fühle ich mich, es kommt mir vor, als wolle die Nacht durch die nackte Terrassentür ungehemmt herein schleichen. Schließlich stelle ich Gartengeräte und Stühle davor, verkrieche mich unter die Decke und hoffe, dass der Spuk bald vorbei ist. Doch das Unaussprechbare findet immer neue Ritzen, um zu mir vorzudringen.

Tagsüber schleppe ich mich mühsam durch die Gegend. Nichts gelingt mir, nichts wird weggeschafft. Schließlich komme ich gar nicht mehr aus dem Bett, verbringe dort halbe Tage lesend und Kekse knabbernd. Ich habe den Eindruck, Kräfte sammeln zu müssen, meine Sinne zusammenzufügen, meine Aufmerksamkeit bündeln zu müssen. Nachdenken zu müssen.

Wozu? Worüber? Wieso?

Panik, Sorge. Panik, Sorge. Nachdenken.

Das ist kein normaler Stress mehr, der Razvan da zu schaffen macht, keine übliche Erschöpfung, nicht allein Überarbeitung. Das alles hat längst neue Dimensionen angenommen. Wenn ich nur wüsste, welche.

Ich bin unruhig, denn Razvan landet in wenigen Minuten. Gleich muss ich zum Flughafen, um ihn abzuholen.

Erste Frühlingsblumen sind in den verwilderten Beeten erschienen. Ich beobachte sie durch die Terrassentür. Das Bunte, Frische umschmeichelt mein Gemüt. Für einige Sekunden verspüre ich in meinem Inneren Ruhe. Die Ruhe vor dem Sturm.

7. Trügerische Sicherheit

Ungewöhnlich heiß ist dieser Mai.

Am Abend erwarten wir Herrn W., Vertreter einer großen Versicherung. Razvan kennt ihn schon länger, ist mit Herrn W. bereits früher ins Geschäft gekommen in Form einer kleinen, günstigen Lebensversicherung. Eine jener Versicherungen eben, die man in jungen, unbeschwerten Jahren als Polster für eine weit entfernte Zukunft anlegt. Für ein sehr weit entferntes Rentenalter.

Seit Wochen schon suchen Herr W. und Razvan nach einem passenden Termin. Der 17. Mai 2004 ist die einzige gemeinsame Schnittstelle in ihren Kalendern.

Mühsam erklimmt Herr W. die vielen Stufen zu unserer Wohnung. Als er schnaufend und übergewichtig in der Tür steht, erweckt er sofort meinen Widerwillen und ich wittere Ungutes. Irgendwie wirkt er nicht authentisch. Die lockere, schwarze Designerkleidung, das T-Shirt, das sich auffallend eng um seinen dicken Bauch spannt, sein gesamtes Getue und sein Geschwätz, das alles passt nicht zueinander.

Herr W. ist entschlossen, an diesem Abend viel Zeit mit uns zu verbringen. Er berichtet von dem langen Arbeitstag, der hinter ihm und von der beschwerlichen Heimreise, die noch vor ihm liegt.

Man merkt, dass er sich gern mit Leuten aus der Fernsehbranche umgibt. So gehört der kleine Versicherungsvertreter, wenn auch nur für wenige Stunden, zur spannenden und fernwehgetränkten Welt der Kameraleute und Regisseure.

Offensichtlich will er dieses Abenteuer heute besonders lange auskosten. Seine Mischung aus Kumpelhaftigkeit und Strenge befremdet mich. Mein Bauch rebelliert und warnt mich davor, Geschäfte mit diesem Heuchler abzuschließen.

Ganz nebenher werden die zum Versicherungsabschluss nötigen Daten erhoben. Während Blätterstange um Blätterstange in seinen gierigen Mund wandert, fragt der Versicherungsvertreter Razvan nach seiner Gesundheit. Operationen, Untersuchungen, Kinderkrankheiten werden besprochen. Razvan beantwortet alle Fragen wahrheitsgemäß. Als Beschwerden gibt er die leidigen, immer wiederkehrenden Kopfschmerzen an. Herr W. tut diese mit einem großzügigen Lächeln und als völlig belanglos ab. Wer habe schon denn in unserer hektischen Zeit keine Kopfschmerzen? Welcher Regisseur werfe nicht ab und an eine Pille ein?

Herr W.'s Witz verwandelt sich unfreiwillig in Galgenhumor. Ich blicke zu Razvan hinüber und hoffe, in seinem Gesicht den gleichen Widerwillen zu erkennen. Er aber wirkt apathisch, fast leblos. Hat er sich eben gerade erneut aus unserer Welt ausgeklinkt?

Als es bereits dämmert, hallt Herrn W.'s wieherndes Lachen ein letztes Mal durch unser Wohnzimmer. Razvan setzt mit zitternden Fingern seine Unterschrift unter den Vertragsentwurf. Er hat soeben eine Berufsunfähigkeitsversicherung abgeschlossen. Sie soll ihm im Versicherungsfalle monatliche 1500 € garantieren. Kostenpunkt: weitere 250 € monatliche Belastung. Ein Klacks angesichts einer finanziell abgesicherten Zukunft, oder?

In der Küche scheppert es. Zwei Porzellanschüsseln sind Razvan aus den Händen gefallen. Während ich ihm beim Aufsammeln der Scherben helfe, treffen sich unsere Blicke.

Razvan sieht erbärmlich aus. Seine Augäpfel quellen förmlich aus den Höhlen, er schielt extrem. Unterwegs ins Schlafzimmer läuft er zwei Mal gegen die Wand und fällt augenblicklich in einen Erschöpfungsschlaf. Ich lege mich an seine Seite. Sofort steigen Hilflosigkeit und Panik wieder in mir hoch und zanken sich um den Platz in meiner Brust. Weil sie sich nicht einig werden, bleiben beide. Ineinander verkeilt teilen sie sich fortan den Raum, irgendwo zwischen Luftröhre und Herz. Aus der Dunkelheit schleicht sich dann auch noch etwas Unbeschreibliches durch die Terrassentür. Es setzt sich an den Bettrand und macht auch Anstalten zu bleiben. Was passiert gerade? Läuft uns das Leben davon?

In dieser Nacht träume ich vom Fliehen und Fliegen. Und davon, Zuschauerin meines eigenen Lebens zu sein.

8. Gnadenlose Gewissheit

Wenige Stunden später bin ich jedoch nicht auf der Flucht, sondern mit Razvan unterwegs in die Frankfurter Klinik. Eine Routineuntersuchung, so die überweisende Augenärztin, um bestimmte Erkrankungen des Gehirns auszuschließen. Wenige Tage davor hat sie Razvans Sehfeld untersucht und lange geschwiegen. Im Nachhinein wird mir erst klar, wie besorgt sie ausgesehen hat.

Der Himmel erstrahlt verheißungsvoll blau. Ein verwirrender Anblick. Wie passt diese Postkartenidylle zu unserem momentanen Gemütszustand? Immer noch glaube ich an ein Wunder. Ich wünsche mir, Razvans offensichtliches Gebrechen hätte sich über Nacht in Luft aufgelöst, einfach so. Ich stelle mir einen gutgelaunten, vitalen Mann vor, der pfeifend aus dem Schlafzimmer kommt und den Tag anpackt, alle umarmt und uns die sich davonschleichende Sicherheit zurückgibt.

Doch nichts dergleichen geschieht.

Stattdessen schleppt sich Razvan mühevoll an den Frühstückstisch. Die Kinder wissen nichts von der bevorstehenden Untersuchung. Warum auch, warum sollten wir sie unnötig beunruhigen, gehen wir doch immer noch davon aus, mittags wieder zu Hause zu sein. Immer noch tröste ich mich mit dem Gedanken, dass dann der ganze Spuk überstanden ist.

Wir winken unseren Kindern nach. Eine liebgewonnene Geste, die ich auch heute nicht missen will. Gerade jetzt will ich möglichst viel Normalität in unserem Leben bewahren. Auf den Treppen muss ich Razvan stützen.

Unser Auto ist schräg, fast mitten auf der Straße geparkt. Razvan muss am Vorabend den Bordstein nicht erkannt haben. Wie ist er in den vergangenen Tagen – Wochen? – sicher durch den Verkehr gekommen? Wieso hat er bislang keinen Unfall gebaut? In Gedanken knie ich vor seinem Schutzengel nieder und bedanke mich bei ihm. Er hat in den vergangenen Tagen – Wochen? Monaten? – wirklich großartige Arbeit geleistet. Ein Zwischenfall fällt mir dann doch noch ein, bei dem Razvan im Fahren ein parkendes Auto gestreift hat. Wie lange mag das her sein? Wochen? Monate? Auf dem kurzen Weg ins Krankenhaus spare ich nicht mit

Ermutigungen. Meine Versuche, Razvan aufzuheitern, kommen jedoch, wenn überhaupt, kläglich an. Razvan hält auf dem Beifahrersitz kaum die Augen offen. Alles strengt ihn an, das Sitzen, Schauen und Zuhören. Trotzdem nickt er mir ab und an aufmunternd zu, während ich weiter und weiter rede und nach neuen Erklärungen für seinen körperlichen Zustand suche: Fehlfunktion der Schilddrüse, Überarbeitung, Stress, Kreislaufkollaps. Irgendeine seltsame, aber bestimmt heilbare Blutkrankheit; eine vom Großvater geerbte Drüsenkrankheit, mit der man aber trotzdem sehr lange leben konnte. War der Großvater nicht mit 96 Jahren sanft und glücklich entschlafen?

Die radiologische Praxis ist dem Krankenhaus angegliedert. Sie wirkt nüchtern-freundlich und lässt kaum die Vermutung aufkommen, dass hier schlimme Diagnosen gestellt werden. Keiner im Wartezimmer sieht besonders traurig aus. Die Leute schauen eher entspannt in die Runde und beschäftigen sich in aller Ruhe mit den Gegebenheiten aus der Klatschpresse. Den meisten Gesprächsfetzen entnehme ich das Wort »Bandscheibe«, eine Möglichkeit, die mir bisher entgangen war. Sofort will ich uns Mut zusprechen. Sehen Menschen mit Bandscheibenvorfällen schlechter? Fallen ihnen Dinge aus der Hand? Laufen sie gegen Wände? Aber Kopfschmerzen, die haben sie doch bestimmt.

Ich studiere die Gesichter und versuche die Krankengeschichten dahinter zu erahnen. Razvan ist mit dem Einverständnisbogen für das MRT beschäftigt, er dreht und wendet das Papier lange hin und her. Als die Abgabe drängt, will ich ihm beim Ausfüllen helfen. Der Bogen ist schier unleserlich, ein Gekrakel, ein Gefälle innerhalb der Wörter, als hätten die Buchstaben vor, sich einen Hang hinunterzustürzen. Einige von ihnen haben es offensichtlich schon geschafft und liegen schlapp daneben, nur wenige befinden sich in den passenden Kästchen.

Diesmal schnürt mir die Panik ohne Vorankündigung den Hals zu, während ich mit fremder Stimme nach einem neuen Bogen verlange. Ruck, zuck ist er ausgefüllt und abgegeben. Ist doch nicht so schwierig, oder? Razvan aber schweigt, hat die Augen bereits wieder geschlossen und sich ausgeklinkt.

Als er sich später mühsam in die Untersuchungskabine schleppt, sacke ich auf meinem Stuhl zusammen und suche krampfhaft etwas, woran meine Gedanken andocken können. Mittagessen – hatten sich die Kinder Pasta oder Pizza für heute gewünscht?

Wäsche – ist heute die bunte oder die weiße dran? Oder sogar beide Sorten?

Klavier üben, Blumen gießen, einkaufen, Elternabend, arbeiten. Muss ich heute noch arbeiten? Die ganze Woche wird im Kopf verplant und strukturiert. Jeder Tag bekommt sein Fach, Schublade auf, Schublade zu.

Aus der MRT-Röhre fängt es an zu klopfen. Es wechselt vom Pfeifen zum Piepsen, Hämmern und Rattern. Die Töne sind schräg und laut. Ich frage mich, wie lange ein Mensch diesen Krach aushält.

Die Tonabfolge erzeugt eine seltsame Monotonie, die mich bald einlullt. Ich ertappe mich dabei, dass ich zu beten anfange. Wie immer bastele ich mir meine eigenen Gottheiten und Gebete zusammen. Ein bisschen verstorbene Großeltern, ein bisschen allmächtiger Gott, ein bisschen übersinnliche, im Universum wohnende Gestalten. Sie alle flehe ich an, ihre schützende Hand über uns auszubreiten, zu Razvan in die Röhre zu kriechen und ihn dort zu berühren. Ihn in den Arm zu nehmen, Mut zu spenden, uns alle vor Schlimmerem zu bewahren und diesem bösen Spuk ein jähes Ende zu bereiten.

Zum ersten Mal seit langer Zeit steigere ich mich völlig ins Flehen hinein. Meine geflüsterten Worte verwandeln sich in eine gallertartige Masse, die mich vor der Außenwelt abschirmt. So bemerke ich erst viel später, dass Razvan bereits wieder neben mir sitzt. Mit hochroten Ohren, bleich, schielend, erschöpft. Doch Zeit zum Erholen bleibt ihm kaum, da plötzlich Hektik ausbricht.

Wie im Zeitraffer verwandeln sich die Gesichter um uns herum in besorgte Fratzen. Alle werden eifrig und mahnen uns zur Eile. Die Miene des diensthabenden Radiologen wechselt von verheißungsvoll in geschäftig, von unschlüssig in unbeteiligt. Er versucht, sich zu positionieren innerhalb der Spannbreite zwischen Mitteilungspflicht und Verschonen. Schließlich entscheidet er sich für den eleganten Mittelweg und schickt uns mit dem Hinweis »Da ist etwas zu sehen, das müssen sie sich oben erklären lassen« auf Station.

Auf Station? Erklären lassen?

Trägen Schrittes suchen wir den Aufzug. Irgendwo zwischen Parterre und fünftem Stock nimmt auch die Gewissheit Gestalt an. Sie teilt uns unmissverständlich mit, dass nach dieser kurzen Ouvertüre die ernste Vorstellung beginnt. Die wirklich ernste.

Auf Station empfängt uns eine nicht minder unschlüssige Schwester. Auch sie findet nicht die richtigen Worte und verweist uns schnell auf den diensthabenden Arzt, der jeden Moment kommen soll.

Eine gute halbe Stunde später ist er tatsächlich da. Hat er draußen auf dem Flur noch schnell seinen Part wiederholt?

Endgültig und schonungslos verwandelt er unsere Ahnung in Gewissheit. Seltsam, wie schnell so etwas gehen kann. Seltsam auch, wie schnell man es annimmt, denn für uns ist es in diesem Augenblick fast schon tröstlich, dass das Rätselraten endlich ein Ende hat. Die neu entstandene Gewissheit einer ernsthaften Erkrankung gibt fast schon wieder Halt, etwas, woran ich mich klammern kann.

Und so gehen wir schon bald zum nächsten Akt über: Operation. Und zwar schnell, unumgänglich, lebensrettend. Der Arzt spielt seine Rolle gut, er klingt prosaisch und nüchtern. Seine Worte setzt er sehr präzise ein: Was in Razvans Kopf wächst, erwähnt er mit sachlichem Unterton, sei nicht nur raumfordernd, es lässt sogar mit bloßem Auge die Vermutung aufkommen, bösartig zu sein. Und, dank seiner Lokalisierung, vermutlich lebensbedrohlich. Das Wort Gehirntumor fällt zum ersten Mal. Sein Hall hüllt alle Gegenstände im Raum ein und bleibt an uns haften. Ab sofort hat die Gefahr also einen Namen.

Die Panik zieht noch etwas an, ganz deutlich spüre ich ihre kalte Umarmung. Ich versuche trotzdem, konzentriert und gespannt auszusehen. Der Arzt soll bloß nicht denken, ich würdige seine Erläuterungen nicht!

Mein Blick schweift allen Bemühungen zum Trotz ab, meine Gedanken auch. In diesen Gemäuern habe ich unsere beiden Kinder zur Welt gebracht, hier wurden wir zur Familie. Razvan war damals dabei gewesen, gesund, dynamisch und fit, mit einem Zukunftsversprechen auf den Lippen. Hier schmiedeten wir weitere Pläne. Wie passt das jetzt dazu? Wie können die gleichen

Wände zum Schauplatz einer so abscheulichen Vorstellung werden? Wie kann es sein, dass der Arzt überhaupt nicht mehr mit erschreckenden Fakten spart? Hat er es darauf angelegt, uns zu schockieren? Warum hört er nicht einfach mit dem Reden auf und verschwindet?

Er aber denkt gar nicht daran und treibt es noch auf die Spitze. Erwähnt eine Gehirnblutung. Sie sei auf den Aufnahmen deutlich zu erkennen und nun eine tickende Zeitbombe in Razvans Kopf. Wenn es weiter blutet, kann das Gehirn überschwemmt werden. Dieses wiederum kann nur eine bestimmte Menge an Blut in einer bestimmten Zeit resorbieren. Was kommt danach?

Mir wird übel. Wie kann es überhaupt sein, dass all diese Dinge mir und uns passieren? Wo ist die Stopp-Taste dieses Trauerspiels?

Innerlich befinde ich mich längst im freien Fall. Im Grunde genommen will ich nur noch eines: fliehen, so wie in meinem Traum letzte Nacht. Diesen Ort verlassen, mit Razvan ins Auto steigen, wegfahren, egal wohin, einfach nur weg. In den Urlaub, in den Süden, meinetwegen nur bis Nordhessen. Einfach raus aus unserem Leben.

Dazu kommt, dass ich nicht die geringste Vorstellung davon habe, wie ich mich verhalten soll; was ich tun soll, um die Situation zu retten. Und ist diese überhaupt noch zu retten? Gibt es irgendwo einen praktischen Ratgeber für den Umgang mit solchen Hiobsbotschaften? Wie soll ich es anstellen, Razvan ansprechen, in welcher Tonlage? Wie kann ich auch nur den Mund aufmachen ohne ihn zu überschwemmen mit meinen Sorgen und Ängsten?

Aber ich fliehe auch diesmal nicht und nehme auch Razvan nicht mit. Stattdessen stürzt die Erkenntnis des Tages über mich herein: Ab sofort unterhalten wir uns über Krebs. Über bösartigen Krebs. Über den vielleicht bösartigsten Krebs überhaupt.

Die Zeit drängt also. Ist vielleicht gar nicht so schlecht, dann habe ich weniger davon zum Nachdenken. Überwältigt von meiner eigenen Gelähmtheit, tue ich, was der Arzt mir vorschlägt. Bespreche mit Razvan mit belegter Stimme und fast ohne ihn anzusehen auf die Schnelle, welche Sachen ich ihm für die bevorstehende Zeit im Krankenhaus einpacken, wen ich anrufen, was ich für ihn sonst noch erledigen soll. Lasse ihn dann schnell allein in seinem Zimmer und eile zum Auto. Suche lange danach, erinnere mich letztendlich, wo es steht. Frage mich, ob wir einen Strafzettel haben und warum die Sonne immer noch so gnadenlos vom Himmel knallt.

Irgendwann finde ich mich im Auto sitzend wieder, ohne Strafzettel, verschwitzt, verwirrt, hemmungslos schluchzend. Ich weine und kann gar nicht mehr damit aufhören.

Warum ich? Warum Razvan? Warum wir? Gerade wir? Ist unsere Beziehung denn nicht gegen solche Grausamkeiten gefeit? Haben wir nicht die Sonnenseite des Lebens gebucht? Sollten wir unsere Reise dorthin nicht spätestens jetzt angetreten haben?

Irgendwann komme ich irgendwie zu Hause an. Ohne zu überlegen suche ich Razvans Sachen zusammen und mache mich auf den Weg zu den Schulen unserer Kinder, um ihnen die Nachricht möglichst schonend zu überbringen. Die Kinder wundern sich nicht, dass ich sie abhole. Sie sagen nicht viel, wirken aber verunsichert. In den letzten Tagen müssen sie sich ohnehin viele Fragen gestellt haben. Erst Monate später werden sie mir gestehen, dass ihnen mein Aussehen einen Schrecken eingejagt hat.

Ich spüre, die Kinder können meine angespannte Nähe schlecht ertragen: Sebastian, 10 Jahre alt, dem als hervorragender Schüler der Wechsel aufs Gymnasium bevorsteht, versinkt zu Hause stumm in eine Welt aus Lego und Harry Potter. Denise, fast 12, flüchtet für einige Stunden in den nahegelegenen Pferdestall. Als sie wiederkommt, habe ich mich etwas gefangen. Mit einer aufgesetzten Sachlichkeit plane ich die nächsten Tage durch. Wundere mich, dass Razvans Schwester samt Mann und Kindern plötzlich im Wohnzimmer stehen. Fast hätte ich sie vergessen, sie kamen heute Nacht aus Paris angereist. Wir hatten vor, auf das 20-jährige Abiturtreffen der Zwillinge Razvan und Ioana nach Bayern zu fahren. Hotel, Kinderbetreuung, alles ist organisiert, ich wollte mir heute noch ein passendes Oberteil für mein neues Kostüm kaufen.

Als ich Ioanas Abendrobe im Wohnzimmer hängen sehe, verkrieche ich mich in die Toilette zum Weinen. Auf dem Boden vor der Kloschüssel schluchze ich hemmungslos und fühle mich überfordert von unseren Gästen. Ich will sie jetzt nicht da haben und mich mit ihnen über absurde Belanglosigkeiten wie Einkäufe und Mahlzeiten unterhalten. Ich will auch keine Antworten geben und nichts hinterfragen. Wieso nach einem anderen Krankenhaus schauen, wieso eine zweite Meinung einholen, wieso mit ihr bekannten Ärzten telefonieren und nach Alternativbehandlungen suchen? Dies hier ist der Ernst, Mädel, Lebensgefahr, du bist doch Ärztin, hast du es immer noch nicht verstanden?

Doch Ioana hat es wohl längst begriffen. Sie macht sich Sorgen um ihren Zwillingsbruder und will ihm helfen. Mich hingegen nervt ihre Sorge. Nun, da das gemeinsam Geplante nicht mehr ansteht, sehe ich keinen Grund mehr für die Anwesenheit unserer Gäste. Jetzt, da Razvan als Puffer zwischen uns fehlt, haben wir uns kaum etwas zu sagen. Ich wünsche mir, Ioana nebst Familie würden ins Auto steigen und sofort abreisen.

Doch Razvan sieht die Dinge ganz anders. Als wir ihn später alle im Krankenhaus besuchen, hat er seine letzten Kräfte mobilisiert und bereits alles in die Wege geleitet: Nun will er, dass auch noch seine Eltern anreisen. Gleich übermorgen sollen sie kommen, sie werden landen, während Razvan operiert wird. Ich kann sie doch abholen, ist doch alles kein Problem, oder?

Mir ist nur noch schwindlig und übel. Wieso auch das noch? Tue ich denn nicht schon, was ich kann? Ich übersetze, beschäftige die Kinder, lenke sie ab, wenn Razvan in Trauer versinkt, spreche über Nichtigkeiten, packe, tröste und bewältige das Chaos zu Hause. Und nun auch noch die Schwiegereltern! In meiner Not versuche ich, Razvan zu verstehen, ihn in seinem Bedürfnis, seine Ursprungsfamilie um sich zu haben, anzunehmen. Aber so recht gelingen will es mir nicht. Mir dämmert zwar, dass ich nun die Starke sein, mich zurücknehmen, über gewissen persönlichen Dingen stehen muss, dass ich Trost und Mut spenden muss.

Doch mir ist weder nach Stärke noch nach Trösten zumute. Was ich jetzt brauche, ist eine Schulter zum Anlehnen, jemanden, der mir Halt gibt. Ich brauche Razvan, den starken, Orientierung gebenden, will mich weiterhin auf ihn verlassen, ihm die Erledigung unangenehmer Dinge überlassen können. Ich will mich fallenlassen, Sicherheit und Geborgenheit finden. Ich will einfach meinen starken Mann zurück.

Die Frage drängt sich mir immer wieder auf: Wieso gerade ich? Wieso ich?

Ich, die Routine liebende, in der Zukunft lebende, ich, die ich noch nie andere Kontinente bereist habe. Die sich stattdessen eine kleine, heile Welt erschaffen hatte. Ich, die Festgefahrene, süchtig nach Klarheit und Stabilität. Ich, die selbst weder ein noch aus weiß und dringend Trost braucht. Ich, die völlig Verzweifelte. Ich, die ab sofort einfach nur funktionieren muss.

Ich setze an zu widersprechen. Will Razvan erklären, dass ich keine weiteren Menschen um mich herum ertragen kann, dass ich jetzt, gerade jetzt, mit seinen Eltern bestimmt nicht klarkommen werde. Dass er doch weiß, dass das nicht so funktioniert zwischen uns.

Doch Razvan winkt ab. Jetzt – gerade jetzt – ist es ihm wichtig, sie alle zu treffen. Sie alle noch einmal um sich zu haben, sie alle zu sehen. Sich zu verabschieden?

Zart und zaghaft sprießt sofort ein neues Pflänzchen zwischen uns: subtile, feine Wut. Sie gesellt sich zur Angst und Unsicherheit und befindet sich dort in bester Gesellschaft. Wieso verlangt Razvan das von mir, gerade jetzt, wenn ich mit meinen eigenen Gefühlen kaum zurechtkomme, wenn ich verzweifelt strampele in diesem sumpfigen, modrigen Etwas, in das ich gewaltsam hineingeworfen wurde?

»Weil ich Angst habe, nicht mehr aufzuwachen«, erwidert Razvan mit schwacher Stimme, ohne die Augen zu öffnen.

Wie kann man einem Kranken einen solchen Wunsch abschlagen? Einem Todkranken?

Wie kann ich so selbstsüchtig und arrogant sein, meine Grenzen aufzuzeigen und meine Wünsche in den Vordergrund zu rücken?

Augenblicklich schäme ich mich zutiefst und falle Razvan um den Hals. Natürlich, natürlich will ich seine Eltern mit offenen Armen empfangen. Natürlich will ich alles tun. Hauptsache, Razvan sieht einen Lichtblick in dieser Geschichte. Hauptsache, er wird wieder gesund.

9. Heißer Mai: Operation

Ich erwache früh aus einem Zustand, der mehr Erstarrung als Schlaf gewesen ist und versuche, meine Gedanken zu sortieren. Was haben wir heute vor? Ach ja, packen, reisen, ab ins Auto zum Abiturtreffen. Wo ist mein neues Oberteil?

Nur mit Mühe öffne ich die Augen. Weiße Wände, Riesenfenster, draußen strahlender Sonnenschein und ein azurblauer Himmel, Stimmengewirr, das zum Fenster hereinkriecht. Erwachsene, Kinder. Familien wahrscheinlich, die spazieren gehen, einen Ausflug planen. Genau wie wir? Heute ist der perfekte Brückentag nach Christi Himmelfahrt, perfekt für die Familie, für Unternehmungen, Schwimmbad vielleicht.

Gähnend drehe ich mich zur Seite. Razvan betrachtet mich, grau, eingefallen, erschöpft, schielend. Wieso ragt eine Braunüle aus seinem Arm?

Sofort ist die Erinnerung wieder da, ungehemmt und wuchtig überschwemmt sie das Zimmer und mein Bewusstsein: Kein Packen ist angesagt, auch kein Familienausflug und kein neues Oberteil. Stattdessen steht die Operation auf der Tagesordnung. Es ist der 21. Mai 2004, der dritte Tag unseres neuen Lebens in Angst, Ungewissheit und Schmerz. Es ist der große Tag.

Eine Schwester kommt durch die Zimmertür, geht geschäftig auf und ab, macht sich an der Braunüle zu schaffen, spricht Razvan an, blickt durch mich hindurch. Wieso übersieht sie mich? Stimmt, ich bin so gut wie gar nicht da.

Ich lächele die Schwester an, sie lächelt dann doch zögernd zurück. Ich bin ihr sehr dankbar, denn sie hat es mir gestattet, bei Razvan zu übernachten. Ich habe sie am Vorabend mit einem solchen Nachdruck darum gebeten, dass sie mich nicht ablehnen konnte. Was für sie vielleicht naheliegend war angesichts des leeren zweiten Bettes im Zimmer, ist für mich keine selbstverständliche Geste. Es ist der traurige Versuch, zwei Verlorenen etwas Verständnis zukommen zu lassen. Ein menschliches Präsent, die Verlängerung der Gnadenfrist, geschenkte Zeit.

Zeit. Seit drei Tagen ist sie messbar in neuen Begriffen. Heute, gestern, morgen. Was war noch einmal gestern?

Vorgestern. Wir bekommen ein neues Familienmitglied: Krebs. Kein Empfangskomitee, kein Willkommensgruß, keine Fanfaren. Der Krebs kommt einfach so. Uneingeladen, ungefragt und unhöflich ist er da und macht sich in unserem Leben breit.

Gestern.

Die Kinder sind ein letztes Mal im Krankenhaus. Sie malen, erzählen von der Schule, schreiben kleine Gedichte, die Kunstwerke zieren jetzt die weiße Wand. Razvan versucht, sich zusammenzureißen, fasst nach ihnen, kann sie nicht loslassen. Die Kinder wirken überfordert, verstört, winden sich aus den Umarmungen, wagen es nicht, zu widersprechen. Die Anspannung liegt förmlich in der Luft, jede Umarmung legte eine Schicht des Unerträglichen, des Schmerzes zu. Ich wünsche mir irgendwann nur, der Augenblick möge vorbei sein, kann es kaum mehr ertragen, möchte nur noch schlafen.

Vergangene Nacht.

Ein Dahingleiten zwischen verzweifeltem Reden, nicht versiegen wollenden Tränen, schmerzvollem Revue passieren lassen. Die Vergangenheit im Zeitraffer, unzählige Umarmungen und Beteuerungen und viel, viel Liebe. Ein Bad in verzweifelter Wärme, fast bedingungslose Zusammengehörigkeit. Höchste Verzweiflung.

Die sterile Krankenhaustristesse wird durchbrochen von einem wunderschönen Panoramafenster. Halb Frankfurt liegt uns so zu Füßen, der Taunus rückt in greifbare Nähe. Wir ziehen die Gardinen abends nicht zu. Als die Nacht hereinbricht, glitzern unzählige Lichter am Himmel. Wir haben das Bedürfnis, sie in unsere traurige Welt aufzusaugen und für immer festzuhalten.

Im nahe gelegenen Autokino findet eine Lasershow statt. Ein Gewirr feiner, bunter Strahlen schleicht sich in regelmäßigen Abständen herein und verwandelt die Decke des Zimmers in ein irreales Spinnennetz. Für mich sind es Lichtblicke, farbenprächtige Fäden der Hoffnung. Ein untrügliches Zeichen dafür, dass das Leben uns einholen will, egal wo wir uns befinden, so, als ob es uns gewaltsam festhalten will. Ich klammere mich – ebenso gewaltsam – daran fest und horche in mich hinein. Spüre den Optimismus, der nach außen drängen will, allen schlechten Nachrichten zum Trotz. Soll ich es wagen, ihn kommen zu lassen? Soll ich darüber sprechen?

Ein einziges Mal, nur für einen kurzen Moment, gerate ich ins Grübeln und Schwanken. Die bunte Lasershow ist längst beendet und ich schrecke zum wiederholten Male aus der Oberfläche eines Pseudoschlafes auf. Frage mich plötzlich, ob der bunte Farbenreigen so etwas wie ein Lebewohl für Razvan sein soll. Ein letzter Blick für ihn auf dieses kaleidoskopische Farbenmeer, danach ein Versinken ins Dunkle, Schattenhafte?

Razvan und nicht mehr sehen können ist ein Widerspruch in sich. Razvan ist der Visuelle, in Bildern denkende, der Details bemerkt, die kaum vorhanden sind. Razvan ist Cutter, Bildmischer, Filmautor, Regisseur. Die Vorstellung, dass dies nicht mehr sein könnte, ist unerträglich. Viel schlimmer als die, dass er im Rollstuhl sitzen müsste, viel schlimmer als die eines zitternden, schwachen, gebeutelten Körpers.

Gehhilfen, Bewegungseinschränkungen, Humpeln, Straucheln, Fallen – ja.

Dämmerung, Zwielicht, Erblinden, keine Möglichkeit mehr, den geliebten Beruf auszuüben – nein.

Letzte Nacht habe ich beschlossen, mich an diesem Gedanken festzukrallen. Kein Erblinden also, lieber Gott, das Schicksal muss sich schon etwas anderes ausdenken. Alles, nur kein Erblinden.

Heute.

Die Schwester überreicht Razvan eine Pille. Sie soll ihn beruhigen und ihm helfen, zu vergessen, ihn auf die Anästhesie vorbereiten.

Doch Razvans Körper wehrt sich dagegen. Er gleitet nicht weg, bekommt alles mit, ist bei vollem Bewusstsein. Er findet den Schalter zum Ausknipsen nicht, greift Halt suchend nach mir, will sich nicht verabschieden, noch nicht. Ich weine, halte ihn fest, will ihn nicht weglassen.

Später ist auch Ioana, die Zwillingsschwester, da. Sie füllt den Raum und lässt den Zauber weichen. Plötzlich ist alles ganz anders, die Stimmung zerstört. Die Zweisamkeit der letzten Nacht hinüber, das Meer der Liebe, Razvan und ich, allein auf einer Insel.

Ioana sieht auch übernächtigt aus, ihre Stimme zittert, sie fragt nach, legt sich kurz zu Razvan aufs Bett. Ich muss wegsehen, kann den Anblick nicht ertragen, hoffe, dass mich etwas von diesem Anblick ablenkt. Ich erwarte, Razvans Kopf kahl geschoren zu sehen, wundere mich, dass dies nicht geschieht. Lediglich drei, vier kleine Stellen werden oberflächlich rasiert, damit die Elektroden haften können. Völlig unspektakulär.

Ioana und ich kreisen wie zwei Monde um den Fixstern Razvan. Auf gleicher Entfernung, darauf bedacht, die andere im Auge zu behalten.

Irgendwann schluckt Razvan eine zweite Tablette. Diesmal wirkt sie sofort. Er droht wegzugleiten in einen unbekannten Raum zwischen Bewusstsein und Kontrollverlust, in ein unerreichbares Niemandsland. Ich greife immer wieder nach ihm und versuche verzweifelt, ihn festzuhalten. Möchte ihm eine letzte Gewissheit abringen, dass er mich nach seiner Rückkehr erkennen wird, dass er wissen wird, wo er hingehört. Angst, Unsicherheit, Verzweiflung, haben sich in meinem Inneren zu einem unkontrollierbaren Klumpen entwickelt.

Ioana spricht mich an, sie erhält keine Antwort. Ich nehme es ihr übel, diesen Moment mit ihr teilen zu müssen, sehr übel sogar, drehe ihr den Rücken zu und fühle mich verraten.

Der Arzt macht sich an Razvans Körper zu schaffen, legt Zugänge in seine Venen, markiert Punkte an den mittlerweile rasierten Stellen am Kopf. Er redet dabei unentwegt auf Razvan ein, spricht von klassischer Musik, von Anton Webern, der ihn ungebrochen begeistert.

Wenig später gleitet Razvan endgültig hinüber in die andere Welt der hoch technischen Geräte und wirren Träume. Er scheint zu schweben auf seiner Liege, die sich nun in den unzugänglichen Operationstrakt schiebt. Ich versuche noch einmal, einen letzten Blick von ihm zu erhaschen, eine winzigkleine Bestätigung, dass dies alles ein gutes Ende nehmen wird. Ein wenig Zuversicht, dass wir danach dort ansetzen werden, wo wir aufgehört haben, die Gewissheit, dass uns nichts und niemand zu trennen vermag.

Razvans Blick jedoch erreicht mich nicht mehr. Er hat bereits erschöpft die Augen geschlossen und dämmert vor sich hin. Mit einem gedämpften Quietschen schließt sich die dicke Metalltür. Zutritt verboten. Nichts mehr ist zu hören. Plötzlich herrscht Totenstille.

10. Heißer Mai: Besucher

Lärm. Stimmengewirr, Durchsagen. Der Duft aus aller Herren Länder wirbelt durcheinander und dringt dosiert nach draußen, wenn sich die Hälften der Schiebetür ruckelnd und quietschend voneinander lösen. Ein Menschenknäuel windet sich durch die enge Schleuse und trennt sich vor meinen Augen. Ein Teil geht nach links, der Großteil steuert die Menschenmenge hinter der Absperrung auf dem rechten Weg an. Schieben sich die Flügel wieder zusammen, so fügen sich die Worte zusammen: Zutritt verboten.

»Willkommen am Frankfurter Flughafen. Bitte lassen Sie ihr Gepäck nicht unbeaufsichtigt.«

Unerwartet stehen sie dann vor mir, die Schwiegereltern. Meine Schwiegermutter stützt sich unsicher auf eine Krücke und sucht mit der anderen Halt. Der Schwiegervater ist fahrig und ungeduldig. Er ignoriert nicht nur meine ausgestreckte Hand, sondern sieht förmlich durch mich hindurch. Greift nach seiner Frau und seinem Koffer, will beides hinter sich her ziehen. Meine Hilfe lehnt er ab, ich bin Luft für ihn.

»Wie geht es Razvan?«, fragt er in die Runde. Die Frage gilt mir nicht, dennoch öffnet sich mein Mund automatisch und will antworten. Ioana jedoch reißt das Gespräch an sich, wie immer. Weiß mehr zu berichten, spart nicht mit rumänischen Fachausdrücken. Ich müsste mir dazu mein verrostetes Rumänisch erst mühsam wieder zusammensuchen, auch ohne Fachausdrücke.

Wir bewegen uns im Schneckentempo zum Auto. Meine Schwiegermutter hat vor wenigen Wochen ein künstliches Kniegelenk bekommen und gibt einen schwerfälligen Rhythmus vor. Die Hitze schafft es sogar, ins kühle Parkhaus zu kriechen. Ich fröstele. Was tue ich hier? Keiner nimmt Notiz von mir. Ach ja, ich bin die Fahrerin. Gewissenhaft lade ich das Gepäck des kleinen, sich angeregt unterhaltenden Grüppchens in den Kofferraum und fahre los.

Die Gesprächsfetzen verwischen sich auf der Rückbank, bis sie schließlich nur noch Hintergrundgemurmel sind. Wieder einmal drehen sich meine Gedanken um Razvan, nur um Razvan.

Bereits seit vier Stunden liegt er im OP. Ich habe keine Vorstellung davon, wie es ihm geht. Träumt er? Schläft er tief? Ist er unruhig? Bekommt er etwas mit? Hat er Angst, vielleicht sogar Todesangst? Ich stelle mir vor, wie die Fräse seinen Schädel durchsägt, wie ein Skalpell Teile des Tumors abschält, Zelle für Zelle. Die guten ins Töpfchen, die schlechten ins Kröpfchen. Oder umgekehrt?

Was ist, wenn der Arzt plötzlich niest? Was ist, wenn er Schluckauf bekommt? Wenn er auf Toilette muss? Wenn ein plötzlicher Krampf seine Hand erzittern lässt? Wenn er in Ohnmacht fällt, einen Herzinfarkt bekommt oder einen Gehirnschlag?

Was, wenn seine Frau in den Wehen liegt und er sich beeilen muss? Wenn der Strom ausfällt, die Erde erzittert oder der Blitz ins Krankenhaus einschlägt?

Vor meinem inneren Auge reiht sich ein Schreckensszenario an das nächste, während ich im Rückspiegel meine Schwiegereltern betrachte. Sie unterhalten sich gerade mit Ioana, die neben mir sitzt, über das anstehende Mittagessen. Gefüllte Paprika mit oder ohne Soße? Die Soße mit oder ohne Dill?

Ich versuche auch, in ihren Gesichtern zu lesen. In dem breiten, weichen, schnell alternden meiner Schwiegermutter ebenso wie in dem düsteren, verschlossenen meines Schwiegervaters, in seinen streng blickenden Augen. Ein schwieriger, Furcht einflößender Mensch, der nur wenigen Zeitgenossen einen ehrlichen Zugang zu seiner Welt gewährt. Seine Sprache ist die Musik, und da ich davon zu wenig verstehe, bin ich außen vor. Das muss wohl die Erklärung sein für seine Ablehnung.

Aber ist das nicht zu einfach? Ich stelle mir zum unzähligsten Mal die Frage, wie es so weit kommen konnte. Wann in den vergangenen Jahren hat er den Schalter umgelegt von Akzeptanz auf Verachtung, von Toleranz auf Missgunst? Was hat ihn dazu veranlasst, mich, seine einzige Schwiegertochter, die er anfangs mit offenen Armen zu empfangen schien, so unwiderruflich auszugrenzen, manchmal sogar mit Hass zu strafen? Wie kann ein Mensch dermaßen verbittern?

Nun fühlt er sich beobachtet, mein Schwiegervater, und erwidert meinen Blick. Seine Kälte lässt mich erneut erschaudern. Natürlich sind die ganzen letzten Jahre auch nicht unbemerkt an mir vorbeigegangen, er hat längst bemerkt, dass er nicht mehr willkommen ist. So ist es fast kein Wunder mehr, dass er nicht mehr mit mir spricht.

Razvan.

Ich starre wieder auf die Straße und stelle mir den Moment vor, in dem er aufwachen wird. Frage mich, wie er sein wird, was er tun wird, wonach er als erstes fragen wird. Ich fiebere dem Augenblick entgegen und fürchte mich entsetzlich davor.

Zu Hause angekommen, versuche ich erst gar nicht, die Gastgeberin zu spielen. Ioana hat dies längst übernommen, und diesmal bin ich ihr sogar dankbar dafür. Die Wohnung platzt jetzt aus allen Nähten. Während alle um den Tisch herum sitzen, verschwinde ich erneut in die Toilette und schluchze, auf dem Boden sitzend, leise vor mich hin. Ermahne mich nach zwei Minuten, wieder aufzustehen und zu funktionieren. Zwei Minuten, mehr nicht, gleich muss ich wieder raus, Geschirr bereit stellen, Einkaufslisten schreiben, Kinder versorgen.

Ins Krankenhaus fahren! Der Gedanke schießt wie ein Blitz durch Mark und Bein. Wie viele Stunden sind jetzt vergangen? Vier, fünf? Schnell packe ich meine Tasche, werfe eine kurze Verabschiedung in die Runde und stürze aus der Wohnung. Ungeduldig krieche ich durch den beginnenden Wochenendverkehr, erreiche schweißgebadet das Krankenhaus und hetze die Treppe hoch.

Auf der Intensivstation herrscht immer noch absolute Ruhe und Totenstille. Betreten immer noch verboten.

Im Warteraum ist keiner zu sehen. Sollte Razvan heute als einziger operiert werden? Wieso dauert es so lange? Ist seine Operation besonders schwierig?

Die Aufzugtüren gehen auf. Ein Menschenzug bewegt sich an mir vorbei, mehrere Helfer schieben die Liege neben sich her. Schläuche, Kabel und Beatmungsgeräte umrahmen ein graues Gesicht, dunkle Ringe haben sich um die geschlossenen Augen gelegt. Unter dem Kopfverband schauen Haare hervor. Blond, sie gehören nicht zu Razvan. Ich setze mich wieder hin, angespannt und enttäuscht. Versuche, meine Gedanken zu bündeln, zu ordnen. Meine Anspannung wird mich gleich zum Platzen bringen. Ich bemerke, wie unendlich müde und erschöpft ich plötzlich bin.

Irgendwann muss ich eingenickt sein, denn das Ruckeln der Fahrstuhltür lässt mich hochschrecken. Menschenzug, Liege, Helfer, Kabel, Beatmungsgerät. Unter dem Kopfverband schauen Haare hervor, diesmal schwarz. Razvan.

Ein kurzer Blick auf ihn, dann schließen sich die Türen der Intensivstation vor meiner Nase. Der Arzt werde mich später sprechen, er komme vorbei.

Warten. Wieder warten. Es scheint immer noch mein Schicksal zu sein.

Warten als 14-Jährige, hinter seinem Haus, geschützt vor den Blicken Neugieriger.

Warten auf seine Ankunft aus Bukarest.

Warten in Rumänien und Deutschland.

Warten mit 20, nach seinem ersten Bewerbungsgespräch.

Warten nach seinem ersten Einsatz als Praktikant.

Warten, Abend für Abend, Überstunde für Überstunde, in wechselnden Wohnungen.

Warten in Flughafenhallen. Auf seine Ankunft aus New York, Berlin, Nepal, Moldawien, Bukarest, Köln, Zypern oder sonst wo.

Warten auf seine Verwandlung, meinen Mut, seine bedingungslose Liebe, meine Einsicht, seine absolute Hingabe, mein Verständnis. Warten auf bessere Zeiten, mit 25, 29 und 34 Jahren. Warten auf die Zukunft.

Auf die Zukunft? Aus dem Gedankenknäuel in meinem Kopf entwirren sich zwei Fragen: Gibt es eine Zukunft? Und: Gibt es eine Zukunft zu zweit?

Irgendwie fühle ich mich voll, zum Überlaufen voll, und dabei seltsam leer. Hohl. Was ist, wenn alles bereits gewesen sein soll?

Was ist, wenn es kein gemeinsames Morgen mehr gibt?

Was ist, wenn ich nun allein bin?

Was ist, wenn die Vergangenheit bereits die Zukunft war?

Was ist, wenn du stirbst, Razvan?

Der argentinische Arzt hat einen gepflegten Bart und spricht ein wohlklingendes Deutsch. Sein Gesicht wirkt müde, die Augen jedoch wach. Er habe etwa 70 % des Tumors entfernen können; der Tumor habe in eine Zyste geblutet, diese sei vollständig beseitigt worden. Dadurch werde sich der Hirndruck deutlich verringern, aber noch nicht gleich, erst müsse die infolge der Operation entstandene Schwellung zurückgehen. Razvan gehe es den Umständen entsprechend gut, die Operation sei allerdings sehr anstrengend gewesen. Ja, er schlafe noch, er solle dies auch noch bis morgen tun, sie werden ihn erst in 24 Stunden wecken.

Nein, eine Prognose sei noch nicht möglich. Nein, der Tumortyp sei noch nicht zu bestimmen.

Ja, er habe Razvans Wunsch entsprochen und nur so viel wie nötig und so wenig wie möglich weggeschnitten.

Nein, er habe nicht zu viel riskiert. Nein, mehr könne er jetzt nicht dazu sagen.

Ja, ich könne Razvan besuchen, für einige Minuten. Ja, die OP sei zufriedenstellend verlaufen.

Das Gespräch mit dem Arzt schleicht schemenhaft an mir vorbei. Es ist nicht festzumachen in Raum und Zeit. Hat es wirklich stattgefunden? Die weiß gekleidete Gestalt real oder ein Produkt meiner Fantasie?

Die Worte »Kommen Sie mit« klingen dann doch sehr echt und geleiten mich an Razvans Bett. Wie bin ich hier hereingekommen? Die netten Pfleger kreisen unentwegt um mich herum, ihre Bewegungen sind präzise und fein aufeinander abgestimmt. Keine unnötige Hektik, bloß keine Panik. Doch wen würde das hier schon stören?

Schläuche, Kabel, Monitore und viel Weiß. Zwei aschfahle Gesichter inmitten von noch mehr Weiß. Das linke gehört Razvan.

Seine Gesichtsfarbe hebt sich kaum ab von dem Laken. Die Augen sind geschlossen, ein Beatmungsschlauch kommt irgendwoher aus der Tiefe seines Körpers und ist an seiner Wange festgeklebt. Kein dicker Verband um den Kopf, kaum ein Pflaster zu sehen. Wurde er gar nicht operiert? Wo ist der Monsterturban, der die Ungeheuerlichkeit des Eingriffes unterstreichen soll?

Tränen laufen meine Wangen entlang, während ich die Arme um meinen beschlauchten, bleichen, komatösen Lieben lege. Leise rede ich auf ihn ein, teilweise dummes, wirres Zeug. Wiederhole immer wieder, dass ich ihn liebe, brauche, zurückhaben will. Er liegt stumm da, gibt keine Antwort und zeigt keine Regung. Gelegentlich verändert sich das Signal auf dem Monitor, pendelt sich dann aber sofort wieder ein.

»Komm bald wieder zurück, bitte, komm, bald wieder. Du ...
Liebe meines Lebens, du darfst nicht gehen ...«, höre ich mich mit
dumpfer Stimme sagen.

Das Signal auf dem Monitor setzt aus. Pause, Stille, ehe der
zarte Alarm losgeht. Der Pfleger steht augenblicklich hinter mir,
ruhig, gleichmütig, besonnen.

»Was war das?«, presse ich panisch hervor.

Der Pfleger drückt zwei Knöpfe, überprüft Kabelzugänge, lächelt beschwichtigend.

»Nichts Schlimmes, keine Panik. Vielleicht träumt Ihr Mann
gerade«, versucht er mich zu trösten. Und, es sei besser, ich würde
jetzt gehen, Razvan brauche viel Ruhe, er müsse sich erholen.

Ich zögere, meine Glieder sind wie Blei, ich kann mich noch
nicht zum Gehen entschließen.

»Rufen Sie an, sooft Sie wollen. Wir sind immer da ...«

Er bemerkt mein Zögern, will mich aufrichten und mir Mut
machen.

»War bestimmt was Schönes in den Träumen Ihres Mannes«,
ruft er mir nach, während sich die schwere Tür hinter mir schließt.

Ein Satz, unnötig, vielleicht nichtssagend, der meine Gesichtszüge für den Bruchteil einer Sekunde entspannt. Danke, Menschlichkeit!

Fast stündlich rufe ich in der Klinik an und erkundige mich
immer wieder nach Razvans Zustand. Der Pfleger bleibt ein Musterbeispiel an Gelassenheit und steht unbeirrt Rede und Antwort, Stunde um Stunde, Anruf um Anruf.

Irgendwann rufe ich ein letztes Mal an diesem Abend an.

»Ihrem Mann geht es gut. Wir passen auf ihn auf«, wiederholt
die geduldige Stimme am anderen Ende der Leitung.

»Richten Sie ihm einen schönen Gruß aus, von seiner Frau«,
flüstere ich unter Tränen.

Am anderen Ende der Leitung wird gelacht. Nichts scheint
diesen Menschen zu überraschen.

»Mach ich, ganz bestimmt«, erwidert er. Ich habe keinen
Zweifel daran, er wird es tun. Im Hintergrund sind Motorengeräusche zu hören. Autorennen mitten in der Nacht?

20 Stunden und 4 Anrufe später sitze ich wieder vor der Intensivstation, diesmal nicht allein. Beim letzten Telefonat das erlösende »Er ist jetzt wach, sie können kommen, lassen Sie sich ruhig Zeit …«

Sich Zeit lassen ist wohl doch ein Witz an diesem Tag.

Razvan ist immer noch aschfahl, eingefallen und müde. Als ich jedoch das Zimmer betrete, wendet er mir den Kopf ganz zu, schaut, versucht zu fokussieren. Schließlich erkennt er mich und lächelt.

Was er sagt, ist recht zusammenhangslos, Zunge und Denken sind noch überschwemmt vom Narkosemittel und nicht aufeinander abgestimmt. Doch drei Minuten reichen aus, um mir Gewissheit zu geben: Er ist wieder da, wieder der Alte, wieder er. Razvan, mein Mann. Ist uns vielleicht doch noch etwas von der Zukunft vergönnt, ein kleines Fitzelchen Glück?

11. Immer noch Sommer: Danach

Razvan lebt also, er hat den Eingriff überstanden. Razvan ist wach.

Er spricht, hört zu und beobachtet. Die Dinge, die er sagt, unterscheiden sind nicht von früher. Aber er leidet, ist innerlich zerrissen, durchlebt stündlich neue Achterbahnen der Gefühle.

Während für mich das Gefühl der Angst und Verzweiflung einem zarten Hoffnungsschimmer weicht, scheint er sich aber nicht so leicht zu fangen.

Dass er aus dem künstlichen Koma wieder erwacht ist, auf meine Worte reagiert, hören und sich normal bewegen kann, ist für mich mehr als ein Geschenk des Himmels, schier ein kleines Wunder, das ich behüten und nicht wieder los lassen will. Razvans Sehen hat sich im Vergleich zu dem Zustand unmittelbar vor der OP nicht wesentlich verbessert, doch die Ärzte sind zuversichtlich.

Immer wieder spricht er den operierenden Arzt darauf an. Dieser versichert ihm, dass der Zustand vorübergehend sei; dass er nur eine weitere unmittelbare Folge der Schwellung sei, die durch die Operation und die starke Reizung des Gehirns entstanden ist. Dass die dem Tumor anhängige Zyste, in die dieser eingeblutet hatte, komplett entfernt werden konnte; dass diese einer entstandenen starken Schwellung des Gehirns gewichen ist. Dass diese auf die gleiche Art und Weise Raum im Gehirn wegnahm, aber reversibel war.

Die Erklärung genügt mir, denn mehr brauche ich nicht, um eimerweise Hoffnung zu schöpfen. Es ist für mich die gute Nachricht des Jahres, im Kern unheimlich positiv. Insgeheim entdecke ich in dieser Augengeschichte eine weitere Gemeinsamkeit mit Razvan: Nun ist unser beider Sehen eingeschränkt. Wer könnte ihn also dabei besser verstehen als ich?

Doch Razvan schützt sich vor meiner Zuversicht, wirkt zusehends abwesend und mitgenommen. Er schafft es kaum, die Nächte mit Schlaf zu füllen.

Ich verstehe nicht wirklich, frage nach, bohre immer wieder. Irgendwann erklärt er mir dann, wie es um ihn steht. Er beschreibt, dass einfaches Sehen, uns zu sehen, farbliche Nuancen zu erkennen, ihn dermaßen rührt, dass er deswegen wiederum in erneute Verzweiflung verfällt: Das zarte Glück könnte über Nacht wieder zu Ende sein. Er ist dem Wirrwarr seiner Gefühle schutzlos ausgeliefert, nicht anders als ich. Der einzige Unterschied: Ich darf mich nicht gehen lassen, keine Sekunde.

Schnell merke ich, dass hinter dieser Stimmung mehr stecken muss. Ich bohre weiter und bekomme schließlich auch eine Antwort. Was Razvan schier umhaut, ist die Sorge um unsere finanzielle Situation. Vor ihm tut sich ein finanzieller Abgrund auf, in den er zu stürzen droht. Der Gedanke, uns, seine Familie, schutzlos einer ungewissen Zukunft zu übergeben, will ihn erdrücken. Die Aussicht, möglicherweise vor dem finanziellen Ruin zu stehen, raubt ihm den Atem und bringt ihn um den Schlaf.

Ich schaffe es nur noch bedingt, ihn zu verstehen. Bei all der Emotionalität und Achterbahn der Gefühle sehe ich plötzlich eher nüchtern in die Zukunft: Ich werde mir statt meiner Minijobs eine Ganztagesstelle suchen, wir werden versuchen müssen, irgendwie zu überleben. Wenn alles nicht klappt, werden wir eben zu Sozialfällen. Meine Logik ist prosaisch und bodenständig, Razvans Not hingegen bedrückend schwer.

Auch die Sorge um unsere neu erstandene Wohnung, dem Statussymbol unseres Lebens schlechthin, teile ich nicht mehr mit ihm. Fast über Nacht habe ich mich davon befreit. Die Wohnung ist mir egal geworden. Soll unsere mühsam auf die Beine gestellte, künstlich aufgeplusterte Finanzierung doch den Bach hinuntergehen! Sollen die Wände unserer Wohnung wie ein Kartenhaus zusammenfallen! Soll eine Megaflutwelle über unseren vier Wänden überschwappen und alles, aber auch alles mit sich reißen! Sollen unsere gesamten Möbelstücke und Gegenstände vom Wasser davongetragen werden und nichts zurücklassen – bis auf die Kinder, Razvan und seine einigermaßen wieder hergestellte Gesundheit! Alles ist mir egal, alles bis auf die Gesundheit und das Wohlergehen unserer kleinen Familie. Und unsere Beziehung.

Je mehr ich versuche, Razvan davon zu überzeugen, wie lächerlich unwichtig dieses Materielle für mich wird, desto weniger schaffe ich es. Razvan bleibt besorgt, zutiefst besorgt.

Ich leide am meisten darunter, Razvan nicht für mich haben zu können, die seltenen Momente im Krankenhaus, in denen er guter

Dinge ist, mit seiner Ursprungsfamilie teilen zu müssen. Springe einige Tage hin und her zwischen der Versorgung der Kinder und Gäste, der Schlichtung zwischen meiner inzwischen ebenfalls angereisten Mutter und meinem wenig hilfreichen Schwiegervater. Ich versorge, plane, tröste, wo ich nur kann, und bin selbst eigentlich untröstlich.

Irgendwann sind dann alle Gäste wieder abgereist, die Wohnung seltsam leer und sonnendurchflutet, die Terrasse gesäubert und in voller Blütenpracht. Mittendrin steht ein neuer, bequemer Stuhl. Ich habe ihn extra für Razvan gekauft, er soll sich ausruhen können, wenn er heimkommt, nachdenken, verarbeiten, seine innere Ruhe finden.

Acht Tage nach der Operation steht Razvan mit gepackter Tasche im Krankenhausflur. Eine schnelle Verabschiedung von den verständnisvollen Schwestern, keine Verabschiedung von irgendeinem Arzt. Zu viele kamen und gingen in den letzten Tagen, fast habe ich ihre Gesichter vergessen. Kein Blick zurück. Ein letztes Erledigen von Formalitäten an der Anmeldung. Als wir die Telefonkarte in den Automaten am Empfang schieben, spuckt dieser als Restguthaben alles an Münzen aus, was er enthält. Es klirrt ohne Unterlass und will kein Ende nehmen. Was tun mit einer Hand voll Münzen? Stehen sie uns zu? Sollen sie ein gutes Omen für die Zukunft sein? Ich beschließe, dass es so sein muss, und stecke sie ein. In den nächsten Tagen werden wir uns daraus einen Kinobesuch zu viert leisten.

Auf dem kurzen Weg aus dem Krankenhaus nach Hause wirkt Razvan, als wolle er jedes kleinste Detail der Außenwelt mit seinen Augen aufsaugen. Das Treppensteigen ist diesmal ein Klacks. Nichts ist komisch, kein falscher Tritt, kein Unbehagen.

Die Kinder erwarten uns oben, fallen Razvan um den Hals. Sie lassen sich nichts Außergewöhnliches anmerken und überspielen ihre Unsicherheit mit sprudelndem Erzählen.

Ich zeige Razvan alles, Neuerungen, frische Pflanzen, Blumenkästen. Präsentiere ihm stolz den neuen grünen Stuhl.

Er aber lehnt ihn ab, ich merke es augenblicklich. Er will ihn nicht, nicht jetzt und auch nicht später. Am besten nie.

»Ist aber extra für dich gekauft, damit du dich auch schön ausruhen kannst!«, erwidere ich enttäuscht.

»Ich brauche ihn nicht. Will mich noch nicht ausruhen, noch nicht. Ich will leben.«

Die Gefühle stürzen über mich herein, gnadenlos. Erleichterung, Dankbarkeit, Liebe, erneute Panik, auch Wut?

Trotzdem wage ich es nicht, auszusprechen, was mich am meisten beschäftigt: Wie soll es weitergehen mit uns? Will Razvan etwa so weitermachen, ohne Rast und Ruh, im gleichen Tempo, sich wieder fast zu Tode arbeiten?

12. Statistiken

Selten in meinem Leben habe ich so viele Menschen erlebt, die sich so widerspruchslos einig sind. Und dies sogar in zwei Punkten: In ihrer unmittelbaren Reaktion auf die Nachricht »Gehirntumor« und in ihrem sofortigen Verweis auf Statistiken oder ihre Frage danach.

Das medizinische Personal und die Ärzte, denen wir seit Razvans Diagnosestellung begegnen, reagieren alle nach dem gleichen Muster: Ihre Miene verdüstert sich, sie senken den Kopf, ihre Stimmen rutschen in eine tiefere Tonlage. Kurzum, sie wissen sich kaum zu helfen. Das Wort Gehirntumor scheint der Inbegriff allen menschlichen Übels zu sein, angesiedelt in der Königsklasse aller Krankheiten. Vielleicht die Krankheit aller Krankheiten schlechthin, Keimzelle der Hoffnungslosigkeit, Wiege der Hiobsbotschaften, Vorbote des Todes. Plötzlich sind wir stigmatisiert, der Krebs haftet an unserem Leben wie eine Seuche.

Die meisten Mediziner versuchen, uns keine allzu großen Hoffnungen zu machen, andere halten sich bedeckt. Unser Hausarzt hingegen versucht es mit Witz: »Sie haben die Arschlochkarte gezogen.« Sein trocken-makabrer Humor schafft es aber auch nicht, die Ernsthaftigkeit des Momentes zu schmälern. Letztendlich verweist auch er, wie alle anderen vor ihm, auf die gängigen Statistiken.

Selten zuvor kam mir das Wort »Statistik« mit einem solchen Nachdruck zu Ohren. Nicht »Statisten« sind gemeint, auch nicht wir als solche unseres eigenen Lebens, sondern ernsthafte Erhebungen, wissenschaftlich fundierte Untersuchungen mit einer minimalen Abweichung.

Statistiken also. Die Ärzte scheinen in jeder Schublade Massen davon versteckt zu haben, die sie bei jeder sich bietenden Gelegenheit hervornehmen und verlauten lassen. Ihre Schreibtischschubladen sind wahre Brutstätten statistischer Erhebungen. Die ganze Welt ist plötzlich in Tabellen und Klassifikationen aufgeteilt, das Leben aufgrund letzterer voraussehbar und prognostizierbar.

Bezogen auf Gehirntumore geht das Prognostizieren besonders schnell. Die Ärzte kommen gleich zum Wesentlichen, denn hier ist wenig Gutes zu erwarten.

So gibt es also Kriterien zur Klassifizierung der Gehirntumore in gut- und bösartige. Die schlechten aber überbieten sich gegenseitig an Bösartigkeit, was ihnen das Recht einräumt, in gesonderte Tabellen aufgenommen zu werden. Jeder Tumortyp fällt unter ein bestimmtes Raster bezüglich des Zeitpunktes, wann er sich ins Leben der Menschen schleichen darf. Ein Tumor, der mit hoher statistischer Wahrscheinlichkeit bei einem 50-jährigen Patienten auftaucht, hat also selten etwas im Kopfe eines 38-Jährigen verloren. Erwiesenermaßen.

Beim Betrachten einer solchen Statistik suchen meine Augen sofort nach dem harmlosesten, einem Grad 1-Tumor. Er lässt für mich noch eine gewisse Spannbreite an Hoffnung offen und auch die Zuversicht, dass es bis zu den Schlimmsten aller Schlimmen noch viele Unterkategorien gibt. Doch, halt, ernstes Thema, nicht zuviel Optimismus, bitte, denn die Ärzte schaffen es ganz schnell, diesen bereits im Keim zu ersticken. Sie verweisen darauf, dass es sowieso nur 4 Grade bei Tumoren gibt. Nüchtern stellen sie fest, dass bei einem erreichten Schweregrad 4 des Gehirntumors sowieso Schluss sei – mit ebenso hoher statistischer Wahrscheinlichkeit. Mehr noch, sie konfrontieren uns gnadenlos mit dem geheimsten Geheimnis aller Gehirntumore: Sie alle können anfangs unter der Tarnkappe eines geringen Grades erscheinen, um später – mit ebenso hoher statistischer Wahrscheinlichkeit – zu etwas viel Schlimmeren, das sichere Ende einläutenden, zu mutieren. Wo »gutartiger Tumor« drauf steht ist also nicht zwangsläufig gutartiger Tumor drin. Eine erste Diagnose, das Ergebnis der Biopsie, kann nichts als eine tückische Mogelpackung sein. Es ist ein fieser Handel auf dem Marktplatz des Lebens, das Feilschen muss erst gelernt werden.

Ich beglückwünsche mich fast dazu, mein Statistik-Studium, das ich direkt nach dem Abitur aufnahm, schon nach wenigen Monaten wieder abgebrochen zu haben. Die Strenge, Kühle und Unverrückbarkeit der Zahlen und Erhebungen, das vermeintliche Fehlen des Menschlichen dabei befremdeten mich von Anfang an.

Viel mehr als nur befremdlich finde ich nun die Denkweise der

Ärzte. Ich fange ernsthaft an, an ihrer Zurechnungsfähigkeit zu zweifeln. Sie machen mich wütend. Was soll denn ihr ganzes Wissen, ihre Spezialisierung, ihr detailliertes Studium, wenn sowieso alles vorherbestimmt ist? Wenn der Verlauf einer Gehirntumorerkrankung sowieso – mit hoher statistischer Wahrscheinlichkeit – einem vorgezeichneten Weg folgt? Was hat dann alles für einen Sinn? Alles Kämpfen, alle Hoffnung, alle Anschlusstherapien?

Sind wir von medizinischen Fachidioten umgeben? Fest steht, dass wir bislang nur auf welche trafen, die eines gemeinsam zu haben schienen: absolut keine psychologische Schulung und kein Gespür dafür, was eine solche Erkrankung in der Seele der Menschen für Einschlagkrater hinterlassen kann, vor allem dann, wenn der Kranke und seine Angehörigen alleingelassen und mit einem statistischen Wissen entlassen werden.

Der Chefarzt treibt es auf die Spitze: Razvan besucht ihn wenige Wochen nach seiner OP, wieder einigermaßen hergestellt und im Besitz seiner physischen Kräfte. Er hat die Zeit nach der Diagnosestellung genutzt, um im Internet zu recherchieren, sich bezüglich Behandlungsmethoden zu informieren und den Kontakt zu anderen Ärzten zu suchen. Im Gespräch wird erstaunlich schnell klar, was für einen Informationsvorsprung Razvan bereits hat. Da ihn dies mehr als verunsichert, fragt er nach. Er will wissen, wie seine Chancen stehen, will mehr erfahren. Das Mindeste eben, was man von einem Chefarzt erwarten kann.

Und dieser zögert auch keine Sekunde. Ohne mit der Wimper zu zucken prophezeit er Razvan den sicheren Tod, auf Nachfrage kann er den Zeitpunkt auch präzisieren: Etwa drei Jahre soll es dauern. Nicht mehr und nicht weniger. Schockierend, diese Keule der Realität, wissenschaftlich erwiesen soll sie sein, wenn auch ohne genaue Quellenangabe.

Wir verlassen das Besprechungszimmer wie zwei verlorene Kinder, Razvan, der sich vom Schock der Operation kaum erholt hat, und ich, die ohnehin bereits auf dem Zahnfleisch Kriechende. Fühlen uns seltsam verbunden in unserer Wut auf diesen arroganten und empathielosen Arzt. Was er gerade getan hat, kann einen Erkrankten leicht in den Freitod treiben. Wie unnötig, ungeschickt und fahrlässig, eigentlich ein Verbrechen!

»Du glaubst ihm doch nicht, diesem Idioten?« Meine Stimme

klingt seltsam fern. Razvan starrt geradeaus. Er sagt nichts, den ganzen Heimweg lang kein Wort mehr. Meine Gedanken verselbständigen sich, wie immer in solchen Momenten.

Drei Jahre.

Ich werde 38, unsere Kinder 15 und 13 Jahre alt sein. Sommer wird es sein, warm und wolkenlos, eine leichte Brise wird den vielen Trauergästen das Kommen erleichtern. Ich werde straucheln und fast ins offene Grab fallen. Ich werde mich aufstützen wollen, Halt suchen, eine starke Schulter haben wollen. Razvans Schulter.

Doch er wird nicht da sein für mich, nicht mehr. Sein Platz wird nun in dem edlen Eichensarg sein, elegant gekleidet und regungslos. Sein Gesicht wird blass sein, die Augenbrauen schwarz, zwei Schutzbögen über den Augenhöhlen, aus denen mich die braunen Augen nie wieder anlächeln werden.

So ein Jammer, so jung zu gehen, wird es links von mir flüstern.

So ein Jammer, so jung allein zu bleiben, wird es hinter mir flüstern.

So ein Jammer, die hübschen Kinder, so ein Jammer auch.

Warm wird es sein, wenn ich den Sargdeckel aufheben werde, ihn wie eine Decke zurückschlagen, mich an meinen Mann schmiegen und mich vor den Blicken aller verstecken werde. Lachen werde ich, erst kaum hörbar, dann immer lauter, hysterisch, gellend.

Seht ihr, werde ich in die Menge rufen, ihr könnt uns nicht trennen, nicht du, du oder du. Und schon gar nicht du, du Scheißtumor.

Ich werde lachen, einfach nur lachen, nur noch lachen.

So ein Jammer, wird jemand flüstern, so ein Jammer aber auch, jetzt hat sie auch noch den Verstand verloren.

13. Dankbarkeit. Gedanken

Wie kann ich jemals wieder glücklich werden angesichts der Perspektive, dass Razvan möglicherweise nie wieder ganz gesund wird?

Welches Anrecht auf Zufriedenheit und Erfüllung habe ich, wenn der Mensch, den ich am meisten liebe, leidet und in permanenter Gefahr schwebt?

Wie kann ich weiterhin lachen, mich freuen, hoffen, genießen, Pläne schmieden, wenn Razvan dem Tode so knapp von der Schippe gesprungen ist und sich auf eine ungewisse Zukunft hin bewegt?

Wie soll ich die Gratwanderung zwischen der Alltagsbewältigung und dem Schmerz, der Entmutigung, der Angst und der Hoffnungslosigkeit schaffen? Wie kann ich jemals wieder lauthals und ohne schlechtes Gewissen lachen?

1. Juni 2004. Mein Geburtstag. Heute teilen sich Panik und grenzenlose Dankbarkeit den Platz in meiner Brust.

Die Dankbarkeit, die mich erfüllt, richtet sich nicht nur an einen Gott im klassischen Sinne. Sie gilt vielmehr auch einer nicht zu greifenden, starken Macht außerhalb unserer Welt, einer Mischung aus Körperlichem und Übersinnlichem. Ich stelle sie mir als eine Anhäufung der Seelen verstorbener lieber Personen vor, die aus einem Irgendwo aus der Weite des Universums auf mich herabblicken, eine universelle, omnipräsente Macht. Ich danke dem Universum und all den verstorbenen Seelen dafür, dass Razvan den Operationstisch lebend verlassen hat, dass er sprechen und gehen kann, dass sich sein Sehen täglich verbessert, fast so wie früher.

Die Zukunft kann warten, die nächsten Schritte in unserem Leben auch. Die Zeit steht für mich still, denn Razvan ist wieder da. Am liebsten würde ich den Augenblick einfrieren.

14 Tage nach der Diagnosestellung, elf Tage nach der Operation, zehn Tage nach Razvans Rückkehr ins Leben, sieben Tage nach dem Bekanntwerden des Ergebnisses der Biopsie werde ich 35 Jahre alt. Mein größtes Geschenk an jenem Tag ist Razvans – erneute – Anwesenheit an meiner Seite. Verletzt, aber nicht

niedergestreckt, getroffen, gefallen und wiederaufgestanden. Ich bin mir sicher, für die Zukunft gewappnet zu sein. Wenn unsere Liebe diese erneute Prüfung überstanden hat, was kann uns dann noch geschehen?

14. Gesund oder krank?

Das Zusammenleben mit einem gesunden Menschen: Normalität. Die Freiheit, sich täglich neu zu entscheiden. Neu für den anderen, neu für das Leben, neu für die Liebe. Stimmt diese Liebe noch, so darf sie jeden Tag auf die Probe gestellt werden. Sie darf sich bewähren, darf auch für kurze Zeit abhanden kommen – so etwas hält sie aus – um wenig später erneut mit voller Wucht und umso intensiver zuzuschlagen. Negatives, das sich zwischen die Liebenden gedrängt hat, schattenhaft oder plötzlich und sprunghaft wie ein Gepard, kann in den Raum gestellt werden. Angesprochen, beredet, zerredet, so lange, bis der nächste Schritt möglich ist: ein nächstes Kapitel oder Trennung. In regelmäßigen Abständen bekommt man Gelegenheit, ein Resümee zu ziehen.

Überwiegt das Positive, so kann man sich immer noch getrost zurücklehnen und dem harren, was kommen mag. Selbst ein minimaler Mehrbetrag auf der Habenseite genügt, um relative Sicherheit zu geben, dass man sich immer noch im grünen Bereich bewegt.

Bei einer positiven Bilanz kann man getrost ein nächstes Kapitel aufschlagen. Fortschritt und Weiterkommen.

Eine negative Bilanz aber birgt beides – die Trennung oder den Neubeginn. Ein erneutes Sortieren oder ein Ende, eine Chance oder eben keine mehr.

Ein Dahinsiechender wird durch seinen Zustand aufgewertet. Er wird zum besseren Menschen aus zweierlei Gründen. Zum einen, weil er sowieso seine Last zu tragen hat, zum anderen, weil er nun in diesem Zustand der scheinbaren Hoffnungslosigkeit zum Märtyrer wird. Zum Kämpfer an allen Fronten, zum Drachenbezwinger, zum Helden aller Helden.

Sich um einen kranken Menschen zu kümmern hat etwas Edles, Erhabenes, vielleicht sogar Gottähnliches an sich. Eine von außen auferlegte Struktur, ein vom Schicksal vorgegebener Weg. Etwas, dem man sich ergeben fügen kann. Die Spitzen, Ecken und Kanten des anderen können nun mit stoischer Geduld ertragen werden. Man bekommt eine klare Aufgabe zugeteilt, alles unter dem Vorzeichen der Menschlichkeit. Werte verlagern sich,

Wichtiges wird unbedeutend und Unwesentliches bedeutsam. Manch Altes wird unbrauchbar, viel Neues kommt hinzu, egal, wie krampfhaft man an vergangenen Strukturen festhalten mag. Egal, wie sehr man an einer alten Normalität hängt.

Mit der chronischen Erkrankung des einen Partners ändert sich alles im Leben. Das Leben wird in seinen Grundzügen erschüttert, wird angegriffen und zerbombt, in Schutt und Asche gelegt. Es ist ein Glücksfall, wenn danach alles wieder neu sortiert, gemischt und geplant, wieder aufgebaut wird oder auch nicht.

Egal, wie eine solche Geschichte ausgeht: Für die Außenwelt wird man als Gesunder, Pflegender zunächst auch zum besseren Menschen. Das gemeinsam geduldig Ertragene eines solchen Schicksals, die zugewandte Begleitung kann einen ebenfalls mit der Aura einer Heiligen umgeben.

Im Mai 2004 werden Razvan und ich zu Helden. Zu Kämpfern, Märtyrern, zu besseren Menschen. Doch wir werden es unabhängig voneinander – jeder für sich. Der Baum der Uneinigkeit schlägt in Windeseile Wurzeln und wächst mit grotesker Schnelligkeit. Dieses Wachstum geschieht parallel zum Wachstum des Krebsgeschwürs und macht mir auch jede Menge Angst. Ich habe das Gefühl, dass dieser Baum und der Krebs miteinander kommunizieren. Das eine nährt sich aus dem anderen, sorgt für dessen Wachstum oder Absterben und wird selbst genährt und gezüchtet.

Nun befinden auch wir uns inmitten einer solchen Situation. Und wieder habe ich das Gefühl, in etwas hineingeraten zu sein, mitgenommen wie damals mit 17 in das Land der Sehnsüchte und der Hoffnungen. Nur ist es dieses Mal ein anderes Terrain, auf das ich gezwungen wurde, ein Ort des Schreckens, der Unzuverlässigkeit, der Veränderung. Der fehlenden Perspektive und der Alpträume.

Wieso ist es geschehen?

Ich bin verwirrt. Was ist aus mir geworden? Bin ich nun liebende Ehefrau, Mutter oder Kumpel? Bin ich beste Freundin, Organisatorin, Pflegerin oder Geliebte? Bin ich Tröstende oder Bedürftige, bin ich Starke oder Schwache, bin ich Leidgebende oder Leidtragende?

Ich glaube, ich bin eine Mischung aus allem. Eine Prise davon, ein Hauch davon, eine guten Portion des anderen, und, zum Abschmecken, etwas Würze.

Ich bin eine Mischung aus allem und jeden Tag wird etwas Neues draufgepackt. Jeden Tag wird neu sortiert, und jeden Tag ergeben sich andere Rollen, in die ich schlüpfen soll.

Die Vielfalt gibt mir das Gefühl, innerlich zu bersten. Es ist viel, viel zu viel, jeden Tag ein bisschen mehr und ein Ende nicht absehbar.

Ich müsste mehrere sein. Eine, die den Alltag organisiert, sich einen neuen Job sucht, sich stärker in die finanzielle Planung mit einbringt.

Eine, die für die Kinder da ist und genau schaut, was aus ihnen wird. Sie unterstützt, annimmt, in ihrem eigenen Leid hört.

Eine, die hilft, zuhört, immer ein offenes Ohr hat, sich zurücknimmt, nur für den anderen da ist. Bedingungslos liebt.

Eine, die bedingungslos Geliebte ist.

Eine, die über all diesen Dingen steht.

Gute Freunde fragen: Wie schaffst du das? Wo trägst du deine Belastung hin?

Um ehrlich zu sein, habe ich dafür noch keinen Ort gefunden. Ich weiß es einfach noch nicht.

15. Suche: Krankenhäuser

Wir sehen Krankenhäuser von innen und von außen. Sitzen in Sprechzimmern aus den 70ern, 80ern oder von heute. Die Wartezimmer sind stickig, oft ist dort die Zeit stehengeblieben, oder eher zugig und spärlich möbliert. Überall stehen Pflanzen herum, geduldig und regungslos, die meisten sind von einer dicken Staubschicht überzogen. Frisches Grün wird gegen galoppierende Krebszellen eingesetzt. Wartende, Krebsbehaftete und Dazugehörige, Krankheitsmief und gesundes Leben treffen hier aufeinander.

Hunderte, tausende von Kilometern legen wir auf der Autobahn zurück, unser Ziel sind in diesem Sommer jedoch nicht Schwimmbäder, Kurzurlaube oder Besuche bei Freunden. Wir halten auf überfüllten Parkplätzen, suchen endlos nach den richtigen Wegweisern und Stationen und erstarren vor der Hässlichkeit so mancher Bausünden, deren Anblick allein schon das Wort Krankheit in die Welt schreit: Betonklötze mit Namen wie Kopfklinik oder Klinikum rechts der Isar, Universitätsklinikum.

Der Eintritt in die Festungen, in denen differenziert wird zwischen gesund und krank, kostet uns jedes Mal Überwindung.

Wir sind umgeben von Gesichtern, sie gehören zu Ärzten, medizinischem Personal und zu Patienten. Münder, meist männliche, selten weibliche, aus denen die Fachausdrücke wie ausgespuckte Kirschkerne schießen. Manchmal spitz, manchmal kantig, selten fleischig-weich. Es ist jedes Mal ein schnelles in Deckung gehen, um nicht getroffen zu werden, man weiß nie, was als nächstes kommt. Die Hoffnung jedenfalls kommt sehr selten, es gibt kaum einen, der sie ganz bewusst in den Raum stellt. Es ist jedes Mal ein neues Hinhalten, Hinschauen, Nachfragen. Im Grunde genommen ist es immer weniger Hoffnung.

Wir sind auf der Suche nach einem geeigneten Arzt für Razvan, einem, der die Krankheit als Ganzes erfassen kann, einen umfassenden Blick dafür hat, der sich ebenso gut mit der Diagnostik wie auch mit Therapien auskennt – ein Allrounder eben.

Insgeheim ist es unsere Suche nach einem, der alles relativieren, die Schwere und Endgültigkeit wegnehmen soll. Es ist meine heimliche Suche nach Hoffnung.

Das Unterfangen jedoch präsentiert sich seit Wochen als schier unmöglich. In Ermangelung eines anderen drängt sich uns der nicht abwertend gemeinte Begriff Fachidiot immer wieder auf. Jeder der Ärzte hat, für sich genommen, einen Blick auf sein spezielles Gebiet. Doch gibt es bislang keinen, der es wirklich schafft, alle Möglichkeiten der Behandlung zu umreißen. Immer wieder Kopfschütteln, Ernsthaftigkeit, verdunkelte Mienen.

München.
Der junge Arzt unterscheidet sich durch seinen kahl rasierten Kopf kaum von den Patienten im Wartezimmer. Allein schon anhand der Bilder kann er Razvans Tumortyp benennen, bezeichnet ihn als böser, als bisher anzunehmen war. Erkennt auch auf den ersten Blick, in welches Areal dieser wachsen wird, stellt Prognosen für die Zukunft auf. Wenig Hoffnung.

Gießen.
Dass der Arzt aus unserer Heimatstadt in Rumänien stammt und sogar die gleiche Schule wie wir besucht hat, öffnet uns seine Hintertür. In seinem Fach ist er eine Koryphäe, sein Vorschlag jedoch ebenso klar wie unmissverständlich: Er empfiehlt eine nächste Operation in absehbarer Zeit, diesmal radikaler. Ein schonungsloser Eingriff erläutert mit schonungslosen Worten. Die dauerhafte Schädigung des Gesichtsfeldes von Razvan wird als unumgängliches Opfer dargestellt. Wenig Hoffnung.

Es wird weiterhin nicht mit Statistiken, Zahlen und Lebenserwartungen gespart. Alle Behandlungen, die die Ärzte benennen, verfolgen auf verschiedenen Wegen das gleiche Ziel. Festgefahrene Meinungen, alles scheinbar vorprogrammiert. An allem haftet ein hilfloses Schulterzucken.
Immer häufiger stelle ich mir die Frage: Ist daran denn gar nicht zu rütteln? Bislang hat es nicht so ausgesehen. Es belastet mich jeden Tag ein wenig mehr, schafft mir Unbehagen und macht mich zunehmend wütend.
In meinem Inneren rebelliere ich längst. Wie kann es sein, dass keiner, aber auch keiner dieser Ärzte einen Irrtum einräumt, anspricht, dass nicht jede Krebserkrankung tödlich verlaufen muss,

zugesteht, dass Prognosen im Grunde genommen nichts als Vermutungen sind? Was, wenn sie sich alle irren?

Heidelberg.

Die junge Ärztin hat ein resolutes Auftreten. Als sie die Aufnahmen von Razvans Schädel studiert, ist die Stille um uns herum lange beklemmend. Mit kritischem Blick erläutert sie, in welche Richtung der Tumor wächst und hat eine neue Idee: Bestrahlung, innerhalb eines ganz bestimmten Areals. Mit wenigen Worten schildert sie die möglichen Nebenwirkungen dieser Therapie, erwähnt unschöne Langzeitfolgen. Zunächst auch wenig Hoffnung.

Als wir bereits in der Tür stehen, will sie die Schwere des Gespräches abschütteln. Sie ist in Plauderlaune, erzählt mehr von ihrer Arbeit, man merkt, sie will sich mitteilen und erwähnt andere Patienten. Es sind aktuelle Fälle, Fälle aus jüngster Vergangenheit, Fälle aus entfernter Vergangenheit. Sie spricht von einem Fall aus sehr weiter Vergangenheit.

Der Mann komme regelmäßig zur Kontrolle, früher halbjährlich, jetzt ein Mal pro Jahr. Der riesige Tumor in seinem Kopf sei durch Zufall entdeckt worden und habe sich noch nie wirklich bemerkbar gemacht. Nie in über 30 Jahren.

Habe ich richtig gehört?

Sagte sie 30, eine drei mit einer null daran?

Mir stockt der Atem, ich frage nach, möchte mehr wissen.

Ja, es gibt den Fall, putzmunter sei er, ein Patient, der jede Statistik sprengt. Pardon, der dort wohl gar nicht mehr auftaucht.

Ich bin sprachlos. Möchte tanzen, lachen, Razvan umarmen, jauchzen. Jawohl, dieser Patient wird es sein, der Aufhänger, das Beispiel, das wir brauchen. Ein Fall, zwar nur ein einziger, aber na und?

Er soll der Schlüssel für die Zukunft werden, Ziel und Ideal.

Im Auto kann ich kaum mehr an mich halten. Sprudele über, plane, male die Zukunft wieder rosig. Lege den Schalter um, plötzlich, ohne Vorwarnung.

Alles wird gut. War alles nur ein Intermezzo, der Spuk hat ein Ende.

Strömender Regen peitscht das Auto Kilometer um Kilometer zurück nach Hause. Bei Darmstadt herrscht Helligkeit, kein Prasseln ist mehr zu hören. Vor uns tut sich ein wunderschöner Regenbogen auf, das Durchfahren seines linken Fußes kostet mich das letzte Restchen an Fassung. Meine Hemmungslosigkeit steckt auch Razvan an, erneuter Sturzbach, diesmal im Auto. Irgendwann ist es dann wieder still. Razvan betrachtet mich von der Seite, streicht mir über die Wange.

Seine Frage »Wieso weinst du?«, erscheint mir völlig unnötig, unpassend, zu viel. Na gut, wenn er es genannt haben will, bitte:

»Weil ich so glücklich bin, weil es so gut ist.«

Schweigen. Razvan dreht sich weg und scheint nicht darauf eingehen zu wollen. Jetzt streiche ich ihm über die Hand. Gegenfrage.

»Und du, warum weinst du?«

Die Antwort kommt schnell und unmissverständlich. »Weil ich so traurig bin, weil es so schlimm ist.«

Erneuter Regen, die Scheibenwischer tanzen. Plötzlich ist die Fahrt wieder sehr laut. Ich muss mich wohl verhört haben. Das letzte Stück der Heimfahrt wird erneut von strömendem Regen begleitet. Das laute Prasseln entbindet uns der Verpflichtung, das Gespräch fortzusetzen.

Wir hetzen die Treppen hoch.

Unsere Mobiltelefone klingeln synchron.

Aus Razvans Handy klingt die Stimme seines Freundes George, aus meinem jene Christls, der besten Freundin seit meiner Kindheit.

Wir telefonieren in verschiedenen Räumen, weit genug, um uns nicht zu stören. Nahe genug, um Gesprächsfetzen des anderen Telefonates mitzubekommen. Christl stellt viele Fragen, will alles genau beschrieben haben. Wir telefonieren nicht oft, aber dann richtig, manchmal stundenlang. Sie stimmt mit mir überein, findet auch, dass das positive Beispiel des Mannes mit dem 30-jährigen Tumor im Kopf das einzig wertvolle ist. Die einzig brauchbare Information der letzten Tage. Wir schaukeln uns gegenseitig hoch. Stellen unter anderem fest, wie viel Glück im Unglück Razvan haben konnte. Um wie viel schlimmer die Situation hätte ausgehen können; wie viel Gutes ihr jetzt abzugewinnen sei.

Ich kann überhaupt nicht mehr damit aufhören, gemeinsam

mit Christl Razvans Krankheitsbewältigungsplan zu entwerfen. Meinen Plan.

Im Nebenzimmer verläuft das Gespräch mit George weit weniger euphorisch. Beklemmende Wortfetzen dringen herüber, Angst und Nachdruck verteilen sich im Raum.

»Die Prognosen sind nicht wirklich gut. Die Ärztin konnte mir heute auch nicht mehr Hoffnung machen.« Oder »damit werde ich nun leben müssen«. Des weiteren beschreibt Razvan, was er in den nächsten drei Jahren zu erledigen habe. Nach seinem Plan.

Irgendwann später, als unsere Gespräche längst beendet sind, presse ich das Handy immer noch an mein glühendes Ohr und starre Löcher in die Luft.

Noch viel später versuche ich, mich zu artikulieren, einen neuen Gesprächsanfang mit Razvan zu finden.

Versuche, Nähe herzustellen, und bleibe dabei so fern es nur geht. Versuche, zu verstehen, und schaffe es keinen Millimeter.

Was ist geschehen?

Als letztes versuche ich zu deuten, was in mir vorgeht.

Es ist das erste Mal seit Razvans Erkrankung, dass ich so richtig sauer bin. Es ist auch das erste Mal seit der Prognosestellung, dass ich mir meine Wut eingestehe. Denn sie ist wieder da, die ganze Wut, begleitet von einer Menge Angst und Enttäuschung.

Als es draußen bereits zu dämmern anfängt, habe ich festgestellt, dass sich »unser Krebs« heute geteilt hat: Aus ihm sind mein Krebs und sein Krebs geworden. Wir sind dabei, die Grundsteine für unsere Parallelwelten zu legen.

16. Versuchte Normalität

Mild ist es draußen an diesem wunderschönen Julivormittag. Da ich heute nicht zur Arbeit muss, sitze ich auf der Terrasse, nippe an meinem Kaffee und grübele, während ich das Schriftstück hin und her wende. Es ist grün, enthält ein Foto und sonst erstaunlich wenig an Informationen, ausgestellt auf zehn Jahre. Ein Schwerbehindertenausweis.

Er bescheinigt Razvan eine Behinderung von 80%. Hätte er epileptische Anfälle, wären wohl weitere 20% dazugerechnet worden.

Er ermöglicht einen jährlichen Behindertenpauschbetrag von 1.060 €, macht pro Monat 88,33 €, pro Woche 22,08 € und pro Tag etwa 3,15 € Steuerersparnis.

Ein schlichtes kleines Dokument im DIN A5-Format, das Razvan in seinem Angestelltenverhältnis eine zusätzliche Urlaubswoche und die Möglichkeit der Neugestaltung seines Arbeitsplatzes zusichert.

Die Beantragung des Dokumentes verlief schnell und problemlos. Die Erkrankung per se scheint so schlimm zu sein, dass 80% an Behinderung fast ohne Nachfrage gewährt werden.

Soeben ist die Tür hinter Razvan ins Schloss gefallen. Er hat seine Schuhe angezogen, seinen Laptop geschultert, den letzten Rest Kaffee ausgetrunken und mich umarmt. Sicheren Schrittes ist er die Treppe hinuntergelaufen und ins Auto gestiegen. Motor an, nichts wie weg.

Die Normalität hat uns wieder.

Doch wie normal ist diese eigentlich?

Mein Magen klumpt wieder einmal, denn ich bin verwirrt und zutiefst beunruhigt. Ich finde es unfassbar, welche Fähigkeit zur Regeneration ein Körper haben kann. Gibt es auf dieser Welt ein ultimatives Stehaufmännchen, so ist es für mich Razvan. Seine Ausfallerscheinungen sind fast gänzlich zurückgegangen. Selbst die Augenärztin bescheinigt ihm das Unmögliche: Das Gesichtsfeld ist wenige Wochen nach der Operation wieder ganz hergestellt, so, als ob nichts gewesen wäre.

Die Ungeduld, mit der er sich nach einer kurzen Konvaleszenz wieder in die Arbeit stürzen will, erschreckt mich. Ich kann diesen Eifer nicht nachvollziehen, ebenso wenig wie seine Unruhe.

Es arbeitet in mir, nagt täglich und wirft immer wieder neue Fragen auf. So habe ich mir das sicher nicht ausgemalt. Ich bin inzwischen auf alles eingestellt, nur nicht auf eine Fortsetzung unseres gewohnten Alltages, denn dazu sitzt mir der Schreck noch zu sehr in den Knochen. Und jetzt auch noch der Ausweis. Er bescheinigt schwarz auf weiß – pardon, auf grün, dass dies hier ernst ist. Ich es nicht logisch, dass sich ein Schwerbehinderter schont? Dass er nur das tut, was dringend nötig ist, und jeglichem Stress aus dem Weg geht? Dass er sich ausruht und möglichst lange Pausen gönnt, eben die Terrasse genießt im grünen Stuhl.

Aber Razvan will sich nicht schonen und nicht ausruhen. Er würdigt den grünen Stuhl keines Blickes mehr, will sich vielmehr mit gewohnter Kraft in die Arbeit stürzen, sich in Aufträge einbuddeln, Verantwortung für weitere Filme und Sendungen übernehmen.

Er will tun, als sei nichts gewesen und nach außen hin eine Fassade aufbauen. Keiner soll einen wirklichen Einblick in sein Leben erhalten, nichts von all dem Traurigen soll nach außen dringen.

Fragt ein Außenstehender Razvan nach seinem Wohlergehen, so kommt die Antwort schnell und ohne Zögern. »Gut«.

Stelle ich ihm die gleiche Frage, so heißt es ohne Umschweife: »Schlecht«.

Kopfschmerzen, immer wieder Kopfschmerzen, erneut Tabletten, in meiner Vorstellung unzählige davon, bergeweise.

Bin ich die einzige, die vom Negativen erfährt? Die einzige, die das mittragen muss? Es tagtäglich neu übergestülpt bekommt? Möchte Razvan mich aus irgendeinem Grund für irgendetwas bestrafen?

Unzufriedenheit packt mich wieder, gelegentlich auch Wut. Was ist, wenn Razvans Gesichtsfeld plötzlich wieder weg ist? Einfach so, mitten auf der Autobahn? Ich sorge mich um seinen Kreislauf, seinen Körper, seine Sehkraft, sein Denkvermögen, seine Muskelkraft. Ermahne ihn immer wieder, innezuhalten, sein im Krankenhaus gemachtes Versprechen, kürzerzutreten, einzulösen.

Doch Razvan wird zum Getriebenen, wieder einmal. Was ist

der Motor dafür? Ist es die berufliche Karriere? Möchte er es ihnen beweisen, jetzt erst recht? Sind wir es, seine Familie? Möchte er uns etwas beweisen?

Meine Unterlippe fühlt sich blutig an.

Die letzten Wochen: Ein Meer aus Liebe, Verständnis, Zusammengehörigkeit begleitet von ersten zaghaften Versuchen, das Geschehene zu verarbeiten; Dankbarkeit und das Erstaunen darüber, wie schnell eine Seele vergessen will, wie sehr sich der Mensch am Positiven orientiert und bereit ist, das Negative auszublenden. Razvans Idee, nach Rumänien zu verreisen, um die Eltern zu sehen, hat Gestalt angenommen. Ist es eine gute Idee? Und welche Rolle soll ich spielen? Doch wieso soll es wieder um mich gehen? Hatte ich Razvan nicht auf dem Krankenbett versprochen, ihn überall hinzufahren?

Die Liebende ermahnt sich, die Freundin ebenso.

Die Mutter ist, wie immer, präsent.

Die Freundin will nicht versagen.

Die Pflegerin zieht sich unter Protest zurück.

Ehefrau und Buchhalterin wollen sich an die Arbeit machen. Gleich werden Bewerbungen geschrieben.

Für einen Moment noch versinke ich im bequemen grünen Stuhl und schließe die Augen.

17. Familie. Nicht meine

»Wir essen draußen!«
Der Befehlston meines Schwiegervaters lässt keinen Zweifel offen: Hier ist jeglicher Widerspruch zwecklos.

Das gläserne Terrassendach verwandelt alles Darunterliegende in einen Backofen. Die Tischdecke wölbt sich vor Hitze, das Besteck ist brühend heiß.

Heiß ist auch die Suppe, in der Teile des zerlegten Huhns schwimmen und schon beim bloßen Anblick meinen Ekel erregen. Selbst als Vegetarierin kann ich noch von Glück reden: Zumindest der Hals des Tieres ist nicht in meinem Teller gelandet.

Vorbeifahrende Straßenbahnen quietschen um die Kurve und erschüttern den Tisch für einige Sekunden. Die Fettaugen halten kurz inne, ehe sie sich kräuseln und übereinander schwappen. Ein kurzer Sturm im Suppenteller.

Mitten in der Nacht sind wir in Timisoara angekommen. Die Fahrt dauerte länger als geplant, Zwischenstopp in Budapest, Asphalt, nichts als Asphalt. Die Kinder sind es gewohnt, lassen Kilometer um Kilometer über sich ergehen, sie sind mit diesen Wegen aufgewachsen.

Razvan fuhr wie ein Getriebener, ließ sich kaum zu einem Fahrertausch überreden, wollte vorankommen, schneller, zeitsparender. Wir haben beide Urlaub und stehen nicht unter Druck.

Ginge es nach mir, so hätten wir uns noch viel mehr Zeit lassen können. Wären erst morgen, übermorgen, vielleicht auch nie in diesem Sommer angekommen.

Doch Razvan mahnte zur Eile, er will sich zeigen in Rumänien, seine Verwandten sehen, will ihnen signalisieren: Ich bin noch da. Wieder und immer wieder. Normalität eben. Das unverständliche Hupen beim Passieren von St. Pölten (Auftrag des Schwiegervaters aus der Vergangenheit: dort habe man immer zu hupen). Der seltsame Drang Razvans, dies auch in die Tat umzusetzen. Sei's drum, ich habe ihm die Reise versprochen.

Die Schwiegermutter empfing uns verschlafen und zerknautscht, der Schwiegervater ebenso, mich ausgeschlossen. Sein Blick ist abwesend wie immer, wäre er ein Laserstrahl, so würde man jetzt durch das Loch in meinem Bauch die Möbel hinter mir sehen.

Erneutes Vorbeidonnern einer Straßenbahn in der Mittagshitze. Der weitgereiste grüne Stuhl hat seinen Platz sofort inmitten der anderen Terrassenmöbel gefunden. Darin thront nun mein Schwiegervater und genießt den Augenblick. Er hat all seine Enkel um sich versammelt, Ioanas Kinder sind bereits seit mehreren Tagen hier.

Ich blicke zu Razvan hinüber. Sein Kopf ist hochrot, Schweißperlen tropfen von der Stirn, hinterlassen dunkle Flecken auf seiner Brust. Er sieht aus, als würde er jeden Augenblick umkippen. Ich vermute, dass er wieder Kopfschmerzen hat, bestimmt tierische.

»Willst du nicht aufstehen?«, flüstere ich ihm zu.

Sein Blick weist meine Worte zurück.

Die Pflegerin in mir schmollt, besinnt sich aber auf ihre Pflichten.

»Willst du dich nicht hinlegen?«, versuche ich es erneut.

Diesmal schweift Razvans Blick ab, ich habe mich wohl zu sehr eingemischt. Aber warum eigentlich?

Ich schlucke die aufkommende Wut brav mit einem Löffel klarer Suppe runter.

Hähnchenbrust und Schenkel gleiten unbemerkt in Razvans Teller und mein Blick hinüber zu den Kindern.

Dort sitzen sie alle nebeneinander, vier verschiedene Jahrgänge und Charaktere. Die beiden französischen Nichten Razvans, angepasst und still, sie haben die Lektion schon lange gelernt. Unser Sohn Sebastian, dunkelhaarig, konzentriert, er kämpft mit Fleisch und Hitze, ist ganz in sich versunken, es scheint ihm sogar zu schmecken.

Denise, unsere Tochter. Sie hebt den Löffel langsam zum Mund, hält inne, überlegt, lässt alles zurück in den Teller rieseln. Eindeutig, es geht ihr wie mir.

Mein Schwiegervater hat meinen Blick bemerkt, folgt ihm, schaut jetzt genauer hin, die Situation ist unverkennbar für ihn. Und er hat nicht vor, diese wohlwollend zu überspielen.

»Ce faci, Denise?« Was tust du, Denise? Auch diesmal lässt sein Tonfall keinen Zweifel offen: Ein Nachspiel folgt.

Ich ahne Böses und blicke erneut zu Razvan hinüber. Er ist immer noch in Gedanken versunken und hat nichts bemerkt. Habe ich es mir nur eingebildet? Offensichtlich nicht, denn der Schwiegervater bohrt weiter.

»Nu-ti place supa?« Schmeckt dir die Suppe nicht? Schon wieder das. Essen, Essen, immer wieder Essen. Hier dreht sich alles um das Essen. Und um bedingungslose Höflichkeit.

Und genau diese hat Denise gerade nicht vor, zu zeigen. »Nu.« Nein. Eine schlichte, klare Antwort.

Ich fühle mit jeder Faser meines Körpers, dass sich etwas anbahnt. Mein Schwiegervater schnauft, läuft hochrot an, blickt in die Runde und erkennt meine Angst. Schaut mich an, während er Razvan entgegenschleudert.

»Da-o afara. Imediat!« Wirf' sie raus, auf der Stelle!

Stille. Keiner rührt sich. Die französischen Nichten, der rumänischen Sprache mächtig, erzittern kurz. Sie sagen nichts, sind sie doch solche Szenen gewohnt.

Unsere Kinder: verdutzt. Sie haben den Sinn der Worte nicht verstanden, wohl aber den drohenden Unterton. Er klebt sich an die Schwüle und bleibt mit ihr zusammen über dem Tisch hängen.

Meine Schwiegermutter: schweigend. Einzig und allein ihre Augen verraten: Sie hat alles genau mitbekommen. Und: Sie hat nicht vor, etwas dagegen zu sagen. Widerstand ist hier immer noch zwecklos.

Razvan: Er löffelt still seine Suppe weiter. Mein Blick heftet sich lange an ihn, forscht, versucht zu deuten, wartet. Doch es passiert nichts, rein gar nichts. »Du sollst unsere Tochter rauswerfen, hast du das nicht gehört?«

Razvan hebt den Blick, schaut in die Runde. Ist doch nichts geschehen, oder? Diesmal klettert die Wut ungehemmt hoch. Sie belegt die Zunge und presst meine Zähne aufeinander, so dass sich die Worte in Zischen verwandeln:

»Tu was dagegen. Bitte tu was, oder ich tue es!«

Während Razvan starrt und kaut, steht ihm Ratlosigkeit ins Gesicht geschrieben. Er schluckt runter, überlegt, setzt an zu sprechen. Stille. Dann ein Flüstern.

»Ich habe nichts gehört. Gar nichts.«

Ich platze innerlich, schleudere meine Serviette in den Teller und verlasse die Bachofenhitze. In der Wohnung empfängt mich angenehme Kühle, während die Gedanken in meinem Kopf hämmern: Will er nicht oder kann er nicht?

Und: Reiß dich zusammen, es sind doch nur ein paar Tage, du hast es ihm versprochen. Nur ein paar Tage.

Die Ehefrau reißt sich also zusammen, die Freundin auch. Die Schwiegertochter ballt die Fäuste und versteckt diese vorerst in der Hosentasche. Die Geliebte erzittert und schüttelt Razvans Umarmung wütend ab. Ehefrau und Geliebte sägen nun gemeinsam an dem Podest, auf dem Razvan steht. In den darauffolgenden Tagen haben sie immer wieder Mühe, die Hand auf den Riss zwischen uns zu halten. Es wird ihnen jedoch meistens gelingen.

18. Ein Hund. Nicht unserer

Der Geruch ist unverkennbar, er hat mich oft genug in den letzten Nächten geweckt. Ich öffne die Augen lieber nicht und verstecke die Nase unter der Bettdecke. Doch alle Vorkehrungen nützen nichts: Der Welpe hat wieder ins Zimmer gemacht. Zum dritten Mal in dieser Nacht.

Mühsam taumele ich aus dem Bett, darauf bedacht, den Hundehaufen zu verfehlen. Wohin hat er ihn diesmal platziert? Ich folge dem Geruch und laufe den langen Flur durch bis in Denise' Zimmer. Im angrenzenden Bad hat sich das Fellknäuel auf seiner Decke zusammengerollt und schlummert friedlich. Zwischen Bad und Zimmer wurde kaum ein Fleckchen ausgespart, der Welpe ist sehr gewissenhaft vorgegangen.

Ich stakse zum Bett, will Denise wecken, greife ins Leere. Das Laken ist noch warm, sie muss erst kürzlich die Flucht ergriffen haben. Schließlich finde ich sie im Wohnzimmer, rüttele an ihr, versuche, sie zu wecken, spreche auf sie ein. Sie dreht sich lediglich mit einem wiederholten »Bin sooo müde, schreibe morgen Mathe.« auf die andere Seite und überlässt mir bereitwillig die Bühne. Nein, versauen will ich meiner Tochter die Mathearbeit nicht.

So folgt also mein Auftritt als Putzfrau: Eine halbe Stunde später ist alles beseitigt. Der Welpe, inzwischen erwacht, beäugt neugierig jede meiner Bewegungen und schnappt nach dem Putzlappen. Die braunen Flecken auf seinem Fell habe ich auch wegbekommen. Dafür duftet er jetzt nach Meister Proper, was ihm wenig zu behagen scheint. Als Protest hinterlässt er ein kleines Pfützchen, als ich mich umdrehe.

Jeans und Pullover sind schnell über den Schlafanzug gezogen, Jacke darüber, Fellknäuel an die Leine, raus.

Die Oktoberluft ist stechend und birgt das Versprechen eines feuchten und kalten Novembers. Der Welpe schlägt sich sofort ins Gebüsch vor dem Eingang. Nein, dorthin nicht, ich nehme ihn hoch und trage ihn hinunter, an den Waldesrand. Dort empfängt mich eine dunkle Brühe, ich traue mich dann doch nicht tiefer hinein. Irgendwo schlägt eine Kirchenuhr zwei Mal. Halb. Halb was? Am Grad meiner mangelnden Wachheit gemessen schätze ich die Uhrzeit auf halb drei Uhr nachts. In zweieinhalb Stunden wird mein Wecker klingeln.

Was mache ich hier? Mitten in der Nacht und in der Kälte? An der Leine ein pelziges Etwas, das in absehbarer Zeit nicht vorhat, seine Ausscheidungen in den Griff zu bekommen?

Zugegeben, es ist putzig, das weiche Ding, ein blonder, kleiner Labradorwelpe, wir haben ihn vor fünf Tagen irgendwo in Deutschland abgeholt. Vor allem aber ist er ein erfülltes Versprechen auf vier Beinen, eines, das Razvan den Kindern vor etwas mehr als fünf Monaten gegeben hat.

»Wenn ich heil wieder aufwache, bekommt ihr einen Hund«, flüsterte er den Kindern zu, als er sie im Mai vor der Operation im Krankenhaus ein letztes Mal umarmte. Das Strahlen auf den Gesichtern unserer Kinder vertrieb den besorgten Blick für kurze Zeit.

Razvan ist wieder aufgewacht, zu Kräften gekommen, hat sich erholt, bereit, sein Versprechen einzulösen. Und nun das. Aus dem Wald schlägt mir ein kalter Luftzug entgegen. Wie bringt man einen 13-wöchigen Hund zum Pinkeln? Ich bewege mich im Viereck, zwei Meter nach links, einen zurück. Der Hund ist sehr interessiert, vor allem daran, alles ins Maul zu nehmen. Was frisst er jetzt? Die kleinen Zähne sind scharfkantig wie Sägeblätter, als ich ihm etwas aus dem Maul ziehe, das wie altes Brot aussieht. Oder ist es Kot? Brot, Kot, egal, ich bin sowieso schon total verdreckt.

Was tue ich also hier? Denise, deren Hund es hauptsächlich sein soll, rümpft die Nase und ergreift die Flucht. Sebastian, der den Hund erst ein paar Stunden gesehen hat, ist für drei Tage auf Klassenfahrt. Razvan liegt im Bett und schläft. Er macht seit vier Wochen eine Chemotherapie, jetzt doch. Wurde aufgenommen in eine Studie im Regensburger Krankenhaus, eine Woche Themodal und Roaccutan zusammen, drei Wochen nur Roaccutan. Eine Woche extreme Übelkeit, Magenschmerzen, Haarausfall. Seine Haut verwandelt sich in dünnes Pergament, all das Eincremen hilft nur bedingt. Kopfschmerzen.

Ich bin also die einzige, die das hier in den Griff bekommen soll. Nächste Woche trete ich meine neue Stelle an, halbtags in der Jugend- und Drogenberatung. Als Ergänzung zu meinen beiden Minijobs.

»Du musst schauen, dass du beruflich Fuß fasst. Wer weiß, wie sich das mit meiner Krankheit entwickelt, mit meiner Arbeit«, waren immer wieder Razvans Worte in den letzten Wochen. Recht hat er, scheint doch in seiner Arbeit nicht alles nach Plan zu laufen. Seine Vorgesetzten müssen den Umgang mit einem Schwerbehinderten erst erproben, sie testen ihre Grenzen. Razvan muss seinen Umgang mit dem Arbeitsstress neu erproben und testet seine Grenzen. Und diese sind, Themodal sei Dank, schnell erreicht.

Ganztagesjob fürs Fernsehen, Chemotherapie und Krebs. Lebenserwartung – möglicherweise – verkürzt? Was kann schlimmer sein?

Was sind dagegen schon drei Jobs, pardon, vier – ich habe die Nachhilfe für die beiden rumänischen Geschwister vergessen, zwei Mal pro Woche. Was sind sie also schon dagegen?

Der Welpe hebt das Bein. Drei Tropfen versickern im feuchten Waldboden. Na bitte, geht doch.

Während ich das warme Etwas die Treppen wieder hochtrage, schlägt die Kirchenuhr erneut. Vier Mal. Nur noch eine Stunde Schlaf.

Ehefrau, Mutter, Freundin, Geliebte und alle anderen sind sich ausnahmsweise einig und beschließen einstimmig, dass das hier nicht zu bewältigen ist. Nicht auch das noch. Eine erste Grenze wird gezogen.

In der Wohnung setze ich den Welpen ab und krieche ins Bett. Razvan stöhnt neben mir auf. Kopfschmerzen? Gewiss.

Ich berühre seinen Kopf, seine Schulter. Er schrickt hoch, versucht, sich zu orientieren.

»Wir müssen ihn zurückgeben, ich schaffe das nicht.« Die Worte hängen bedrohlich im Raum. Habe ich sie wirklich ausgesprochen?

Razvan würgt im Halbschlaf, das Themodal tut seine Pflicht. »Zurückgeben? Den Krebs? Geht das?«

Ich fange an, leise zu schluchzen. »Ich meine den Welpen, Razvan, den kleinen blonden.«

Nicht den Krebs, nein, den behalten wir. Für immer?

Aus dem Kinderzimmer zieht ein vertrauter Duft herüber. Zum vierten Mal in dieser Nacht.

Einige Stunden später legt Razvan dem Hund das Halsband um. Schichtwechsel. Nun ist er dran mit vergeblichem Gassi-Stehen. Eingefallenes Gesicht, dunkle Ringe unter den Augen. Nein, an ein Gespräch in der letzten Nacht kann er sich nicht erinnern. Ja, er glaube auch, dass es schwer wird mit dem Hund.

Als ich bereits in der Arbeit bin, begegnet ihm eine Bekannte auf der Straße. In Joggingschuhen und aus der Puste begutachtet sie unser lebendiges Fellknäuel.

Ihrem scherzhaften »Ist der süüüß! Ist der denn zu haben?«, setzt Razvan ein sehr ernstes »Ja, ist er« entgegen.

Drei Tage später wird Nicki den Besitzer gewechselt haben. Er wird es gut haben, viel besser als bei uns, und sich in einem Riesenhaus mit Garten zu einem 50-Kilo-Rüden entwickeln.

Unser Sebastian wird diesen nie wieder in unserer Wohnung als seinen Hund erleben. Wir werden unseren Sohn trösten, aber nur kurz und knapp, soweit es uns eben möglich sein wird.

19. Familie. Erneut nicht meine

Razvan und ich sitzen auf dem breiten, französischen Ehebett. Nicht mein Geschmack, zu viel Prunk, zu viel von allem, zu viel Schnickschnack. Zum Glück nicht unserer.

Wir streiten, wie so oft in den vergangenen Wochen. Endlos und zäh, anstrengend, ergebnislos und ohne Verbesserung. Wieder mal geht es um vieles oder nichts, wir sind so angespannt, dass alles um uns herum zum möglichen Streitpunkt geworden ist. So auch seine Schwester Ioana, diejenige, die ungefragt und ohne angeklopft zu haben zum dritten Mal an diesem Abend in der Tür steht.

Kein »Geht es euch gut?«, kein »Kann man euch helfen?«, geschweige denn »Wollt ihr allein sein?«. Stattdessen: »Was tut ihr da?«

Siehst du doch, Ioana, wir sitzen auf dem Bett und streiten. Brauchst du nähere Erläuterungen? Nein, Feingefühl war noch nie Ioanas Stärke. In Sekundenschnelle werde ich wütend auf sie. Wenn sie noch einmal hereinplatzt, dann weiß ich nicht, was ich mache.

Überhaupt: Machen. Die Frage drängt sich mir immer und immer wieder auf: Was mache ich hier?

»Es wäre doch schön, Silvester mit meiner Schwester zu verbringen, oder?« Wieder eine dieser Fragen. Wie konnte ich Razvan diesen Wunsch verwehren, knapp acht Monate nach der Operation, mitten in der Chemotherapie?

Nein, fair sind sie nicht, diese Fragen. Sie geben mir das Gefühl der Machtlosigkeit, keinen Einfluss nehmen zu können auf unser Leben, meine Gefühle unterdrücken zu müssen, immer und immer wieder. Razvan zuliebe.

Natürlich steht es ihm zu, seine Schwester zu sehen. Natürlich ist es das Normalste der Welt, die Kinder ins Auto zu packen und ins 600 km entfernte Paris zu reisen, um dort das Jahr nett ausklingen zu lassen. Wohlgemerkt – nett.

Das hier jedoch empfinde ich gerade als wenig nett. Zugegeben, das Haus ist gelungen, ein Musterbeispiel an Fleiß, Disziplin und visionären Gedanken. Eine weitere Existenz fernab der alten

Heimat Rumänien, die es allen zeigen will. Koste es, was es wolle.

Und es kostet sie viel, meine Schwägerin und meinen Schwager. Sie wirken auf mich wie tickende Zeitbomben, müde, vorzeitig gealtert und vom Leben gezeichnet. Von ihrer lauten und explosiven Streitkultur könnten wir uns noch eine Scheibe abschneiden. Wenn sie loslegen, kuschen alle.

Hier empfinde ich auch nichts als friedlich, denn es gibt gerade Streit, jede Menge davon. Es geht um Prinzipien, Meinungen, Standpunkte, um alles, was uns entzweit. Um alles, was ich von Razvan erwarte, wie er sein und sich verhalten soll. Um alles, was er nicht zu geben bereit ist.

Um alles, was er sich von mir wünscht, um alles, was ich gerade nicht sein kann.

Doch vor allem geht es um die Verarbeitung der sehr traumatischen Erfahrung mit der Krankheit, in die wir in diesem Jahr hineingeraten sind. Um unsere gemeinsame Verarbeitung. Um die Chemotherapie, die er gerade macht, darum, wie diese unseren Alltag bestimmt. Es geht letztendlich darum, was das Leben gerade mit uns macht.

Ich finde, es steht mir zu an diesem Jahresende, mit Razvan allein zu sein. Ich darf ihm abverlangen, den Moment mit mir allein zu teilen – auch noch im Hause seiner Schwester. Ich finde, es steht ihr zu, großzügig zu sein und uns gewähren zu lassen. Es ist das, was ich mir mittlerweile von meiner Umgebung verspreche: Großzügigkeit, Takt, Feingefühl, vor allem aber Rücksicht auf unsere besondere Situation. Dass Ioana auch Erwartungen an das Zusammensein mit ihrem Bruder hat, fällt mir nicht ein.

Später wieder kein Klopfen. Unerwartet steht Ioana wieder im Raum, aufgebrezelt in einer glitzernden Abendrobe. Pailletten.

»De ce va izolati? Musafirii asteapta jos.« Warum isoliert ihr euch? Die Gäste erwarten euch unten.

Wie Pfeile schleudere ich ihr diesmal die längst fälligen Worte entgegen: »Weil ich mit meinem Mann sprechen möchte, Ioana, weil wir was zu klären haben! Und jetzt geh!«

Habe ich das echt gesagt? Waren das meine Worte? Das Gefühl, einmal längst Fälliges ausgesprochen zu haben, mich durchgesetzt zu haben, lässt etwas Stolz aufkommen. Gleichzeitig lässt die blanke Wut meinen Hals anschwellen und nimmt jeden Gedanken in Beschlag. Warum muss ich mich damit herumquälen? Ich verachte Razvan plötzlich dafür, dass er mich so sein lässt. Dass er nichts tut, einfach nichts, sich nicht zur Wehr setzt, nicht gegen seine Eltern, nicht gegen seine Schwester, noch nicht mal gegen die wartenden Gäste. Zumindest diese könnten ihm egal sein.

Ich bin hier, ein Gast, Ioana, in deinem Haus, und das mindeste an Höflichkeit – wenn diese bei euch denn schon so großgeschrieben sein soll – wäre, dass du mich gewähren lässt. Mich das tun lässt, wonach mir gerade ist – in deinem Haus.

Die Tür ist längst wieder hinter Ioana ins Schloss gefallen, als die Worte weiter sprudeln in meinem Kopf. Wie ein plötzlich ausbrechender Geysir – zischend, heiß und druckgeladen.

Ich erhoffe mir immer noch von Razvan, er möge aufstehen, Ioana nachlaufen, sie zur Rede stellen, sie schütteln, sie angreifen, all das hier richtig stellen. Stattdessen wieder Nichtstun. Razvan sitzt angespannt neben mir, diesmal auch wütend – auf mich. Wieder einmal hat er eine Situation verkannt, wieder einmal nicht mir Recht gegeben – ohne Prüfung der Umstände, wahllos, aus Prinzip.

Mein Ventil platzt, ich schleudere ihm alle restlichen angestauten Worte ins Gesicht. Spare nichts aus, beschönige wenig, erinnere an alles. Seine Schwäche, seine mangelnde Loyalität mir gegenüber, die Art und Weise, wie er mich immer wieder allein auflaufen lässt und damit bloßstellt. Wie er nicht bei mir ist und mich nicht unterstützt – nach meiner Vorstellung. Wie er immer wieder aufstöhnt und die Kopfschmerzen ins Spiel bringt. Ich schreie und weine, weine ohne Unterlass. Ein ganzes Jahr drängt an die Oberfläche und will besprochen werden. Irgendwann stelle ich fassungslos fest, dass die Tür auch noch hinter Razvan ins Schloss fällt.

Fein gemacht, Tina. Spitzenleistung.

Ich schleudere einen Schuh gegen die Tür, beiße mir auf die Lippen und schluchze weiter.

Dreizehn, zwölf, elf …

Es wird runtergezählt. Um Himmels Willen, so kann das Jahr doch nicht vergehen!

Zehn, neun, acht …

Wenn das kein schlechtes Omen ist!

Sieben, sechs, fünf …

Schnell Schuhe wieder an und Treppe runter.

Vier, drei, zwei …

Eins. Prost Neujahr, Razvan, lass das kommende Jahr besser werden, viel besser, bitte verzeihe mir, verzeih du mir auch, lass es uns neu versuchen. Prost, Kinder. Auf deine Gesundheit. Danke für das alte Jahr!

Ehefrau und Geliebte reißen sich zusammen und fallen Razvan um den Hals. Gast und Schwägerin schmollen und würdigen die anderen keines Blickes. Sie lassen deren gute Wünsche ins Leere laufen und drehen die Wange beim obligatorischen Küsschen betont weg.

Bitte Universum, lieber Gott und all die anderen da oben, nehmt das von eben nicht so ernst und gebt uns noch mal eine Chance!

Später stehen alle im Garten und schießen Raketen in die Luft. Ich halte mich abseits, mir ist nicht nach Böllern und Zeichen setzen. Razvans Handy klingelt, immer und immer wieder. Er kann es nicht hören, steht zu sehr mitten im Krach. Klingeln, ohne Unterlass, Neuwahl, wieder klingeln.

Irgendwann gehe ich dran. Fremde Nummer, Rauschen, schlechte Verbindung.

»Seit einer Viertelstunde schon versuche ich euch zu erreichen. Was denkt ihr euch, nicht dranzugehen. … Natürlich bin ich gekränkt, keiner denkt an mich …«

Die Stimme des Schwiegervaters klingt seltsam verzerrt und fremd. Ist ja auch weit weg, das ferne Taiwan, in dem er sich auf Tournee befindet. Ich antworte nicht, halte Razvan den Hörer ohne weitere Erklärungen hin. Verkrieche mich später im Haus, spüle alle Gläser weg, trockne ab und warte. Irgendwann gehe ich allein ins Bett.

Schönes neues Jahr!

20. Familie. Diesmal meine

Der Zug setzt sich langsam in Bewegung. Abteiltür zu, Hund aus der Tasche, aber nicht von der Leine.

Die neue Hündin, Netka, zittert wie Espenlaub. Sie ist ihn nicht gewohnt, diesen Tapetenwechsel; laute Geräusche, Geschwindigkeit, neue Gesichter, alles macht ihr zu schaffen. Ich halte sie auf dem Schoß und verstecke mein Gesicht in ihrem Fell. Hoffentlich pinkelt sie nicht ins Abteil!

Aber Netka hat nicht vor, zu pinkeln, uns zu blamieren, irgendwas zu tun, was uns verärgern könnte. Dazu ist sie, die ausgewachsene Stubenreine aus dem Tierheim, erst zu kurz bei uns, vier Wochen genau. Genug für sie, um bei uns Anschluss zu finden. Genug für uns, um sie ins Herz zu schließen, ein für alle Mal. Genug für alle, um diesmal keinen Zweifel an der Entscheidung aufkommen zu lassen. Vor allem genug für die Kinder, die es nicht leicht hatten mit uns in den vergangenen Monaten.

Streit, immer wieder, Differenzen, Dissonanzen. Gelegentlich der verzweifelte Versuch der Annäherung, ein zaghafter Vorstoß mal des einen, mal des anderen. Gelegentlich auch ein Erfolg, körperliche Nähe, die alles andere für einige Minuten unwichtig werden lässt, ehe die schwelenden Konflikte sich wieder selbst entzünden.

Etwas hat sich endgültig zwischen uns geschoben. Razvan hat es versucht, immer und immer wieder. Hat es nicht aufgegeben, mich für seinen Plan gewinnen zu wollen: Eine Patientenverfügung zu verfassen, eine Vorsorgevollmacht, ein Testament. Harter Tobak, nichts Alltägliches. Möglicherweise etwas Gängiges für einen verantwortungsbewussten, zukunftsorientierten gesunden Menschen, der diese Schriftstücke aufsetzt, um das Thema ein für alle Mal abzuhaken und einzutüten. Aus den Augen, aus dem Sinn. Für den Notfall, der in der Regel, wenn überhaupt, wahrscheinlich eh erst im hohen Alter eintreffen wird.

Für mich ist es jedoch, angesichts unserer Situation, der reinste Hohn. Es fühlt sich an wie Verrat, wie ein Abschied. Wenn Razvan sich bislang keine Gedanken in diese Richtung gemacht hat, wieso gerade jetzt?

Ich verstehe es nicht, verweigere mich ihm, weise ihn zurück. Ersticke das Thema jedes Mal aufs Neue im Keim.

»Lass uns bitte nur das eine Mal darüber sprechen, lass es uns klären und dann ein für alle Mal weglegen. Ist ja nur für den Notfall.«

Ich will nicht darüber sprechen, nicht dieses eine Mal, auch kein nächstes Mal, nie. Ich habe panische Angst davor, mich in die negative Aura dieser schwierigen Diskussion zu begeben. Ich habe auch Angst, dadurch in ein sehr tiefes Loch zu fallen, aus dem ich möglicherweise nicht mehr heraus finde. Lieber nehme ich es billigend in Kauf, Razvan zurückzuweisen, ihn nicht anzuhören und auf sein Flehen nicht einzugehen. So fühle ich mich anschließend von ihm bestraft, wenn er sich vor meiner Ablehnung zurückzieht.

Streit, Dissonanzen, Nichtausgesprochenes, vieles steht zwischen uns und entfernt uns stetig voneinander. Einig sind wir uns momentan in der Erleichterung darüber, dass es jetzt den Hund als Trost gibt. Er tut uns allen unheimlich gut. Jeder genießt die unverhofften Streicheleinheiten aus vollen Zügen, mehr oder weniger heimlich.

Der neue Hund soll heute für einen harmonischen Auftritt sorgen, denn wir wollen ihn voller Stolz als unser neues Familienmitglied präsentieren. Aufgrund des plötzlichen Wintereinbruches sind wir mit der Bahn unterwegs nach Würzburg zum Adventstreffen bei meinen Eltern. Dem soll ein kurzes Intermezzo in der Wohnung von Schwager und Schwester vorangehen.

Letztere, Ines, saugt, dank ihres ungeheuren Hanges zur Pedanterie, täglich lange Staub und kann kein Tierhaar in ihrer Nähe ertragen. Ehrlich gesagt habe ich nicht die leiseste Vorstellung davon, wie das mit Netka in ihrer sterilen Wohnung funktionieren soll.

Doch meine Schwester hat sich bereits Gedanken gemacht. Kurz vor Würzburg teilt sie mir ihren ausgeklügelten Plan per Handy mit: Mein Vater soll mit Netka so lange spazieren gehen, bis wir die Neuerungen in Ines' Wohnung besichtigt haben.

Mein Vater mit Hund! Und dann noch in Schnee und Eis! Ines' Plan stößt bei mir sofort auf Ablehnung. Ich beschließe spontan, auf den Anblick ihres neuen, in mühevoller Handarbeit gestalteten Bades zu verzichten. Wir sagen den Besuch bei ihr ab und bitten meinen verdutzten Vater am Bahnhof, uns gleich zum Mittagessen in die Wohnung meiner Eltern zu fahren.

Rücksichtslos und festgefahren. Wie kann meine eigene Schwester unserem Hund den Zutritt zu ihrer Wohnung verwehren! Wie kann mein Schwager nichts dagegen unternehmen und sie in diesem engstirnigen Sauberkeitswahn auch noch unterstützen! Wie kann sie mich und meine Familie so sehr vor den Kopf stoßen! Wohl wissend, was uns der Hund bedeutet und dass seine Anwesenheit Balsam für unsere Seelen ist. Wie kann sie bloß!

Auf dem Weg zu meinen Eltern habe ich mich bereits so in meine Wut und Enttäuschung hineingesteigert und gegen Ines aufgebaut, dass es nur noch kommen kann, wie es kommen muss: Wir reden stundenlang pikiert aneinander vorbei und wagen es nicht, das, was sich zwischen uns geschoben hat, anzusprechen.

Ich finde, so viel Verständnis und Entgegenkommen von Ines erwarten zu dürfen. Schließlich handelt es sich hier nicht um irgendeine Bagatelle, nicht um irgendwen, sondern um uns, eine Familie mit Krebs. Was sind da hingegen schon ein paar läppische, in der Wohnung verteilte Hundehaare! Lächerlich.

Ich finde, Ines hat meine Gefühle verletzt. Ines findet, so viel Verständnis für ihre Bedürfnisse und Phobien von der eigenen Schwester erwarten zu dürfen. Schließlich handelt es sich um eine fast körperliche Abneigung. Was sind da hingegen schon ein paar lächerliche, herrchenlose Minuten an der frischen Luft für den Hund. Ines findet, ich habe ihre Gefühle verletzt.

Ich finde, ich habe Recht, mehr Recht als sie. Und vor allem ein verstärktes Anrecht auf Verständnis. Schließlich bin ich in einer prekäreren Lage als sie.

Ines findet, sie bringe mir schon genug Verständnis entgegen.

Wir finden beide, dass die Diskussion weiter nichts bringt.

Die gemeinsamen Stunden enden mau und hinterlassen einen üblen Nachgeschmack.

Dem schneereichen Adventssonntag werden Wochen und Monate der Funkstille folgen. Es soll fast ein Jahr dauern, ehe Ines und ich uns aussprechen und wieder versöhnen werden. Ehe wir es schaffen, wieder Verständnis füreinander aufzubringen. Ehe ich es erfassen werde: Razvans Krebs hat also auch meine Erwartungen an die Umwelt verändert. Mein Appell an das Verständnis und Entgegenkommen der anderen wird gelegentlich ausufernd. Ich fühle mich beim leisesten Hauch von Ablehnung sehr schnell angegriffen. Dem Drang folgend, Razvan loyal zu sein, stelle ich mich sofort gegen andere. Koste es, was es wolle. Manchmal auch die schwesterliche Zuneigung.

Auf der Heimfahrt versuche ich, Razvan für mich zu gewinnen. Gewaltsam möchte ich seinen Dank spüren, erwarte seine Anerkennung.

»Siehst du Razvan, wie weit ich bereit bin, zu gehen? Ich kämpfe wie eine Löwin für dich und deine Rechte. Ich setze so vieles aufs Spiel, sogar die Beziehung zu meiner Schwester. Siehst du nicht, was ich für dich tue? ... Würdest du dies auch für mich tun?«

Razvans Antwort ist präzise und unmissverständlich. »Nein, würde ich nicht.«

»Warum nicht?«, bohre ich weiter.

»Weil es nichts bringt. Weil es einfach nur dumm und bescheuert ist!«

21. Wohnung. Nicht mehr ganz unsere

»Wir werden es so nicht schaffen, niemals.« Razvans Blick durchbohrt mich. »Ich meine finanziell. Wir werden finanziell so nicht über die Runden kommen. Etwas muss geschehen. Wir verkaufen die Wohnung.«

Razvans Gesicht verdüstert sich auf der Stelle, das Thema zermürbt ihn ohnehin schon genug. Er hätte sich wohl gewünscht, ich würde jetzt nicht schon wieder damit anfangen.

Kein Geld, viel Geld, überhaupt das Geld, bei uns ein Dauerthema. Es ist störend, es ist nervenaufreibend und es ist unnötig. Wie einfach wäre das Leben ohne den ständigen finanziellen Druck! Und der hat uns nun eingeholt, endgültig und allen guten Vorsätzen zum Trotz. Kein »Es wird schon werden …« mehr, kein »Wenn wir erst mal …, dann …« Razvan ist seit mehr als einem halben Jahr nicht mehr angestellt. Von der Firma, die er sich in Rumänien aufbaut, weiß ich so gut wie nichts. Frage ich nach, bekomme ich ausweichende Antworten. Frage ich nicht nach, wird es nicht besser. Mein Mann hat einen Schutzwall um sich herum hochgezogen. Der Feind steht draußen und wirft zuweilen mit Steinen. Der Feind bin ich.

Mein Schutzwall wächst ebenfalls, zusehends. Täglich arbeite ich daran und lege Stein auf Stein. Ich bin vorsichtig, zögerlich, unsicher, unfähig und hilflos. Und vor allem immer wieder wütend.

Kein Schutzwall hingegen ist unsere Wohnung. Die Eigentümergemeinschaft, in die sie eingebunden ist, hat sich in einen gierigen Schlund verwandelt. Hungrig verlangt das Monster nach mehr und fordert immer wieder seinen Tribut. Die undichten Terrassenfronten der Nachbarn und einige Wasserrohrbrüche kündigen einen neuen Appetitschub des Ungetüms an. Wird es uns diesmal finanziell das Genick brechen? Ich glaube ja, bin mir diesmal sogar ziemlich sicher, und das ist der Grund, wieso ich dieses Gespräch mit Razvan führen muss. Immer und immer wieder und vor allem heute.

Dass wir unsere Wohnung verkaufen müssen, habe ich inzwischen relativ emotionslos hingenommen. Mein persönlicher

Traum vom Glück, vom Familienidyll im Grünen hat sich längst verabschiedet. Kein Riesenknall, kein überraschender Schock, vielmehr irgendwo ein kleines Leck in der künstlichen Illusionsblase, ein Loch, durch das Luft, Kraft und Energie fast lautlos entweichen.

Emotionslos geht auch Razvan damit um. Nüchtern will er jedoch retten, was noch zu retten ist und schmiedet Pläne, immer häufiger ohne mich. Die Realität hat uns beide endgültig eingeholt. Wir rechnen, schieben Gelder nach links und rechts, versuchen Neues, warten auf ein Wunder. Erstaunlicherweise kündigt sich dieses auch wirklich an, und zwar in Form einer Geldsumme aus Rumänien.

Razvan weiht mich nicht von Anfang an ein, er möchte alles besprechen und regeln, mir erst das Ergebnis präsentieren. Schließlich handelt es sich ja um sein Geld, strenggenommen um das seiner Familie.

Fast durch Zufall erfahre ich, dass meine Schwiegermutter geerbt hat. Ihr Bruder, ein umtriebiger, kampfeslustiger, älterer Herr hat die Sache in die Hand genommen und große Erfolge erzielt. Immobilien und Grundstücke, die der Familie vor 50 Jahren weggenommen wurden, um sie zu Staatseigentum werden zu lassen, sind nun zurückerobert. Die Geschwister haben eine höhere Geldsumme zu erwarten.

Die Schwiegermutter hat Razvan finanzielle Hilfe angeboten. Sie kann ihm einen Betrag zur Verfügung stellen, der es uns ermöglichen soll, einen Teil des Kredites der Wohnung zu tilgen.

Es ist viel Geld auf einmal, und doch wissen wir es alle: Es wird nicht reichen, um die Wohnung zu behalten. Wir werden uns trotzdem von ihr trennen müssen.

Razvan ist gerührt von der Geste seiner Mutter, sogar mehr als gerührt. Ich finde sie selbstverständlich, sogar mehr als selbstverständlich. Ein Teil seines Erbes soll ihm frühzeitig ausgezahlt werden, was ist denn schon dabei?

Razvan findet, ich sei undankbar. Ich finde, das Geld steht uns zu. An der Art und Weise, wie Razvan mir die Nachricht mitteilt, merke ich: Da ist noch mehr dran, ein Nachspiel.

Wir überlegen, diesmal gemeinsam, wie wir das Geld am sinnvollsten investieren wollen. Lesen Anzeigen, führen Telefonate mit Maklern. Kauf, Miete, Verkauf? Die erneute Beschäftigung mit Immobilien füllt das Schweigen zwischen uns für eine Weile.

»Wir könnten das Geld nehmen und es einfach ausgeben. Weniger arbeiten, reisen. Ich bin noch nie außerhalb Europas gewesen. Kein Kauf mehr, einfach leben.«

Die mutig vorgetragene Idee passt irgendwie nicht zu mir. Die Worte klingen verkehrt, schon als sie meinen Mund verlassen, die anschließende Stille im Raum ist erneut unheilschwanger.

Razvans Worte hingegen schießen wie Pfeile auf mich zu. Ich reagiere nicht schnell genug, sie treffen mich, kaum einer verfehlt sein Ziel. »Das ist rücksichtslos. Es ist das Geld meiner Mutter und ich schulde es ihr zumindest, es nicht zu vergeuden. Es soll etwas für die Kinder sein, eine Investition in die Zukunft. Du könntest ruhig etwas dankbarer sein.« Dankbar. Razvan, seinen Eltern, dem Leben gegenüber? Dankbar und angepasst, still und widerstandslos. Nichts anderes scheint von mir in dieser Familie erwartet zu werden.

Ich fühle mich nicht undankbar, jedoch fressen mich der Druck, die Erwartungshaltung, dieses »Man hat, man soll, so etwas tut man nicht«, mittlerweile innerlich auf. Wieso zeugt der Wunsch, mit geschenktem Geld nach eigenem Ermessen umzugehen, von Undankbarkeit? Jedem müsste doch inzwischen klar sein, dass ich verantwortungsvoll damit umgehen würde.

»Wir sollten eine neue Wohnung kaufen. Kleiner, günstiger, aber eine Investition in die Zukunft. Sicherheit für die Kinder, falls ich nicht mehr sein sollte. Und außerdem: Meine Mutter soll in das Grundbuch eingetragen sein. Es steht ihr zu.«

Zukunft, Grundbuch, Sicherheit. Wem steht hier was zu? Jetzt, später, vielleicht nach Razvans Tod? Ich versuche mir diese Art von Sicherheit auszumalen. Sehe mich, ganz in schwarz gekleidet, müdes Gesicht, unverkennbar graue Haare, eine traurige Witwe eben, beim Notar sitzen. Höre mich mit Razvans Familie um Gelder und Erbe feilschen. Und wieder einmal bin ich nur ein lästiges Anhängsel, nicht mehr als ein Stolperstein irgendwo in der Erbfolge.

Düsterer könnten die Aussichten kaum sein. Werde ich mich in Zukunft etwa finanziell vor Razvans Familie rechtfertigen müssen? Die soeben abgeschossenen Pfeile erreichen mich treffsicher, ihre Widerhaken bohren sich in meine Seele. Ich weine laut los, flehe und versuche, mich verständlich zu machen, bemühe mich verzweifelt, die Zweisamkeit zwischen uns wieder herzustellen, will das Wir-gegen-den-Rest-der-Welt-Gefühl gewaltsam zurückholen.

Nein, ich möchte das Geld nicht, nein, ich möchte nur ihn, meinen Mann, wieder zurück. Ja, alles soll so werden wie früher. Nähe, überschwängliche Gefühle, die alles andere vergessen lassen. Nein, ich will keiner Familie Rechenschaft schulden. Nein, ich möchte nichts mit ihnen teilen. Am wenigsten meinen Mann. Nein, ich möchte mir keine Gedanken mehr machen müssen. Ja, ich erwarte Rücksicht. Ja, ich kann nicht mehr. Ja, natürlich werde ich das Geld nehmen. Wir brauchen es schließlich.

22. Gespalten. Gedanken

Wieder einmal MRT, wieder eine Röhre, wieder ein Krankenhaus.

Razvan ist wieder mal allein auf den letzten Metern. Doch nur auf den letzten? Ist er mehr allein als früher? Lässt sich Einsamkeit steigern? Fühlt er sich einsamer als zuvor? Ich weiß es nicht genau, glaube es aber schon. Ein Keil hat sich zwischen uns getrieben in den letzten Monaten. Wir haben uns auseinandergelebt, ohne es zu wollen, wir erreichen uns nicht, obwohl wir es wollen.

Diese Krankheit spaltet. Sie spaltet Beziehungen, sie spaltet Persönlichkeiten, sie spaltet das gesamte Leben. Sie spaltet alles, was ihr über den Weg läuft und möchte sich den Kranken einverleiben. Sie versucht es immer wieder und streckt ihre Fühler aus. Für den Moment sieht es so aus, als hätte sie es auch bei uns geschafft. Razvan und ich treiben auf verschiedenen Eisschollen dahin. Die Krankheit brachte unsere Beziehung zum Einfrieren. Wollen wir uns annähern, so brauchen wir einen Ofen. Entweder sind uns die Kohlen ausgegangen oder wir können den Strom nicht bezahlen. Können wir nicht oder wollen wir nicht? Ein Generator würde helfen. Vielleicht einer zum Kurbeln? Aber reichen unsere Kraft und Energie dafür noch aus?

Ein Kranker scheint dann, wenn es wirklich darauf ankommt, immer allein zu sein mit seiner Krankheit. Krankheit macht immer einsam. Man kann einen Kranken begleiten, stützen, unterstützen, abstützen. Verstehen kann man ihn als Nichtkranker wohl nie richtig. Nicht die Todesangst, nicht die Schlaflosigkeit, nicht die Traurigkeit und die Tränen. Beistand findet ein Kranker wohl immer, auf den letzten Metern jedoch ist er allein.

Auch Razvan ist jetzt allein. Allein allein.

Ich habe ihn nicht verlassen, lasse ihn aber oft allein. Lasse ihn gehen, gewähren, tun, widersetze mich seinem Tun, immer dann, wenn ich es nicht mehr ertragen kann. Lasse ihn allein mit seiner Angst, mit seiner Wut, mit seiner Tumor-Patientenliste im Internet, mit seiner Traurigkeit, wenn wieder mal einer von ihnen stirbt. Mit seiner Suche nach neuen Therapiewegen, mit seiner Verzweiflung.

Ich wollte nie, dass es so kommt, und trotzdem ist es geschehen. Ich habe es mir weder gewünscht noch ausgesucht. Das Schlimmste ist: Ich erkenne unseren Zustand und will es besser machen. Doch all meine Versuche gehen ins Leere, denn ich komme unentwegt an meine Grenzen und erreiche ihn nicht. Es ist wie Sterben bei vollem Bewusstsein, Verwesen bei lebendigem Leibe. Diese Krankheit hat mich verändert, sie hat Razvan verändert, aus uns beiden neue Menschen gemacht. Wir retten uns permanent in Abwehr. Er vor zu viel Nähe und Hoffnung, ich vor zu viel Verzweiflung.

Razvan sagt, ich muss leben.

Razvan sagt, ich werde bestimmt sehr alt werden.

Razvan sagt auch, er werde sicher jung sterben.

Über all das, was er sagt, bin ich immer wieder unendlich traurig und verzweifelt. Ich wage es aber nicht, dies richtig zu zeigen, denn ich muss mich ja zusammenreißen – wegen der Kinder, wegen der Arbeit, wegen der Zukunft. Laut Razvan soll es für mich ja eine geben.

Razvan, ich will nicht aufhören, an eine Zukunft mit dir zu glauben. Wir gehören doch zusammen. Für immer, schon vergessen? Ich will mit dir zusammen fliegen, kämpfen und fliegen, weiter und weiter. Bitte, fliege mit!

Ich brauche dich in diesem Leben, im Hier und Jetzt.

23. Familie. Erneut nicht meine

Kalt ist es, dieses Schwimmbad. Das Thermalwasser ist trübe und stinkt, die Liegewiese feucht und der Weg zur Toilette ein Spießrutenlaufen zwischen Mülltüten, gebrauchten Damenbinden und Essensresten.

Zumindest die Kinder scheinen ihren Spaß zu haben. Sie werden nicht müde, ins Becken zu springen und sich gegenseitig unterzutauchen. Ihr Geschrei ist unüberhörbar. Vier Stimmen, drei Mädchen und mein Sohn. Unsere Kinder und jene Ioanas, die ihre Ferien bei den Großeltern in Rumänien verbringen.

Razvan will sich ausruhen im Ferienhaus in unserer frisch ausgebauten Wohnung auf dem Grundstück seiner verstorbenen Großeltern. 1800 km von unserem Leben entfernt, mitten in Transsilvanien, nahe dem rumänischen Kältepol.

Razvan hat Kopfschmerzen, wieder einmal und immer wieder.

Ich beobachte die Kinder beim Spaß haben und versuche mich zu orten. Was mache ich hier? Ich meine nicht hier, in diesem Schwimmbad, sondern überhaupt hier, in Rumänien. Wieder in Rumänien. Mehr als zwei Jahre nach dem Beginn des Lebens mit dem Tumor, zwei Jahre nach dem letzten Besuch bei Razvans Eltern.

Razvan zog es in der letzten Zeit immer wieder in diese Ecke, nach Hodosa. Er reiste her, plante, rechnete durch, überließ zwischenzeitlich anderen den Bau und gab Anweisungen aus Deutschland.

Mich zog es nicht her, überhaupt nicht. Irgendwie bin ich richtig sauer auf mich, weil ich mich zu diesem Urlaub überreden ließ. Ich soll hier sein um zu begutachten, zu loben, mich zu freuen über das neu ausgebaute Dachgeschoss im Familienferienhaus.

»Ich will den Kindern ein Refugium bauen, für später. Es soll sie später auch hierher ziehen, sie sollen den Ort nicht vergessen, wenn ich mal nicht mehr bin«

Razvan und seine Planung. Ein Refugium, etwas Eigenes, weit weg vom richtigen Leben, unserem Leben? Es sind zwei Tagesreisen, um diesen Ort zu erreichen, weil die Straßen nicht ausgebaut sind. Es kostet jedes Mal zwei Tage Müdigkeit und Erschöpfung, um in diesem Kaff am Ende der Welt anzukommen. Doch wozu? Wozu später hier her kommen? Wozu jetzt hier sein?

Überhaupt: Wozu das alles?

Um den Launen meines Schwiegervaters ausgesetzt zu sein? Dieser Urlaub ist, mehr denn je, seine Bühne. Er fordert unentwegt Aufmerksamkeit, verlangt Küsschen auf Befehl, schimpft, schart um sich, verschreckt und ignoriert mich erfolgreich. Ist es ihm überhaupt schon aufgefallen, dass ich auch hier bin? Wieder einmal gemeinsame Mahlzeiten, ernüchternd, quälend, zum Teil erniedrigend. Razvans Ohren sind, wie immer, auf Durchzug geschaltet.

Wozu also das alles?

Um meiner Schwiegermutter einen Gefallen zu tun, ein offenes Ohr zu haben für ihre Klagen, um ein emotionaler Müllhaufen zu sein? Um meiner Pflicht als Ehefrau und Mutter nachzukommen? Um Razvan nicht zu enttäuschen? Um etwas zu begutachten, das mich derzeit überhaupt nicht interessiert? Wozu eigentlich?

Eine kalte Brise lässt mich erschaudern. Die Kinder scharen sich mit blauen Lippen um mich, es wird Zeit zu gehen. Noch vier Tage, nur noch vier, dann ist es vorbei. Ein schwacher Trost angesichts der Tatsache, dass dann auch mein Sommerurlaub um sein wird. Der dreiwöchige, langersehnte Jahresurlaub, wieder einmal in Rumänien verbracht.

Das Frösteln will kein Ende mehr nehmen. Es kriecht unter Pulli und T-Shirt und lässt meine Lippen zu einem schmalen Strich erstarren. Vielleicht werde ich ja krank. Vielleicht ist es die Lösung, eine Entschuldigung, um mich in den nächsten Tagen verkriechen zu können.

Im Ferienhaus ist es erstaunlich ruhig. Keine Fragen auf dem Hof, kein »Wo kommst du her? – Wo gehst du hin? – Wie war's im Schwimmbad?«, keine stummen Blicke, kein Durch-mich-hindurch-Sehen. Auch kein Razvan.

Der Onkel erklärt mir mit wenigen Sätzen, was geschehen ist: Der Hilfsarbeiter auf dem Hof, sein Sohn, die Kettensäge, die durchtrennten Sehnen am Unterschenkel des Kindes, das viele Blut, die gebotene Eile, um ins Krankenhaus zu kommen. Die anstehende Operation des Kindes, die binnen einer fünfstündigen Frist stattzufinden hat. Razvans Bereitschaft, alle zu fahren, seine Entschlossenheit und Selbstlosigkeit.

Wieso fahren? Wieso Krankenwagen spielen? Wieso den drei-stündigen Weg durch Schlaglöcher auf sich nehmen bis in die nächste Großstadt?

Die Wut schnürt mir augenblicklich wieder Hals und Herz zu und lässt meine Stimme um einige Tonlagen höher rutschen.

Ich schicke die Kinder in die Wohnung und frage nach. Meine Worte kommen schnell, fordernd und zischend, ich will die Situation verstehen.

Diese ist ganz einfach und unmissverständlich: Mein Schwiegervater soll bereits mehrere Bier getrunken und somit zum Fahren nicht mehr in der Lage gewesen sein. Razvan ist spontan eingesprungen, trotz pochender Kopfschmerzen und Übelkeit. Ich glaube kein Wort des Gesagten und verwandele mich augenblicklich in ein wutverzerrtes, angstüberschwemmtes, hässliches Etwas. Die Worte verlassen meinen Mund unkontrolliert, das filternde Denken schaltet sich aus und überlässt den Emotionen die Bühne.

Ich schreie alles heraus, was gewaltsam unterdrückt werden musste in den letzten Tagen, Wochen, Monaten, Jahren. Klage an, ziehe zur Verantwortung, weine, kreische, röhre, johle, blöke.

»Ihr habt ja keine Ahnung, wie Razvan wirklich ist, erwartet nur Gefälligkeit von ihm, Kuschen, den Schein bewahren. Nie sagt er euch die Wahrheit, er beschönigt stets, verharmlost und idealisiert alles für euch. Ihr mit euren antiquierten Moralvorstel-lungen, eurem überzogenen Anstand, eurer Verlogenheit. Mit eu-ren Erwartungen nach Schema F.«

»Du mit deiner Familie, deinem lächerlichen Deutschtum. Du mit deinen Gefühlsausbrüchen. Du mit deinen verweichlicht-ger-manischen Kindern, die keinen Satz auf Rumänisch verstehen. Du mit deinem langweiligen, kranken Gehabe. Du …«

Deutlicher hätte mein Schwiegervater es kaum ausdrücken können. Seine unmissverständlichen Worte schwappen mir mit einer Wucht entgegen, auf die ich nicht vorbereitet bin. Zunächst kommt es mir vor, als würde ich alles von außen betrachten, mich, sein rot angelaufenes Gesicht, das Zimmer, die gesamte Situati-on. Erst später wird mir klar: Er spricht tatsächlich zu mir, meint mich, den Eindringling in die Familie, hat mich als Keim des Übels auserkoren.

Inmitten seines Wortschwalls schrumpfe ich auf die Größe eines Kleinkindes, dem negative Aufmerksamkeit viel wichtiger ist als gar nicht beachtet zu werden.

Das abschließende »Wir sprechen hier von meinem Sohn und nicht von deinem Mann.« und »Verlasse sofort meine Wohnung.« klingt noch Stunden nach. Es hallt auch noch in meinen Ohren, nachdem ich die Kinder ins Bett gebracht habe und es ist auch etwa sechs Stunden später noch da, als Razvan bleich, erschöpft und mit pochenden Schläfen wiederkommt.

Es klingt auch noch nach, als ich ihm unter Tränen Bruchteile des Gespräches wiedergebe. Auch noch, als ich mich mitten in der Nacht schlaflos an den Tisch setze, um meiner Schwiegermutter einen Brief zu schreiben.

Es ist auch am nächsten Morgen noch da, als Razvan mir das Angebot macht, sofort abzureisen. Ich überlege kurz, wäge ab, hadere und hoffe, Razvan würde mir die Entscheidung abnehmen. Er würde uns erhobenen Hauptes ins Auto verfrachten und diesen Ort des Unglücks grußlos verlassen.

Aber Razvan legt sich mal wieder nicht fest. Er überlässt den Zeitpunkt der Abreise mir, und ich möchte mich nicht in den Mittelpunkt stellen, nicht meine Person, nicht meine Ängste, nicht meine Abneigungen, nicht meinen Frust.

In den verbleibenden Tagen bis zur Abreise beobachte ich, wie Razvan die Mahlzeiten mit seinen Eltern einnimmt, und setze mich nicht dazu. Wie ein Gespenst schleiche ich über den Hof, senke den Blick, flüchte vor den Gesprächen, denke nach und grolle.

Insgeheim hoffe ich immer noch, dass Razvan diesem lächerlichen Schauspiel ein Ende setzt. Wortlos und erwartungsvoll harre ich der Dinge, um schließlich zu resignieren. Am Tag der Abreise breitet die Mutter in mir beschützend die Arme über ihren Sprösslingen aus. Die Ehefrau sammelt die Scherben vom Boden ein und schafft es nicht mehr ganz, diese zusammenzufügen. Freundin und Pflegerin teilen sich murrend den Platz auf dem Beifahrersitz. Und die Geliebte ist hin und her gerissen. Sie kommt nicht umhin, sich ihre Enttäuschung einzugestehen.

Aus Verletzung und Ratlosigkeit wird die Anwältin geschaffen. Sicher ist sicher. Sie soll in den kommenden Monaten ohne Unterlass ins Gericht gehen, denn der Hall der gefallenen Worte soll für lange Zeit nicht verklungen sein.

Zwischen Schweigervater und Schwiegertochter soll nie wieder ein Wort fallen. Wie könnte dies denn auch der Fall sein, ist sie doch längst von der Bildfläche verschwunden.

24. Entmutigt. Gedanken

Viel ist passiert, wenig ist passiert. Wir leben im Stillstand bei rasendem Tempo.

Es geht mir schlecht, so schlecht wie schon lange nicht mehr. Wieder einmal will sich das Gefühl des Machtlos- und Ausgeliefertseins einschleichen. Es will mich holen, quälen, treten, peinigen, mich alles, nur nicht leben lassen. Etwas hat wieder einmal das eine Ende des Teppichs, auf dem ich stehe, in der Hand. Es zieht sachte, fast zärtlich daran. Aber es täuscht, wartet nur darauf, dass ich wegschaue, dass meine Konzentration nachlässt und schwupps – ruckelt es mit aller Macht daran. Also bloß nicht nachgeben, bloß nicht schwach werden, andernfalls verliere ich das Gleichgewicht und stürze augenblicklich. Ich falle auf die Knie, auf die Hüfte und schlage schließlich mit dem Kinn auf. Das Etwas schüttelt sich vor Lachen.

Aber nein, noch halte ich die Stellung. Noch bin ich nicht ganz so weit. Es kostet mich Kraft, viel Kraft, jeden Tag ein bisschen mehr. Wie lange werde ich das noch durchhalten?

Es ist wieder einmal Mai. Draußen lockt das reife, pralle, lebendige Sonnenwetter. Wie gerne will ich mich ihm anschließen, mitgehen, mich einfach fallen lassen in den Strudel des Lebens, treiben mit der Lebendigkeit. Aber ich darf es nicht, ich darf nicht fröhlich sein, darf an nichts denken, ich muss einfach leben und nichts mehr erwarten. Erlaubt das Schicksal mir nur, Böses zu erwarten? Trauriges, Tragisches? Bin ich seine geheime Witzfigur? Warum? Was habe ich falsch gemacht, wem so wehgetan, dass ich dafür so sehr büßen muss?

Aber wie könnte ich auch normal durchs Leben gehen, wenn ich ständig daran erinnert werde, dass Razvan so krank ist? Wenn er mich fast täglich daran erinnert, dass er in ein paar Jahren, vielleicht auch nur einem, nicht mehr da sein wird? Wenn ich das Böse im Auge behalten und Positives vorleben muss? Den Kindern nichts sagen darf, gute Miene zum bösen Spiel machen, alles in mich hineinfressen muss?

Von Natur aus bin ich doch eigentlich optimistisch, ich vertraue immer auf einen guten Ausgang der Dinge und auf positive

Wendungen. Dies habe ich auch bei Razvan lange Zeit so gehalten, zuletzt auch mit seiner Krankheit. Gelegentlich versuche ich es auch jetzt noch und werde immer häufiger gebremst, meistens dann, wenn die Bilder am schönsten sind.

Wie soll ich mich also verhalten? Wie soll ich meine Seele halten?

Ein Gedicht fällt mir ein: »Wie soll ich meine Seele halten, dass sie nicht an deine rührt? ...« Rilke? Ich glaube, ja.

Es sieht so aus, als zeigte ich dann das meiste Mitgefühl und wahre Empathie, wenn ich mich auf Razvans negatives Zukunftsbild einlasse. Aber diese Art von Präsenz zerstört mich langsam und saugt mich von innen aus. Raubt mir die Energie, die ich brauche – für die Zukunft, für die Kinder, für alles, was noch kommen mag. Also entschließe ich mich lieber, die Escape–Taste zu drücken. So befinde ich mich dann schnell auf einer sicheren Ebene, in einem geschützten Raum. Einem Raum, in dem immer noch die gleichen Dinge geschehen, in dem aber auch noch etwas anderes ist: Hoffnung und ein Fünkchen Freude. Manchmal auch etwas mehr Freude. Ein Raum, in dem der Satz »Alles wird gut« irgendwo hängt, gut lesbar. In dem ich mein Unterbewusstsein aktivieren kann, es bitten kann, mir beizustehen, mich zu beschützen. Mich zu leiten und seine Kraft und Weisheit für mich einzusetzen. Mein Unterbewusstsein, Quelle der inneren Kraft. Ich brauche es dringend und rufe es auf, es soll meine Stütze, mein Trost, mein Gebet, meine Sicherheit sein. In Traurigkeit und Verzweiflung bitte ich es, flehe es an, es soll mich einhüllen, tragen und stärken.

Alles wird gut!

Alles wird gut!

Schon fühle ich etwas mehr Kraft.

Habe Razvan Joseph Murphys Buch auf den Nachttisch gelegt. Ihn darauf angesprochen, versucht, mich ihm mitzuteilen. Wie heilsam die Gedanken für mich sind, ob sie dies eventuell auch für ihn ...?

Razvan hat noch gar nicht mal mehr höflich abgewinkt, so wie früher, er hat auch nicht den Ansatz eines Versuches gemacht, den Schein zu waren. Wo ist seine Höflichkeit geblieben, wo sein offenes Ohr? Wenn er doch wenigstens so getan hätte, als ob ...

»Uninteressantes Zeug«, hat er gesagt, »Banalitäten, Allgemeinschauplätze. Kann nichts damit anfangen. Brauchst mir so etwas nicht wieder zum Lesen zu geben.«

Aber was ist nicht banal für dich, wie ist deine Welt, Razvan?

Womit kannst du etwas anfangen?

Noch ein Bild drängt sich mir auf: In diesem Raum der guten Gedanken ist es seltsam leer. Das Schild »Alles wird gut« hängt sichtbar über der Tür, darunter jedoch fehlt etwas. Es ist nur noch ein Schatten da, eine leere Hülle, unbeseelt und kalt. Der Mensch aus dem Schattenumriss hat den Schauplatz jedoch bereits verlassen. Es ist ein Raum ohne Razvan.

25. Zeit. Verlorene und vorhandene

Der Therapeut wirkt vom ersten Tag an ratlos. Aus seiner Sicht ist das weniger ein Problem, ist er doch dazu da, uns eben keinen Rat zu geben. Razvan hingegen fordert im Stillen genau das von ihm ein; ich bin da gelassener und nehme die Ratlosigkeit an, schon froh darum, dass wir jemanden haben, der uns als Paar wahrnimmt.

Razvan erwartet, der Therapeut möge uns Wege aufzeigen, wie wir aus dieser verfahrenen Beziehungskrise wieder herauskommen, er wünscht sich Tipps und Anregungen. Ich erhoffe mir, der Therapeut möge Razvan verständlich machen, dass er mich tief in seinem Inneren bereits verlassen hat, dass er längst nicht mehr bereit ist, sich auf meine Person in ihrer Gesamtheit einzulassen. Mit meinen weniger schönen Anteilen, Ablehnungen und Wutausbrüchen. Insgeheim erwarten wir beide Wunder von diesem Helfer mit der gemütlichen Praxiseinrichtung und den vielen Titeln auf der Visitenkarte.

Bereits nach der ersten Sitzung wird uns jedoch klar: Hier wird nicht über Lösungen gesprochen, sondern ein Prozess angegangen. Einer, der viel Zeit in Anspruch nehmen und all die Verletzungen, Risse und Einschnitte nach und nach zum Thema machen soll, die sich in den letzten Monaten und Jahren zwischen uns gestellt haben.

Zeit. Für mein Gefühl haben wir eine ganze Menge davon. Es entlastet mich, Gesprächssitzungen Monate im Voraus zu planen, über einen bestimmten Zeitpunkt irgendwann in unserem Leben zu berichten und Zukunftspläne zu schmieden. Es tut gut, so zu tun, als ob es ewig weitergehen könnte mit uns beiden. Gerade so, als ob es die Krankheit nicht gäbe, nicht Razvans Umgang damit, nicht seine Ängste und Unsicherheiten, am wenigsten die Todespanik, die ihn gelegentlich ereilt.

Ich hülle all diese Tatsachen in ein schönes, wallendes Tuch, ergötze mich an der gelungenen Tarnung und schaue zurück. Spreche von Razvans Umgang mit dem Krebs, von den Fehlern, die er aus meiner Sicht dabei macht, von den Erwartungen, die ich an ihn habe. Ich bin mir dabei sehr sicher und verschließe mich vor mir selbst. Weder mir, noch Razvan oder dem Therapeuten gestehe ich auch nur eine Sekunde lang ein, dass ich selbst nur noch eine Verwirrte, Kopf- und Planlose bin. Nein, ich bin nicht wirklich bereit, mein Innerstes nach außen zu wenden und über Emotionen zu reden, ausgenommen vielleicht über meine Wut. Über diese rede ich, ungehemmt und immer wieder, ich will sie loswerden und gleichzeitig als Schutzwall behalten.

Zeit. Razvan bringt sehr deutlich und immer wieder zur Sprache, wie wenig er davon zu besitzen vermeint. Wie sie ihm entgleitet, völlig unvermittelt und täglich aufs Neue. Wie sehr sie vom Feind in seinem Kopf gesteuert wird, wie sehr ihre Abwesenheit ihn in tiefe Traurigkeit versinken lässt. Wie sehr ihre nicht sinnvoll genutzte Anwesenheit ihn zur erneuten Verzweiflung bringt.

Sinnvoll genutzte gemeinsame Zeit – Was macht diese also aus?

»Siehst du doch, Razvan, der Alltag, die täglichen Einkäufe, die Beschäftigung mit den Kindern, ihnen gemeinsam beim Aufwachsen zu helfen. Die Spaziergänge mit dem Hund. Das Kochen, Putzen und Rasenmähen. Nein, keine gemeinsamen Reisen, keine Wochenendtrips nach Rom oder Wien, dazu fehlt uns doch das Geld, wie oft denn noch? Du nimmst mich nicht ernst mit deinen Wünschen, immer weg, weg, was sollen wir dabei mit dem Hund machen, woraus bitteschön die Reise bezahlen, und überhaupt, du bist immer wieder auf der Flucht. Alltag, wieso bedeutet dir dieser so wenig, wieso kannst du nicht anerkennen, dass es schwer ist, du weißt doch, dass ich nur sechs Wochen Urlaub im Jahr habe, wieso immerzu reisen, wer kümmert sich um die Kinder in der Zeit, immer musst du mir die Verantwortung für alles überlassen, stell dich nicht so an, auch andere sind krank und kämpfen erfolgreich dagegen an. Auch andere haben den Krebs besiegt, warum also du nicht auch? Ich an deiner Stelle würde es ganz anders machen, du überforderst mich mit deinen Wünschen und Ängsten, mit deiner Krankheit, mit dem Druck, den du machst, überhaupt mit allem.«

»Das ist wohl gemeinsame Zeit, Tina, in gewissem Sinne, aber was denn für eine langweilige, sinnlose, jämmerliche, vergeudete?

Ich will mit dir Sachen erleben, fröhlich sein, leben, du immer mit deinem Geldmangel, mit deinem mangelnden Urlaub, deiner Müdigkeit, deiner Erschöpfung nach einem langen Arbeitstag, mit deinem Aldi-Idyll als Höhepunkt der Woche, deinen schlauen Denk–positiv–Ratgebern, deiner Intoleranz meiner Familie gegenüber, mit deinen Verletzungen, immer wieder und wieder. Dass du auch nie darüber hinwegkommen kannst, die Vergangenheit ruhen lassen, auch mal nach meinen Gefühlen schauen kannst.

Wo bleibe ich, Tina, mit meinen Gefühlen, Verletzungen und Ängsten?

Wo ist meine Tina geblieben, mein gutmütiger und großzügiger Engel, die Frau, die ich liebe?«

Der Therapeut hört uns geduldig zu, Sitzung für Sitzung, Woche für Woche, und spart dabei auch weiterhin mit Ratschlägen.

Razvan hingegen schlägt neue, ungetretene Pfade vor: Das Positive sollen wir beim anderen suchen, aussprechen und betonen. Er will den Fokus weghaben von all den Streitigkeiten und Kontroversen, all dem Gezanke, Gezerre und Hader. Ihm laufe die Zeit davon.

»Was soll das denn jetzt wieder, Razvan, einfach Schwamm drüber und in die Zukunft schauen, ich bin doch kein Automat, wo ist, bitteschön, der Knopf, der alles vergessen lässt, du mit deiner egoistischen Sicht auf die Krankheit, immer wieder du, du, wo bleibe ich, richtig aufarbeiten willst du die Vergangenheit wohl nicht, typisch Razvan, Deckel drauf und wegschauen, das ist schon immer dein Muster gewesen, bloß nicht der Realität ins Gesicht sehen …

Und überhaupt, die davonlaufende Zeit, schon wieder das, jetzt setzt du mich auch noch damit unter Druck, erpressen willst du mich, besonderes Verständnis für deine besondere Lage soll ich haben, ich kann es nicht mehr hören, ich bin auch in einer besonderen Lage, die Kinder auch, wer nimmt Rücksicht auf uns, du Traumtänzer, noch mal, wo bleibt dein Bezug zur Realität, Razvan? …«

»… Das ist Realität für mich, Tina, und mir läuft die Zeit davon, ich habe Angst …«

»… Angst, immer wieder deine Angst, wer schaut nach meiner Angst, wer tröstet mich, wer nimmt mich in den Arm, wer gibt mir Sicherheit und Zuversicht, wer macht mir Mut? Wozu soll das alles denn noch gut sein, wenn du sowieso stirbst, dann geh doch gleich. Ich werde nicht gehen, für mich ist es gut, wie es ist, unser Leben eben, wir sind an einem Punkt, an den alle Paare mal kommen, was ist denn daran so schlimm? …«

»… Wir sind aber kein normales Paar, Tina, und uns läuft die Zeit davon, die gute Zeit …«

»… Doch, das sind wir, Razvan, genau das, ein ganz normales Paar mit Ermüdungserscheinungen nach einer langen Beziehung. Die gute Zeit, die gute Zeit, willst du etwa sagen, unsere Zeit ist nicht gut, da tue ich schon alles für dich, stehe um fünf Uhr morgens auf, kümmere mich, schaffe, ohne zu murren, wo bleibt dein Dank, immer nur Ansprüche, hast die Messlatte mal wieder zu hoch angesetzt, Razvan, du zerstörst noch mein Leben mit deiner Unzufriedenheit! Es ist eben, wie es ist, Razvan! …«

»… aber es ist nicht gut, Tina, und ich kann so nicht weiter machen …«

Der Therapeut hat es sich irgendwann zur Angewohnheit gemacht, die Augen zu schließen. Er begründet dies mit der Aggression, die wir verbreiten und vor der er sich schützen müsse.

Uns beiden fällt auf, dass er die Augen immer öfter für immer längere Zeit schließt.

Irgendwann fragen wir ihn nicht mehr danach, denn so haben wir auf dem Heimweg im Auto zumindest ein gemeinsames Gesprächsthema.

26. Der Film: Ausschnitte

»Dann bis später. Hauptbahnhof, Nordseite. Bis dann.«

Razvan reist aus Berlin an. Zum zehnten, zwölften, fünfzehnten Mal in den letzten Monaten? Längst habe ich mit dem Zählen aufgehört.

Auch zum Warten nehme ich mir keine Zeit mehr, ich fahre zu spät zu Hause los und komme zu spät an. Razvan steht dann meistens schon in der Kälte und wartet.

Mein Handy klingelt erneut: »Wo wartest du noch mal, Tina?«

»Auf der Nordseite, Razvan. Hauptbahnhof Nord.«

»Ach ja, da, wo das Moos wächst.«

Razvan lächelt jetzt bestimmt. Auch ich muss durchs Telefon schmunzeln. Trotz der Kälte, Entfremdung und Entfernung tut uns ein bisschen Humor gut. Danke, Razvan.

Mein Mann. Er reist wochenlang um die Welt, führt Interviews und aufwendige Dreharbeiten, bewegt sich auf dem Parkett der Intellektuellen und Berühmten und kann sich Kleinigkeiten wie den Treffpunkt nicht merken.

Mein Mann, der Regisseur mit dem feinen Gespür für das Erzeugen von filmischen Emotionen, der nie weiß, wo seine Brille liegt. Der seine zahlreichen Mützen, die sich schützend um seine Narbe legen sollen, nie wiederfindet. Der sich nicht mehr als zwei Dinge auf einmal merken kann.

Mein Mann, der gesunde, besser noch: derzeit augenscheinlich gesunde Kranke. Der Anrempelnde, Auf–die–Füße–Treter, der ungelenk Hantierende, Nägelkauende, der sich selbst als gehirnamputiert bezeichnet.

Mein Mann, der rumkommt und sich in interessanten Kreisen bewegt.

Mein Mann, der durch den Film seinen eigenen Weg des Umganges mit der Krankheit gefunden hat.

Mein Mann, der »LebensWende« gerade zu Ende geschnitten und die Wohnung in Berlin aufgegeben hat. Der sich nun auf dem Heimweg befindet.

Ich weiß so gut wie nichts aus seinem Leben der letzten Zeit. Wie sah seine Wohnung aus? Wie sein Schnittstudio?

Wen hat er getroffen? Männer, Frauen? Eine andere Frau? Sehnte er sich nach mir?

Die letzten Monate: Eine endlose Abfolge von Dreharbeiten, Reisen, Koffer auspacken, Wäsche waschen, Koffer einpacken, Zugtickets buchen, Flüge umbuchen, Drehteams organisieren, Umarmungen, Abschiede, wenige Worte, kaum Nähe. Gelegentlich unterbrochen von medizinischen Untersuchungen, Arztbesuchen und MRT's.

Meile reiht sich an Meile, Stunde an Stunde, Woche an Woche. Entfremdung an Entfremdung.

Razvan flüchtet. Aus der Realität in eine Beschäftigung, die seinen Tumor scheinbar stoppt, aus unserem gemeinsamen Leben dahin, wo er sich kurzerhand eine eigene Welt aufbauen kann. Wo er das verarbeiten kann, was ihm Todesangst einjagt, dem Unaussprechlichen eine Stimme geben kann. Wo er andere für sich sprechen lässt und sich nicht täglich mit unserer Beziehung auseinandersetzen muss, noch weniger mit meiner offensichtlichen Unfähigkeit, mit seiner Belastung umzugehen. Auch nicht mit meinem Unvermögen, ihn so zu nehmen, wie er ist: mit all seinen Ängsten und Verarbeitungsmechanismen, mit seiner Art von Liebe.

Mein Mann. Er hat mich eingeladen in seine Welt, mich aufgefordert, ihn zu besuchen, am Wochenende, unter der Woche, egal wann. Anfangs tat er dies mehrmals täglich, dann wöchentlich. Am Schluss sprach er nicht mehr davon, versuchte es erst gar nicht mehr. Er scheint resigniert zu haben.

Ich. Mit meinen Verletzungen, dem immer wiederkehrenden Gefühl, allein gelassen zu sein mit der Wucht des Alltages, des Ganztagsjobs, der Sorge um die Kinder und den Hund, um die Wäsche, Einkäufe, Besorgungen. Um das Geld, immer wieder um das Geld, das dahinzufließen scheint.

Mit meinem Unverständnis dafür, wie Razvan diesen Film konstruiert hat, mit meinem Verdruss darüber, dass ich darin bislang gar nicht erwähnt wurde. Mit meiner Wut darüber, dass andere im Gegenzug darin so viel Raum bekamen. Denn bin nicht ich diejenige, die Razvan am nächsten stehen sollte? Die das meiste abbekommt von seiner Krankheit, seinen Stimmungsschwankungen, seinem Gefühlschaos, seiner schwindenden Kraft, seinen

Unsicherheiten. Die sich um ihn sorgt, Tag für Tag, ihm Verrichtungen abnimmt, wo es nur geht, ihn nach außen abschirmt, vor Anstrengungen bewahrt, ihn so nimmt, wie er ist?

Der Film ist eine wunderbare Idee, ein kleines künstlerisches Meisterwerk. Ein Ausdruck des Mutes, der verzweifelte Versuch des Umganges mit dem Thema Tod und Vergänglichkeit. Eben Razvans Umgang damit.

Der Film ist auch ein unschöner Keil zwischen uns. Er ist das mühevolle Ergebnis vieler Monate der Entbehrungen, der Hetze und des Alleinseins, das Einstellung für Einstellung neue Fragen aufwirft und Unsicherheiten schafft. Eben mein Umgang damit.

Der Film entspricht Razvans Wunsch, kreativ zu sein und das, was ihn bewegt, künstlerisch umzusetzen. Er will mich auch dafür gewinnen, möchte mein Verständnis, meine Zustimmung, meine Anerkennung haben. Er folgt so gar nicht meinem Wunsch, Alltag zu leben, möglichst normalen Alltag, langweiligen Alltag, alltäglichen Alltag eben ohne neue Überraschungen. Ohne tägliches Bangen, ohne die Furcht vor Überforderung, vor neuen Krankheitssymptomen, vor neuen Zuckungen des Tumors. Es ist mein Wunsch nach einem Leben ohne Krebs, ein Leben in Sicherheit. Es ist auch mein Wunsch, Razvans Verständnis dafür zu haben, seine Zustimmung, seine Anerkennung für all das, was ich für ihn tue.

Innerlich wehre ich mich längst gegen den Film und gebe Razvan zu verstehen: So habe ich ihn mir nicht vorgestellt. Kreativität gegen die eigene Sterblichkeit, ein kühner Gedanke. Doch was ist mit all den anderen, frage ich ihn immer und immer wieder, all jenen, die nicht kreativ sein können, jene, die stinknormal sind. Jene, die keine Künstler sind, jene wie ich? Und so gehört es auch zu meiner Abwehr, dass ich Razvan auf keinen Fall besuchen und Einblick in seine Welt nehmen kann. Ich will keine Berührung mit dem fremden Unbekannten, erneute Angst produzierenden, will bloß keine erneute Konfrontation mit dem Tod. Um ehrlich zu sein, ich fühle mich durch den Film bedroht.

Innerlich wehrt sich Razvan gegen meine Vorstellung des Lebens und er gibt mir bei jeder Gelegenheit zu verstehen, wie sehr es ihn langweilt. Alltag als Rezept gegen Krankheitschaos, Festhalten an Bewährtem als Schutz vor dem Abgleiten in Wirrnis und Unordnung ist für ihn nicht brauchbar. Mein Sicherheitsbedürfnis findet keine Verwendung in seinem Leben. Razvan fühlt sich durch mein Abgleiten ins Überschaubare, Vorhersehbare, Planbare und Triviale bedroht.

Die Entfernung zwischen unseren Parallelwelten gebiert täglich neue Entfremdung, aus der Bedrohung entsteht. Unsere Entfernung benutzen wir täglich gegen die Bedrohung der Entfremdung. Wie werden die nächsten Tage, Wochen, Monate aussehen? Wie wird es Razvan zu Hause gehen, ohne die Struktur der regelmäßigen Beschäftigung der letzten Monate? Was werden wir miteinander anzufangen wissen?

Fröstelnd erreiche ich den Hauptbahnhof. Mein Mann steht bereits in der Kälte und wartet. Der kurzen Umarmung folgt ein flüchtiger Kuss, anschließend tauschen wir einige nette Floskeln aus. Wir beherrschen die Routine vorzüglich, schließlich sind wir ein eingespieltes Team.

Meine innere Leere verwandelt sich fast in körperlichen Schmerz. Zusammen mit dem Schweigen, das sich zwischen uns breit gemacht hat, verbindet sie sich zu einer wabernden, gallertartigen Masse.

Den gesamten Heimweg suche ich in Gedanken krampfhaft nach etwas, woran ich mich festhalten kann. Das mich aufbaut, mir die Zuversicht zurückgibt. Ich finde nur eines: Vielleicht, wer weiß, hat Razvan mich auch in dem Film erwähnt und mir dadurch den Stellenwert und die Anerkennung zugewiesen, die ich mir in den letzten Jahren verdient zu haben vermeine.

Irgendwann später schaue ich mir den Film in voller Länge an, um erneut zu hadern und unter Tränen lange zu schweigen.

»Meinen Kindern Denise und Sebastian« – die Widmung des Filmes ist eindeutig und lässt keinen Raum für Interpretationen zu. Die Tatsache, dass ich im Abspann als Übersetzerin genannt bin, berührt mich kaum. Als der Abspann beendet ist, fällt in mir eine weitere Tür zu. Ich habe das Gefühl, dass auch die kommende Zeit keine gute werden wird.

27. Der Film: Reaktionen

Vorhang und Blende auf.

Wirrwarr im Gehirn, in der Seele, überall.

Totenstille im Saal, Musik an. »Lebenswende« läuft erstmalig im Kino.

Ich bin ganz in Gedanken, unfähig, den Bildern zu folgen und den Worten zu lauschen.

In meinem Kopf fühle ich Schwindel, in den Beinen Gummi. Ich habe das permanente Gefühl, zu fallen und versuche mich festzuhalten. Doch woran, wozu und weswegen?

Einzig und allein an Gedanken finde ich einen Halt, ich gleite ab, lasse mich treiben und träume mich in eine andere Welt.

Meine Schwester Ines sagt, man könne sich hineindenken ins Negative, Hässliche, Abschreckende und Beängstigende. Aber ebenso auch ins Schöne, Erfreuliche, Hoffnung spendende und Zukunftsgläubige. Es käme immer auf einen selbst an, in welche Richtung die Gedanken gesteuert werden. Es kommt auch darauf an, was man wirklich will und was nicht. Auf das Wesentliche eben.

Meine Schwester Gerda sagt, Razvan und ich könnten es doch so versuchen: Wir leben unseren Alltag wie gewohnt, und gehen im wöchentlichen Wechsel einer Freude bringende Beschäftigung für Razvan und einer für mich nach. Eine Woche Freude für die Dame im Wechsel mit einer Woche Freude für den Herrn.

Meine Tante sagt, ich sei ein Engel. Sie bewundere meine Geduld, meine Aufopferung, meine Ausdauer und Kraft. Von mir könne man sich noch eine Scheibe abschneiden.

Meine Mutter sagt, ich tue ihr Leid. Sie hätte mir ein anderes Schicksal gewünscht, weniger Sorgen, weniger Stress, mehr Freizeit und vor allem mehr Leichtigkeit.

Ich sage zu alledem gar nichts. Schon längst weiß ich nicht mehr, was ich will, wer ich bin, wohin mein Weg, wohin unser Weg führt.

Mein Wissen darüber, was nicht mehr sein soll, ist erschreckend präzise und jederzeit abrufbar.

Ich will nicht mehr so tun als ob und nicht mehr den Deckel auf meine Emotionen halten müssen.

Ich will nicht mehr aufopfernd sein und keine Freude mehr schenken. Nicht mehr immerzu gut sein und einlenken, nicht mehr vergeblich hoffen müssen. Keine Angst, keine permanente Anspannung, ich möchte auch keine Dinge mehr tun, die mir nicht entsprechen. Ich möchte nie wieder mehr geben müssen als zurückzubekommen. Auch will ich nie wieder verletzt werden, nie wieder den Eindruck haben, den Kürzeren zu ziehen. Nie wieder will ich das Gefühl haben, erstickt zu werden. Nie wieder.

Vorhang zu. Licht an.

Razvan steht unsicher auf, schaut sich um, versucht, die Blicke zu deuten und in den Gesichtern der Kinobesucher zu lesen.

Noch ehe ich an seiner Seite bin, wird er von anderen in Gespräche verwickelt. Ich will auch nie wieder nicht wissen, was ich ihm sagen soll.

Die Diskussionen sind garniert mit Orangensaft, Sekt und Häppchen, der Abend verspricht kurzweilig und bereichernd zu werden. Die geladenen Gäste umringen ihn, Razvan, den Regisseur, sowie auch Carl, den Freund und Produzenten des Films. Sie stellen Fragen, wollen mehr wissen, tasten sich vor, suchen Parallelen zu ihrem eigenen Leben. Ihre Mienen spiegeln Bewunderung, Anerkennung, Mitgefühl, Verbundenheit. Der Abend wird ein voller Erfolg.

Einige Leute wenden sich auch mir zu, interessieren sich für meine Sicht der Dinge, meine Rolle bei der Entstehung des Films, die Art und Weise, wie ich Razvan unterstützt habe.

Ich antworte pflichtbewusst irgendwas und weiß gleichzeitig, dass ich auch nie wieder unehrliche Antworten geben, mich nie wieder verstecken und ausweichen will. Im Grunde genommen will ich jetzt niemandem ins Gesicht schauen müssen und keinem Rede und Antwort stehen. Vor allem aber will ich nicht länger die quälende Gewissheit spüren, dass ich es nicht verdient habe, hier zu sein, dass mir der Erfolg nicht gebührt, dass ich meiner Rolle als Angehörige nicht gerecht werde und Razvan sowieso bei diesem Projekt zu wenig unterstützt habe.

Razvan kommt auf mich zu und legt den Arm um meine Schultern. Wir lächeln für den Fotografen und geben wieder ein schönes Paar ab. Was, wenn es nie wieder seinen Arm auf meiner

Schulter, nie wieder seine Umarmung und Nähe gäbe, wenn dies alles überhaupt nie wieder geschehen würde.

Was, wenn es einen neuen Mann gäbe? Einen starken, verständnisvollen, wertschätzenden, einen, der nicht vom Tod und Dahinsiechen spricht? Einen, der mich wieder aus dieser verdammten Ecke herauskriechen lässt, einen, dem ich beweisen kann, dass ich eigentlich ganz anders bin? Ein aufmerksamer, der mich überrascht, der mich verwöhnt, der mir gelegentlich das Frühstück ans Bett bringt? Einen Intakten, Heilen eben, um den ich mich nicht dauernd sorgen muss. Mit einem bodenständigen Beruf, der irgendwann Feierabend hat und dann für seine Familie da ist, voll und ganz. Der mich so nimmt, wie ich bin. Kein Traumtänzer. Ein Starker, Vitaler. Ein Gesunder …

Ich schaffe es an diesem Abend überhaupt nicht, Razvan zu zeigen, wie stolz ich auf ihn bin. Ich schaffe es noch nicht mal, ihn zu umarmen oder ihm zumindest kurz die Hand zu schütteln. Irgendwie schaffe ich gar nichts mehr an diesem Abend und bekomme kaum mit, wie wir irgendwann, lange nach Mitternacht, zu Hause ankommen.

Razvan hat einer Kollegin ein Nachtquartier angeboten. Ich wechsele einige höfliche Floskeln mit ihr, denn ich habe nicht vor, den Abend zu feiern, weder mit ihr, noch ohne sie.

Razvan stehen die Gefühle buchstäblich ins Gesicht geschrieben. Es ist eine deutliche Mischung aus Hoffnung, Stolz, Enttäuschung, Entmutigung, Resignation und Wut.

Ich ignoriere alles geflissentlich und nehme nur noch wahr, dass sich meine Beine wie Blei anfühlen. Das einzige, was ich noch tun kann, ist mich ins Bett zu schleppen. Ich will schlafen, einfach nur noch schlafen.

Meine Schwester Ines schickt Razvan am nächsten Tag eine wunderbar einfühlsame E-Mail. Sie setzt sich mit dem Film auseinander, beschreibt Gesehenes und Gefühltes und zieht Bilanz.

Mich ruft sie im Laufe des Vormittags in der Arbeit an: »Die Entfernung zwischen Euch ist wohl riesig zurzeit. Als ob ihr gar nicht mehr zusammen gehören würdet.«

Scharf beobachtet, Ines.

Ich lege auf und lasse noch an meinem Schreibtisch den Tränen freien Lauf. Wenigstens das funktioniert bei mir noch.

28. Kalter September

Verdammt kalt ist es an diesem Septembermorgen.

Ich durchwühle meinen Kleiderschrank. Das gepunktete Weiß-schwarze, das ich rausgelegt habe, kann ich wohl vergessen, ich würde darin erfrieren. Besser ist der schwarze Rock mit der Strickjacke. Nach Punkten ist mir sowieso nicht zumute.

Der Hund macht seinen Haufen schnell und zuverlässig, wie immer. Ich schlinge die Jacke enger um den Körper. Der Park wirkt trostlos. Warum muss es wieder Herbst sein? Hatten wir überhaupt einen Sommer? Zu Hause bürste und füttere ich den Hund, wische über die Arbeitsplatte. Packe die Blumen aus der Vase erst in Alufolie, dann in eine Tüte. Die Torten sind auf dem Fenstersims über Nacht etwas feucht geworden. Macht nichts, der Vater mag das, das Saftige, alle Zutaten schön miteinander vermengt. »Cremetorten haben mindestens eine Woche zu stehen, dann schmecken sie am besten.«

Meine Torten stehen nie eine Woche lang, sie stehen auch nie einen Tag. Diese beiden habe ich gestern erst gegen Mitternacht fertig gestellt. Auf den letzten Drücker, wie immer.

Versetzt klingeln die Wecker in den beiden Kinderzimmern. Es ertönen verschiedene Klingeltöne oder was man heute als solches bezeichnen kann. Der erste aufdringlich, schrill, hämmernde Bässe, der andere eher zart, vorsichtig, unschlüssig. Um dem Gehörten Nachdruck zu verleihen, klopfe ich an die Türen. Ein unwilliges Murren ertönt, diesmal sehr synchron. Die Kinder stehen fast zeitgleich in der Diele und wollen das Bad für sich beanspruchen. Sie scheinen über Nacht gewachsen zu sein. So viel Kind in einem Raum! Wie konnte mein Körper das alles jemals beherbergen?

Meine Kinder zu betrachten erfüllt mich, wie meistens, mit viel Stolz. Ihre schlafzerknautschten Gesichter wecken meinen Mutterinstinkt. Am liebsten möchte ich sie in den Arm nehmen. Heute vor allem Sebastian, meinen kleinen – großen Sohn, aber halt! nein!, bloß keine abwegigen Gedanken! Schließlich ist er 14, steckt mitten in der Pubertät und würde das alles ganz und gar nicht zu schätzen wissen.

Wie einfach war es, als sie noch klein und unsere Sorgen kaum vorhanden waren. Jetzt sind sie groß, kaum noch erreichbar, mit eigenen Interessen und Freundeskreisen. Uns Eltern brauchen sie nur noch gelegentlich.

Es wäre also ein passender Zeitpunkt für Razvan und mich, uns jenseits des Elterndaseins neu zu definieren, neue Gemeinsamkeiten zu entdecken, die Zweisamkeit als Paar mit frischen Inhalten zu füllen.

Bei dem Gedanken fröstelt es mich. Ich schüttele ihn ab wie einen Schwarm lästiger Mücken und will bloß nicht darüber nachdenken. Bloß nicht.

Ich betrete das Schlafzimmer, nähere mich dem Bett und betrachte meinen schlafenden Mann. Müde sieht er aus, eingefallen und blass. Ihn in den Arm zu nehmen, geht mir nicht durch den Sinn. Mir ist einfach nicht danach, wie so oft in letzter Zeit.

Wie eine schwarze Gewitterwolke hängt das Schweigen über dem Frühstückstisch, das pubertäre, ungeduldige der Kinder, daneben unseres, schwer, wie eine Last. Haben wir gerade Streit? Sind wir miteinander gut? Hatten wir gestern Streit? Ist jener von vorgestern bereits geklärt? Was wollten wir heute besprechen?

Zum Glück bleibt uns nicht viel Zeit zum Nachdenken, denn vor uns liegen 130 km ins unterfränkische Rimpar. Dort ist der Festtisch bereits gedeckt und dekoriert und die Getränke bestellt. Bestimmt stehen meine Eltern erwartungsvoll am Fenster und halten Ausschau nach den ersten Gästen.

Das Auto ist voll beladen, denn wir nehmen auch die Tante mit. Der Hund teilt sich den Kofferraum mit Blumen und Torten.

Hinter der Leitplanke auf der Autobahn rast der Gegenverkehr vorbei und mir die Gedanken durch den Kopf. Könnte ich sie doch für einen Tag abstellen, einfach so! Auf Pause drücken. Wenn schon die Festplatte nicht löschen, dann zumindest für einige Stunden außer Gefecht setzen. Aber heute, gerade heute, wird mir das alles bestimmt nicht gelingen.

Gefecht. Ein gutes Wort, es könnte unser Motto sein für die letzten Tage, die letzten Monate, die letzten Jahre. Die letzten vier Jahre? Sind wir zwei Menschen in Gefechtsstellung?

Ich sitze im Auto neben meinem Razvan, neben dem Mann, von dem ich denke, er sei die Liebe meines Lebens. Mich scheut davor, zu ihm hinüberzuschauen, denn ich weiß nicht, was mich dabei erwartet. Ist es sein fragender Blick, sein böser Blick, sein liebevoller Blick? Ob letzterer die bessere Alternative wäre? Ich weiß es nicht mehr, denn ich will mich einfach weiterhin gegen ihn schützen. Auch will ich keine Gleichnisse mehr, vor allem heute nicht, nach 25 Jahren. Nicht nach all dem, was wir in den letzten Jahren durchgemacht haben.

Es ist der 6. September 2008 und wir sind unterwegs zur goldenen Hochzeit meiner Eltern. Wir treffen, wie so oft in der vergangenen Zeit, als letzte ein. Die Tugend der Pünktlichkeit, in meiner Kindheit sehr hoch gehängt, ist mir irgendwann im Laufe der Ehe abhanden gekommen.

Meine Eltern empfangen alle Gäste elegant und würdevoll. Das Gesicht meiner Mutter ist eingefallen, die Aufregung ist ihr anzumerken. Sie hat schwere Wochen hinter sich, kämpft stetig gegen ihre Herzattacken. Mein Vater hat seine Nervosität gut im Griff. Nur einmal lugt sie hervor, als er verzweifelt versucht, Blumenpapier zu entsorgen. Ich nehme ihm schließlich den Packen aus der Hand und werfe ihn in der Küche auf den Boden.

Die Gaststätte ist schlicht, die Bedienung routiniert, das Menü berücksichtigt alle Extrawünsche. Lachs für die Nichtfleischesser, Fleisch für die Nichtfischigen, Gemüse für die restlichen oder alle zusammen. Der Tortentisch biegt sich unter der Fülle Banater Spezialitäten. Dass sie hausgemacht sind, versteht sich doch von selbst.

Der Raum ist erfüllt von Banater Schwabentum, verpflanzt nach Deutschland. Entwurzelt, weggebracht, neu eingepflanzt, gegossen, gedüngt, neu gediehen und fortgepflanzt.

Mittendrin sitzt Nelu, der Mann meiner ältesten Schwester Ines. Und Razvan, mein Mann seit 19 Jahren. Wir sind heute zusammen seit genau 25 Jahren, auf den Tag genau. Nelu und Razvan sind die einzigen waschechten Rumänen mit deutschem Pass im Raum.

An einem der Randtische finden wir Platz, Razvan und ich, ein Paar unter Paaren. Sofort kommen wir ins Gespräch mit meinen Cousins, unsere Treffen der letzten zwei Jahrzehnte sind an einer Hand abzuzählen, eigentlich weiß ich so gut wie nichts über sie. Es ist schön, mal füreinander Zeit zu finden.

Wir geben auch diesmal ein hübsches Paar ab, mein Mann und ich. Schlank, nicht schlecht aussehend, mit zwei hochgewachsenen Kindern. Auf den ersten Blick ordnet man sie uns kaum zu, wenn auch die Ähnlichkeit nicht zu übersehen ist. Sogar der Hund passt sich uns farblich an.

Wir geben auch ein interessantes Paar ab und die anderen suchen gerne unsere Nähe. Jeder von uns beiden hat Spannendes zu berichten. Razvan von seiner Arbeit an seinem letzten Film, der ihm viele Preise und noch mehr Anerkennung eingebracht hat. Ich von meinen wechselnden Tätigkeiten als Sozialarbeiterin, die mir täglich Einblicke in zwischenmenschliche Abgründe liefert. Beide von der Krankheit, der gemeinsamen, der entzweienden, von seinem Krebs, seinem täglichen Kampf damit, von unserem Umgang damit. Von Prognosen und neuen Therapien, von regelmäßigen Kontrolluntersuchungen und Operationstechniken. Jeder Fragende bekommt von uns bereitwillig Auskunft, wir haben nichts zu verbergen und sind immer bereit, anderen zu helfen. Wir sparen auch nicht mit Tipps, nehmen uns zurück, wenn es dem Zuhörer zu viel wird, lassen ihn teilhaben, ohne zu überfordern. Fragte uns jemand nach unserer Liebe, so bekäme er auch die Wahrheit zu hören. Doch kaum einer tut es, kaum einer glaubt, dass da etwas nicht stimmen könnte. Kaum einer kommt auf die Idee, dass alles nur Fassade ist. Kaum einer, außer uns.

Die Liebe, meine, deine, unsere Liebe. Was ist daraus geworden?

Ich betrachte die Paare um uns herum. Die etwas jüngeren, unsere Generation, die Senkrechte auf der Stammbaumlinie, sind bereits geschieden, getrennt lebend von der ersten großen Liebe, teilweise auch von der zweiten und leben in neuen Partnerschaften. Seltsam, die älteren Paare, jene der Großelterngeneration, sind fast ausnahmslos zu zweit da. Sie haben die gleichen Partner seit vielen Jahren, sie sind immer noch verheiratet mit der ersten Liebe oder mit jener, von der sie dachten, dass sie es immer noch sei. Wie auch immer, sie sind Paare seit Ewigkeiten.

Eine Frage hämmert seit Tagen in meinem Schädel: Werden Razvan und ich jemals so weit kommen? Wird es uns je als goldenes Hochzeitspaar geben?

Hier und heute ist das für mich unvorstellbar, denn über eine langfristige Zukunft sprechen wir schon längst nicht mehr. Wir haben damit aufgehört vor mehr als vier Jahren, als der Tumor in unser Leben trat. Wollen wir uns an die Statistiken und Prognosen der Ärzte halten, so befinden wir uns bereits jetzt rein rechnerisch bereits im luftleeren Raum. Im Nichts, im Dazwischen, im Jenseits, im Nirgendwo. Den Statistiken zufolge sind Tage wie dieser gar nicht mehr möglich. Den Statistiken zufolge müsste Razvan bereits gestorben sein.

Die Festreden werden gehalten. Ausnahmslos alle Freunde meiner Eltern, all die alt gewordenen, teilweise gebrechlichen, haben gedichtet und gereimt, nach Sprichwörtern gesucht und Gleichnisse gefunden. Ihre Bemühungen spiegeln sich in der Originalität der Texte wider. Voller Bewunderung blicke ich auf zu diesen standhaften, geradlinigen Menschen und hadere mit mir, ob meiner Unzuverlässigkeit. Ich bin nicht in der Lage gewesen, mich auf dieses Treffen vorzubereiten, geschweige denn, eine Rede zu schreiben.

Auch Ines spricht. Von Entbehrungen in Rumänien, Jahre ohne den Vater, Jahre mit dem Vater. Von Geborgenheit, Liebe und davon, was die Eltern ihr mit auf den Weg gaben. Sie spricht schön, meine Schwester, fädelt die Worte wie Perlen auf eine Kette und weiß um deren Wirkung. Das Publikum lauscht gerührt, denn Ines versteht etwas von Texten. Sie mahnt zur Nachsicht in der Partnerschaft, zu Toleranz und Verständnis, zum stetigen Aufeinanderzugehen.

Ein Klumpen schiebt sich in meinen Hals. Er verdichtet und verhärtet sich, wandert den Brustkorb entlang. Bevor er meine Hand erreichen kann, schiebe ich diese schnell in Richtung Razvan. Suche seine Berührung, eine zärtliche Berührung, nur für kurze Zeit. Zu kurz für ihn, seine Finger erwidern den Druck nicht, bleiben regungslos liegen. Kalt fühlen sie sich an.

Jetzt spricht meine Mutter. Sie zaudert nicht, dankt den Freunden und meinem Vater, erwähnt Entbehrungen, Verfolgung, Freude und Leid, Krankheit und Genesung. Eben all das, was ihre langjährige Beziehung überstanden hat.

Meine Gedanken fliegen erneut davon. Was ist mit uns, Razvan und mir, wohin wird unser Weg uns führen? Wir können immer noch nicht deuten, was mit uns geschieht, reden von einer neuen Art der Liebe, von neuen Möglichkeiten, die Beziehung zu gestalten und neuen Wegen. Wir leben lauwarm statt warm, seltsam entfremdet statt miteinander, sonderbar und dennoch zusammen. Das Leben hat uns gezeichnet und hat die Teenagerliebe bis zur Unkenntlichkeit verändert. Die Krankheit hat uns entzweit.

Razvan spricht immer häufiger vom Tod, der ihn nicht will und vom Leben, das er nicht will. Vom Wollen, das ich nicht will.

Noch ehe meine Mutter zu Ende gesprochen hat, wende ich mich ab, und versuche, meine Tränen zu verbergen.

Als mein Vater das Wort ergreift, bin ich bereits auf der Flucht. Plötzlich erscheint mir dieser Raum voller Beziehungen, Partnerschaften und unerschütterlichem Zueinanderstehen wie eine Bedrohung. Mir ist, als bliebe mir keine Luft zum Atmen, als müsste ich mich schämen, hier zu sein.

Wie gerne würde ich wieder dazugehören, stolz auf mich sein und mich jeden Tag daran erinnern, es ausgehalten zu haben. Vom stetigen Zusammenhalt berichten können und davon, wie sehr die Krankheit uns beide auf die Probe gestellt und letztendlich wieder vereint hat.

Während ich draußen im zugigen Flur gegen die Verzweiflung ankämpfe, packt mich der unbändige Wunsch, Razvan an der Hand zu halten, ihn mitzuziehen, mit ihm zusammen wegzulaufen. Ich will ihn drücken, ihn halten und schütteln, ihn an unsere Versprechen erinnern. Ich will, dass seine Tränen wieder zu meinen werden, seine Gedanken mit meinen verschmelzen lassen, mich mit seiner Traurigkeit zudecken.

In einem Drehbuch ist dies die Stelle, an der die Protagonistin mit fahrigen Fingern in der Handtasche kramt, sich eine Zigarette anzündet und den Rauch mit einem tiefen, befreienden Atemzug inhaliert, während sie versucht, der Zukunft einen neuen Sinn zu geben. Es ist die Stelle, an der eine Wendung eintreten oder etwas Schlimmes passieren kann.

Da ich aber Nichtraucherin bin, lehne ich einfach weiter an der Wand und krame nach einem Taschentuch. Ich bin bereit, alles auf die mangelnde Zigarette oder was auch immer zu schieben. Und als sich die Sonne für einen Moment zwischen die Regenwolken zwängt und den Raum in gelbliches Licht taucht, tue ich wieder einmal das Naheliegende, ich tue nichts. Später werde ich wieder den Raum betreten und lächelnd meine Rolle weiterspielen.

29. Leere. Gedanken

Razvans Geburtstag, der 43ste.

Sein Geburtstag am Fest der Liebe.

Ich fühle mich so leer, so unwohl in meiner Haut, so ausgebrannt, so müde, so traurig, gestresst und überfordert. Von Festtagsstimmung und Frohlocken bin ich meilenweit entfernt.

Nichts ist schwerer zu ertragen als eine Reihe von guten Tagen – dieser Spruch fiel mir in den letzten Tagen immer wieder ein. Feiertage, freie Tage – ohne Inhalt werden sie sinnlos. Ohne Nähe unerträglich. Ohne Lebendigkeit zum Gefängnis. Ohne Freude und Perspektive, ohne körperliche Nähe und Zärtlichkeit zum Irrenhaus.

Razvan wünschte sich nichts, ihm fiel nichts ein. Er bestand darauf, keinen Wunsch zu haben und ich schenkte ihm ein Buch zu Weihnachten, irgendeines. Er bedankte sich dafür, höflich, wie er ist, aber auch freudlos, wie ich ihn bisher kaum erlebt habe.

Zum Geburtstag werde ich ihm heute einen Kalender schenken. In der Morgendämmerung sitze ich da und schreibe Gutscheine für gemeinsame Unternehmungen, Konzert- und Museumsbesuche, Massagen, Sauna – und Spaziergänge. Wenn ich diese auch noch so zärtlich zwischen den einzelnen Buchseiten verstecke, so bleiben sie trotzdem nur ein Verlegenheitsgeschenk, eines, das Razvan eine Perspektive auf das kommende Jahr bieten soll. Ich will ihm eine Perspektive bieten, die ich nicht benennen kann und Freude, die ich nicht fühlen kann.

Die Zukunft wird zum Pflichtfach, denn alles in mir scheint ausgebrannt zu sein. Am liebsten wäre ich ganz woanders und trotzdem hier.

Kurz vor diesem Jahreswechsel, in dieser Zeit des Sortierens und der Abrechnung mit dem Gewesenen, merke ich, dass mir die Hoffnung endgültig abhanden gekommen ist.

Mag sein, dass ich als undankbar dastehe, als egoistisch und ungerecht, aber ich weiß nicht mehr weiter. Ich habe es schon zu lange versucht, zu lange gekämpft, zu lange gesucht, mich zu lange aufgebäumt und gesehnt. Der emotionale Riss zwischen Razvan und mir ist zum Krater geworden. Meine Sprungkraft reicht nicht mehr aus, um diesen zu überwinden.

Dieses Pendeln zwischen Gesundheit und Krankheit, zwischen Sich-etwas-vormachen und dem finanziellen Druck, zwischen dem Dasein als Künstler-Ehefrau und meiner angeborenen Bodenständigkeit – und alles unter der Regie des Tumors – hat mich zerrüttet. So hatte ich mir mein Leben nicht vorgestellt. Ich wollte Sicherheit und bekam Zweifel, wollte aufstrebendes Glück und bekam Gewitter, wollte Liebe und bekam Fordern.

Ich wurde wohl nie zu der Frau, die Razvan sich wünschte, und er nie zu dem Mann, den ich in ihm sah. Können wir überhaupt nebeneinander existieren oder behindern wir uns nur in unserem Sein? Ich denke, ich habe auf allen Fronten versagt.

In unserem Leben ist einfach zu viel passiert. Zu viele Streitigkeiten, negative Gefühle, Missverständnisse und aufgedrückte Stempel haben uns unwiederbringlich auseinandergetrieben.

Zu viele Vorurteile, zu viel Einmischen in unser Leben, zu viele Erwartungen. Zu viel Krankheit und Anspannung, zu viel Tumor, zu wenig Heilungschancen. Zu viel von allem und zu wenig wir.

Einen Gutschein verstecke ich als letzten zwischen den Kalenderseiten: Es ist das Versprechen, an unserem Buch zu schreiben. Was wäre, wenn ich zumindest das hinbekommen würde?

Vielleicht

Vielleicht wenn ich
Mein schützendes Gewand öffne
es ein klein wenig lockere
kann ich es schaffen, deine Rüstung
anzuheben, sie zu durchbrechen
um die erstarrte Angst dahinter
anzuhauchen.

Vielleicht wenn du
Deine Tarnkappe verrückst
Richtung Nacken, etwas nur
Dann kannst du weiter blicken
Mein Gewand zum Wehen bringen
um die verlorene Hoffnung darunter
zu entstarren.

Vielleicht wenn wir
Beide, irgendwann,
die Seele öffnen und
sanft, so sanft uns treiben lassen,
schaffen wir es, das Ufer
des anderen tief im Inneren
zu übertreten.

Für Razvan
in Liebe
Tina

31. Kalter Januar: Tumor. Erneut

Uniklinik Frankfurt, erneut.

Der kurzen, flüchtigen Umarmung folgt wie immer ein kurzer Kuss. Viel Glück. Razvan verschwindet um die Ecke. Es ist Routine und doch nicht wirklich, in meinem Magen rumort es.

Der Wartebereich des MRT ist ungewöhnlich leer. Keine Massenabfertigung. Vielmehr Bühne frei für den besonderen Auftritt außergewöhnlicher Menschen, immer schön der Reihe nach.

Hämmern, Piepsen, Klopfen, wie immer.

Im Auto fragte ich Razvan nach seinem Gefühl zu der Untersuchung. Er schwieg lange, fand keine Antwort. Ich deutete es nicht als positiv.

Ich schließe die Augen und versuche, etwas zu finden, worauf ich mich konzentrieren kann.

Der Jahreswechsel.

Das neue Jahr hat sich in unser Leben geschlichen. An Silvester legte das alte noch einmal an Tempo zu und galoppierte in Windeseile davon. Als ob wir es gewaltsam weggescheucht hätten. Wir haben fast Mühe, noch vor Mitternacht bei unseren Freunden einzutreffen. Essen, der Countdown im Fernseher, das Anstoßen aufs neue Jahr, das Feuerwerk verdichtet sich im Zeitraffer zu einem undefinierbaren Klumpen.

Wir fanden kaum Zeit, uns über das vergangene Jahr Gedanken zu machen.

Auch hatten wir keine Muße, es wertzuschätzen und das neue zu empfangen. Zitternd, die Arme um mich selbst geschlungen, werde ich vom neuen Jahr überrollt. Razvans Nähe kann mich nicht darüber hinwegtäuschen, dass ich Angst vor dem Kommenden hatte. Die Ungewissheit, das lange Stillhalten des Tumors, meine anstrengende Arbeit, die tägliche Auseinandersetzung mit den Wünschen unserer heranwachsenden Kinder.

Ich habe Angst vor der Fragilität und Kälte der Beziehung zu Razvan. Ich habe auch Angst vor dem Druck, die ungeliebte Arbeit aus rein finanziellen Gründen behalten zu müssen. Noch mehr Angst hingegen habe ich vor genau diesem Augenblick im

Hier und Jetzt, vor dieser bedrohlichen Untersuchung mit ungewissem Ausgang.

Ich öffne die Augen und schaue mich im Wartezimmer um. Gegenüber sitzt jetzt ein nicht mehr ganz junger Vater mit seinem sehr jungen Sohn. Die Beziehung der beiden ist so innig und der Stolz in den Vateraugen so mächtig, dass mir die Tränen in die Augen schießen. Welches Schicksal mag sie hierher verschlagen haben? Ich denke an unsere Kinder. Was soll in diesem Jahr aus ihnen werden? Was wird aus uns als Paar? Was wollen wir tun? Unser Leben. Wie soll es weitergehen?

Eine Frau humpelt um die Ecke. Nicht mehr ganz jung, offensichtlich die Mutter des Babys. Berichtet dem Mann sachlich, fast schon fröhlich von der Untersuchung und hat dabei Mühe, das eine Bein zu kontrollieren. In meinem Inneren lege ich mir zurecht, dass es diese aufgeweckte kleine Familie nicht so schlimm getroffen haben kann. Wahrscheinlich der Meniskus, Bänder im Bein oder irgendwelche Bandscheiben.

Wieder Klopfen, Hämmern, Pochen, etwa 20 Minuten lang. Danach eine lange Pause. Razvans Untersuchung scheint vorbei zu sein.

Als er sich zu mir setzt, sind seine Ohren hochrot und er sieht wie immer sehr mitgenommen aus. Nur zu bereitwillig lässt er sich auf ein Gespräch über die nette kleine Familie ein.

Die Frau bewegt sich quer durch den Raum, Razvan erwähnt etwas von Kopfschmerzen und Nebenwirkungen des Kontrastmittels. Die Ärztin für Radiologie erscheint und wendet sich der Mutter zu. Wortfetzen dringen zu uns herüber, unklar und vage, ein Satz jedoch ist deutlich zu verstehen: »Ist wohl wieder gewachsen.«

Ich erstarre. Sollte die Gründung der kleinen Familie ein deutliches Signal an die Krankheit sein? Ein verzweifelter Versuch, sich mit aller Macht an das Leben zu klammern? Einem schlimmen Befund zu trotzen und Statistiken eines Besseren zu belehren?

Die Gehbehinderung der Frau ist jetzt nicht mehr zu übersehen. Sie ist eine untrügliche Ausfallerscheinung als Folge eines Gehirntumors. Und doch: Welch eine positive Ausstrahlung! Welch eine Lebensbejahung! Was für ein Mut, sich angesichts einer lebensbedrohlichen Erkrankung bewusst für ein Kind zu entscheiden! Was für ein Kraftaufwand, sich trotz ungünstiger Prognosen zu entschließen, neues Leben in die Welt zu setzen. Vielleicht mit der permanenten Gewissheit vor Augen, den Tag der Einschulung nicht mehr miterleben zu können. Ich fühle mich ungeheuerlich beschämt und klein. Um wie viel mutiger doch andere sein können!

Die Ärztin für Radiologie erscheint erneut und steuert diesmal Razvan an. Trotz der aufgesetzten Maske der Sachlichkeit kommt sie kurz ins Stocken, als sie erklärt, dass die Auswertung der Bilder noch etwas dauern wird.

Sofort spüre ich wieder das Glatteis unter den Füßen, ich falle innerlich, krieche, richte mich auf, falle wieder. Ist der Moment mal wieder gekommen? Soll Zuversicht erneut in Ernst und der spärliche Rest an Hoffnung wieder in statistisch klar eingegrenzte Restzeit verwandelt werden? Ist es wieder so weit?

Razvans bewundernswerte Neurochirurgin, in deren Büro wir eine Stunde später sitzen, kann an der Situation auch nicht mehr viel ändern. Der Tumor sei wieder gewachsen, zwar nicht genug, um sofort eingreifen zu müssen, aber ausreichend, um den Scheinfrieden sofort zu beenden. Razvan wird in den nächsten Monaten über weitere Therapieschritte nachdenken müssen. Es ist also mal wieder Ernst. Razvan ist ein kranker Kranker.

32. Wieder Mai. Gedanken

»Sie sind schuldig«, sagt der Richter, »nicht nur schuldig an der Freudlosigkeit ihrer Kinder, sondern auch an jener ihres Mannes. Sie haben ihn betrogen, belogen, hingehalten, vertröstet, ihm Besserung versprochen. Sie haben ihn getötet, Stunde für Stunde, Woche für Woche, Monat für Monat, Jahr für Jahr.

Sie haben es nicht verdient, Mensch zu sein. Sie haben die Chance nicht gesehen, nicht erkannt. Sie haben alles von sich gewiesen, keine Hilfe angenommen. Ich wiederhole noch einmal: Sie haben ihren Mann getötet.«

»Aber wie denn?«, frage ich.

»Sie haben ihm die Lebensfreude genommen, wohl wissend, dass er daran sterben wird. Nicht der Tumor hat ihn umgebracht, sie waren das, sie allein.«

»Was jetzt?«, flüstere ich.

»Sie werden verurteilt.«

»Wozu?«

»Sie werden verurteilt zum Leben, zum ewigen Leben. Ab sofort sollen Sie ohne Liebe leben. In ewiger Freudlosigkeit und Kälte.«

»Kann ich ihn noch einmal sehen? Nur noch ein einziges Mal?«

»Nein. Das ist nie wieder möglich. Er ist tot, für immer. Schaffen Sie die hier raus. Die Sitzung ist geschlossen.«

Decke, Schlafanzug, Laken, alles ist schweißgetränkt, mein Kopfkissen tränennass. Heute brauche ich sehr lange, ehe ich in der Lage bin, die Augen zu öffnen. Das Bett links neben mir ist leer.

Draußen ertönt Gelächter, die Sonne klopft ans Schlafzimmerfenster und will die Wohnung aufwärmen. Mai.

Fünf Jahre, es ist bald fünf Jahre her. Fünf Jahre Krankheit. Razvan hat seine Lebenserwartung um zwei Jahre überschritten. Ist es ein Geschenk, ein Wink des Schicksals?

Der Traum.

Was ist, wenn er wahr wird? Was ist, wenn alles eintrifft? Was ist, wenn ich unsere Beziehung getötet, wenn ich uns aufgegeben habe? Was ist, wenn wirklich alles zu Ende ist, wenn ich nichts aus unserem Leben gemacht habe? Was ist, wenn Razvan nicht wiederkommt? Razvan ist in Hodosa, seinem geliebten Ort, seit mehr als einer Woche. Es zog ihn hin, wie so oft in den letzten Jahren.

»Vor allem zum Schreiben, ich möchte das Buch beenden«, ist nur ein Teil der Wahrheit, das weiß ich inzwischen. Für mich ist Razvan auf der Flucht. Er rennt vor sich selbst davon, aber auch vor mir, vor uns, und diesmal kann ich es ihm noch nicht einmal verübeln. Denn was biete ich ihm mittlerweile denn schon an? Was sind unsere Gemeinsamkeiten? Wie gebe ich ihm Hoffnung? Wie baue ich ihn auf?

Die letzten drei Tage habe ich in einem extrem aufgelösten Zustand verbracht. Ich habe den halben Tag nur geweint, beim Frühstück, auf dem Weg zur Arbeit, in der Mittagspause, beim Spaziergang mit dem Hund. Ich weine mir fast die Seele aus dem Leib. Oder in den Leib hinein? Bin ich eigentlich bereits tot? Es sieht vieles danach aus, denn ich fühle mich nur noch leer und hohl. Aus Angst, die Wahrheit an mich heranzulassen, all das Negative, Hässliche, Hemmende und Schmerzhafte, habe ich versehentlich alles in mir getötet. Ich habe alle Gefühle in meinem Inneren vernichtet, auch das Schöne, Gute, vor allem die Freude und Liebe. Ich sterbe bei lebendigem Leibe. Wie lange wird es noch dauern, bis es ganz zu Ende ist?

Razvans Anruf. Meine Frage, ob er mich noch liebe. Sein Schweigen, sein Zögern, die Stille. Irgendwann seine Antwort, dass er es nicht mehr wisse.

Ines' Anruf. Meine Frage, wie sie uns sieht. Ihre Klarheit und ihr Durchblick erstaunen mich immer wieder: Razvan gebe sich große Mühe. Er strenge sich an, so gut er das eben könne. Er kämpfe um mich, habe sich sehr verändert, habe viele von seinen Fehlern eingesehen. Zumindest habe er dies bis zu seiner Abreise getan.

Doch was will ich?

Will ich sein, mit allen Konsequenzen?

Will ich wieder leben, koste es, was es wolle?

Will ich nicht oder kann ich nicht?

Was könnte mich daran hindern, es neu zu wollen?

Ich habe nichts mehr zu verlieren.

Ich muss mich wohl dazu entschließen, hier und jetzt.
Koste es, was es wolle, mit all den Risiken und Unwägbarkeiten.
Wenn überhaupt, so muss ich es jetzt tun.
Liebes Leben, lass es bloß nicht zu spät sein!

33. Immer noch Mai

Sonntag, 3. Mai 2009, 20:16 Uhr

Betreffend: Zukunft

Lieber Razvan,

während Du, entmutigt von den letzten Monaten unseres Zusammenlebens, vielleicht sogar von den letzten Jahren, dabei bist, Dich neu zu sortieren und möglicherweise eine Zukunft ohne mich zu planen, vielleicht auch nur planst, das Alleinsein besser zu ertragen oder daran sogar Gefallen findest, während Du also dabei bist, zur Ruhe zu kommen und Deinen – neuen? – Weg gehst, fühle ich, dass ich völlig am Ende bin. Ich glaube, ich habe meine Chance bei Dir vertan, habe Dich möglicherweise gequält, zappeln lassen wie einen Fisch an der Angel, um Dich danach wieder ins kalte Wasser zurückzuschmeißen.

Zum ersten Mal seit langer Zeit spüre ich diese Angst wieder – die nackte, blanke, gnadenlose, rücksichtslose, kalte Angst, die mich wahrscheinlich vor fünf Jahren überkommen hat. Die Angst davor, ohne Dich zu sein, gezwungen zu sein, ein Leben ohne Dich an meiner Seite zu führen, die Angst davor, Dich zu verlieren. Dich bereits verloren zu haben?

Ich weiß nicht mehr, ob Du mich noch liebst, weiß auch nicht mehr, ob Du der emotionalen Belastung durch mich noch standhalten kannst. Möglicherweise wäre es einfacher für Dich, Dich neu zu orientieren, eine neue Beziehung zu suchen, die von all den Aufs und Abs mit mir nichts weiß. Eine Freundin, die Dich nie in Frage stellt und Dir geistig und intellektuell ebenbürtig ist. Möglicherweise wünschst Du Dir das auch und traust Dich nicht ganz – anständig, wie Du bist – es auszusprechen. Möglicherweise war ich ein Leben lang schon überwiegend eine Zumutung für Dich – in der Annahme, das Richtige zu tun.

Ich weiß, dass ich in unserer Beziehung viel verkehrt gemacht habe. Dass ich dauerhaft nicht die Stärke und Größe hatte, Verletzungen zu übergehen und das Wesentliche im Auge zu behalten. Ich weiß, dass ich Dich enttäuscht habe, weiß auch, dass ich Dir

– wieder einmal in der Annahme, alles richtig zu machen – selten die Partnerin gewesen bin, die Du Dir gewünscht hättest.

Nun ist es leider, wie es ist. Ich kann die Vergangenheit nicht mehr ändern und habe Angst davor, die Zukunft mit Dir aufs Spiel gesetzt zu haben. Ich habe Angst davor, dass Du stirbst. Dass Du stirbst mit dem Wissen, nicht genug Liebe von mir bekommen zu haben. Dass Du stirbst mit dem Wissen, Chancen verpasst zu haben.

Lieber Razvi, ich kann und will so nicht mit Dir weiterleben. Diese Qual, diese Selbstzerfleischung muss ein Ende haben. Wir müssen uns entscheiden. Ich könnte Dich voll verstehen, wenn Du Dich von mir trennen würdest. Ich denke, ich habe Dir in letzter Zeit keinen Grund gegeben, zu bleiben und dieses trostlose Dasein an meiner Seite weiter zu fristen. Ich wollte Dir nie die Freude nehmen und wünschte, es wäre Dir an meiner Seite besser ergangen.

Was mich anbelangt, weiß ich jetzt, dass ich mir nichts sehnlicher wünsche als eine gemeinsame Zukunft mit Dir. Mit Dir, den Kindern und Netka. Und später dann mit Dir allein. Ich liebe Dich, mehr, als ich lange Zeit zulassen konnte. Du bist die Liebe meines Lebens und unsere Geschichte ist das Wichtigste für mich.

Ich wünschte mir, wir könnten neu anfangen. Uns neu finden, uns neu entdecken, Kraft und Halt geben. Ich wünsche mir, Du würdest Dir das gleiche wünschen.

Ich liebe Dich
Deine Tina

34. Wiedersehen

Schiebetür auf, Schiebetür zu.

Flughafen Frankfurt, zum unzähligsten Mal in meinem Leben. Ich stehe diesmal wieder in der Wartehalle.

Ich warte auf Razvan, den kranken, lebensbejahenden, gesunden Flüchtenden. Auf den Mann, der mich all die letzten Jahre begleitet hat, auf meinen Mann.

Schiebetür auf. Wie wird es sein?

Wird es überhaupt sein? Was für eine Art von Sein wird es sein? Wird er uns noch wollen?

Vor fünf Tagen hab ich ihm meine Mail geschrieben, vor vier Tagen seine Antwort erhalten: Komme früher.

Schiebetür zu.

Was, wenn er doch nicht kommt? Wenn er doch nicht in den Flieger gestiegen ist und es sich anders überlegt hat?

Wenn all das Geschehene, Gesagte und Ungesagte, Getane und Unterlassene, Verletzende, Verpasste zu viel war? Zu viel war für ein Menschenleben, für eine Seele. Zu viel für meinen kranken Mann, zu viel für mich als nichtkranke Angehörige.

Schiebetür auf.

Ein Paar, blutjung, hübsch, engumschlungen. Ganz allein inmitten des Menschengewühls. Allein mit sich.

Kinder, Lachen, genervte Erwachsene. Kuscheltiere, Berge von Koffern, zu viel Gepäck, wie immer. Glänzende Augen, Elternliebe und Elternstolz.

Noch ein Paar, entschlossen, entfernt, in Gedanken. Darauf bedacht, im Gleichschritt zu bleiben. Kein falscher Tritt, bloß kein Stolpern. Kein Festhalten, kein Ausrutscher.

Die beiden Alten. Unsicher, Fahrig, Halt suchend. Sich gegenseitig stützend. Fragil. Stürzt der eine, so geht der andere mit zu Boden.

All die anderen. Menschen jeglichen Alters. Paare. Alleinreisende. Eine ganze Menge davon.

Tür zu, Tür auf.

Nachlassende Hektik, Vereinzelte, Verspätete, Schlendernde, Müde.

Tür zu. Tür auf. Tür zu.

Die Stille hallt so intensiv, dass es schmerzt. Wo sind all die Durchsagen geblieben, wo die Hektik, das Echo sich entfernender Schritte? Wo ist Razvan?

Aber was habe ich denn erwartet? Ich hätte es eigentlich wissen müssen: Es ist zu spät. Ich habe meine Chance vertan, meine Zeit ist abgelaufen. Ich habe Liebe und Beziehung abgelegt wie alte Lumpen, habe sie weggeworfen und entsorgt.

Ich habe versagt, da ich meine Grenzen nicht überschreiten konnte.

Unscharf spiegelt sich mein Gesicht im milchigen Glas. Ein müdes, leeres Gesicht, in wenigen Tagen wird es 40 sein.

Ich trete näher und richte meinen Kopf aus. So, jetzt ist es recht. Passgenau zwischen den beiden Worten. Zutritt, unscharfes Gesicht, verboten. Zutritt verboten. Wie lange schon? Wie lange noch?

Ein Schatten schiebt sich ins Spiegelbild. Schleichend, fast unmerklich verdunkelt sich die Schrift. Die Buchstaben bewegen und vermengen sich, zerfließen zu einer schwarzen Brühe, die nun die Tür hinunterläuft.

Es herrscht wieder Stille.

Doch dort, wo die Schrift eben zerflossen ist, kriecht nun ein vager Umriss hoch. Ein Gesicht mit eingefallenen Wangen und dunklen Schatten um die Augen. Vertraut, vermisst, geliebt.

Razvan.

Er legt seine Arme von hinten um mich. Fest, ganz fest hält er mich umschlungen. Seine Wärme kriecht in meinen Körper und dringt bis in meine Seele vor, haucht sie an und hüllt sie ein. Langsam, ganz langsam, fängt es an zu tauen.

Regungslos stehen wir da und spiegeln uns in der Scheibe, schauen hin.

Ein Paar im besten Alter.

Ein Paar, das sich wieder finden muss.

Ein Paar, das sich zusammen neu erfinden muss.

Im Weggehen drehe ich mich noch einmal um, blicke zurück. Sehe unser Bild, eingefroren auf der Glasscheibe. Darüber die Schrift: Zutritt erwünscht.

35. Ein Tag: 25. August 2009

4:25 Uhr. Der Wecker klingelt. Ich stehe schweißgebadet auf, dusche, koche Kaffee und führe den Hund hinaus.

5:20 Uhr. Bereite den Kindern Pausenbrote, schleiche mich leise in ihre Zimmer und verabschiede mich.

5:38 Uhr. Sitze im Auto. Die Frankfurter Skyline bewegt sich vor rosafarbenem Hintergrund entlang der Autobahn.

6:00 Uhr. Schließe Razvan im Krankenhaus in die Arme.

6:20 Uhr. Wir sitzen auf der Terrasse und versuchen, alle wichtigen Worte in zehn Minuten zu komprimieren.

6:30 Uhr. Die Schwester kommt mit Nachthemd, Kompressionsstrümpfen und Beruhigungstablette.

6:50 Uhr. Razvan im Nachthemd schluckt die Tablette

7:10 Uhr. Die Tablette wirkt.

7:20 Uhr. Razvan wird von einer Schwester und einem Pfleger abgeholt.

7:25 Uhr. Razvan versucht, seinen Ehering abzustreifen. Der Finger wehrt sich.

7:27 Uhr. Der Ehering ist ab. Ich streife ihn über.

7:28 Uhr. Razvan witzelt: »Meine Frau zu heiraten war einfacher als das.« Der Finger ist dick und angeschwollen

7:29 Uhr. Eine Träne schleicht sich in Razvans Augenwinkel.

7:30 Uhr. Ich küsse Razvan. Der Aufzug hält im ersten Stock, die Türen öffnen sich beidseitig. Ich winke Razvan zu. Er verschwindet hinter meinem Tränenvorhang.

7:31 Uhr. Laufe die Treppe hoch in Razvans Stationszimmer. Begegne auf dem Flur Frau Dr. Franz, der Ärztin. Inmitten der Visite schließt sie mich in die Arme.

Verschließe Razvans Schrank, stecke den Schlüssel ein. Lasse mir die Telefonnummer der Intensivstation geben, gehe auf Toilette. Verlasse das Gebäude.

Schreibe den Kindern je eine SMS »Papa ist jetzt im OP.« Schiebe Zeni, Denise' Eisbären, tiefer in meine Handtasche. Er ist behängt mit zahlreichen anderen Glücksbringern. Ein Passant rempelt mich an. »Eisbär–Zoo« ruft er mir unwillig nach.

Langsam fahre ich vom Gelände. Bemerke, wie ein aufgebrachter Fahrradfahrer ein auf dem Fahrradstreifen parkendes Auto bespuckt. Lese an der Litfasssäule etwas über Deutschlands erfolgreichsten Gewichtheber, vergesse es sofort.

Sehe das Kreuz am Straßenrand und erhasche einen Blick auf den Namen Mathias. Wer er wohl war? Registriere, dass der Benzinpreis bei 1,34 € liegt, sehe die Absperrung am rechten Fahrstreifen, hinter der die Polizisten gerade Westen mit der Aufschrift »Zoll« anziehen. Spüre die Brise, die von der Kläranlage rüberkommt. Zollkontrolle an der Kläranlage?

Überlege, dass ich gerne das Grab meiner Großeltern besuchen würde. Überhole den Laster eines Würzburger Möbelhauses. Lese auf einem Plakat, dass Freiheit keine Randnotiz, aber dennoch ein wählbares Gut ist. Reichtum für alle.

8:10 Uhr. Komme in der Praxis meiner Ärztin an.

8:35 Uhr. Ich erzähle ihr, dass Razvan im OP liegt, dass ich krank bin. Sie versteht sofort, in was für einer schlechten Verfassung ich bin

9:00 Uhr. Rufe meine Eltern an und teile ihnen mit, dass es jetzt wieder so weit ist.

9:30 Uhr. Die Schreiben an Krankenkasse und an den Arbeitgeber liegen bereits im Briefkasten.

10:15 Uhr. Das Mittagessen für zwei Tage steht auf dem Herd.

10:30 Uhr. Die Wäsche ist versorgt.

11:00 Uhr. Nicke kurz ein.

11:15 Uhr. Schrecke auf.

11:20 Uhr. Fange an zu warten.

11:25 Uhr. Warte untätig.

11:38 Uhr. Drücke Zeni an mich.

11:58 Uhr. Meine Tante Anni kommt zu Besuch.

12:00 Uhr. Sitze mit Anni in der Küche und unterhalte mich über Razvans erste OP.

12:15 Uhr. Zeni riecht jetzt nach Zigarettenrauch.

12:45 Uhr. Drücke Zeni immer noch. Fester.

13:15 Uhr. Die Kinder kommen aus der Schule. Sie haben kaum Hunger.

13:20 Uhr. Ich rufe auf der Intensivstation an.

13:21 Uhr. Ich erfahre, dass die OP noch dauern wird.

13:22 Uhr. Ich werde vertröstet, das sei nicht ungewöhnlich.

13:22 Uhr. Es hat keinen Zweck, vor zwei Stunden wieder anzurufen.

13:30 Uhr. Ich leine den Hund an und verlasse die Wohnung.

13:35 Uhr. Drücke Zeni in meiner Handtasche.

13:40 Uhr. Ich treffe nacheinander zufällig meine Freundinnen Christine und Susanne.

14:00 Uhr. Ich höre die Glocke auf dem nahegelegenen Friedhof. Eine Beerdigung.

14:01 Uhr. Panik überkommt mich. Ich fange an, zu rennen, um dem Glockenklang zu entkommen.

14:07 Uhr. Zu Hause erwarten mich die Kinder mit fragenden Blicken.

14:15 Uhr. Ich rufe erneut auf der Intensivstation an und erfahre, dass die OP immer noch andauert. Ein erneuter Anruf sei erst in etwa zwei Stunden sinnvoll.

Bis 15:55 Uhr tue ich irgendwas Fahriges und lasse den Eisbären nicht los.

15:55 Uhr. Wie lange kann ein Mensch mit offenem Schädel operiert werden?

16:00 Uhr. Ich rufe auf der Intensivstation an.

16:01 Uhr. Erfahre, dass Razvan gerade geweckt wird.

16:08 Uhr. Denise setzt sich neben mich ins Auto.

16:45 Uhr. Die Tür der Intensivstation öffnet sich.

16:48 Uhr. Ich schaue Razvan in die Augen.

16:50 Uhr. Razvan lächelt mir zu und flüstert meinen Namen.

16:51 Uhr. Die Ärztin wirft ihrem Patienten einen zufriedenen Blick zu, ehe sie mich kurz umarmt.

16:55 Uhr. Razvan scherzt, immer noch von der Narkose benebelt. Er möchte tanzen. Razvan ist der Alte. Razvan lebt.

16:56 – 24:00 Uhr: Unerheblich.

36. Wieder ein Tag danach

26. August 2009.

Unser zwanzigster Hochzeitstag.

Die Kinder schlafen noch. Ich sitze am Fenster, genieße die Morgenruhe und sehe den Stunden beim Tagwerden zu.

Erneut ein Tag danach, erneut die Stunde Null. Wird es ein neuer Start ins Leben? Eine neue Hoffnung oder ein ernüchterndes Erwachen? Wie wird Razvan sich fühlen? Wird er Schmerzen haben? Wird er sich freuen, mich wiederzusehen? Wird er in ein psychisches Tief sinken? Wird er sich schneller als nach der ersten OP erholen? Wird seine Ärztin ihre Vermutung von gestern, sie habe fast den ganzen Tumor entfernt, zurücknehmen? Ist sein Gesichtsfeld intakt? Wird er laufen können?

Wird er, wird es, werden wir?

In meinem Kopf schwirren die Gedanken umher wie Mückenschwärme, dennoch ermahne ich mich zur Ruhe. Jetzt kann ich sowieso nichts mehr ändern.

Als ich in der Uniklinik ankomme, ist mein Timing perfekt: Razvan wird soeben von der Intensivstation auf sein Zimmer verlegt. Weitestgehend von Kabeln und Schläuchen befreit, liegt er mit einer erstaunlich gesunden Gesichtsfarbe im Bett und lächelt mich an. Zart, ganz zart keimt ein Hauch neuer Zuversicht in mir auf. Nur zögerlich wage ich es, Fragen zu stellen, zu groß ist meine Angst, den Moment damit zu zerstören.

Ja, er könne links und rechts alles sehen. Ja, er könne alles bewegen. Ja, es gehe ihm gut. Augenblicklich schießen mir die Tränen in die Augen, ich kann es kaum fassen. Nicht nur, dass mein Razvan wieder unter den Lebendigen weilt, er scheint sogar ein intaktes Gesichtsfeld behalten zu haben!

In mir löst sich alles, zum ersten Mal seit mehreren Tagen schluchze ich hemmungslos. Dieses Mal bin ich diejenige, die ihre Emotionen weniger im Griff hat. Schniefend versuche ich, es Razvan zu erklären: Abgesehen von der Tatsache, dass er bei der Operation sterben oder als Invalide aufwachen könnte, sei in den vergangenen Tagen folgende Angst meine größte gewesen: Razvan könnte gesund aufwachen, sehen, gehen, denken, sprechen, lachen. Er würde mich aber nicht mehr erkennen. Fast 26 Jahre Beziehung und 20 Jahre Ehe wären für immer von seiner Erinnerungsfestplatte gelöscht worden. Ich wäre eine Fremde für ihn, eine beliebige Frau mit einem verzweifelten Lächeln. Er könnte vergessen haben, dass er mich je geliebt hat. Als ich Razvan davon erzähle, nimmt er mich ganz fest in den Arm: »Wenn es jemand auf dieser Welt gibt, der mich aus dem Totenreich zurückholen kann, auch nur einen einzigen Menschen, dann ist es diejenige, die ich gerade in den Armen halte.«

Was für ein wunderschöner, unmöglicher Gedanke! Wenn ich doch nur so begnadet wäre! Das Leuchten in Razvans Augen trägt etwas von Neuanfang in sich und lässt mich die Anspannung der letzten Tage für kurze Zeit vergessen. Innerlich atmen wir beide etwas auf. Die erste Hürde dieser neuen Krankengeschichte ist genommen, ist durchgestanden und abgehakt. Kurze Zeit später soll sich herausstellen, ob auch der zweite, pragmatischere Teil so positiv sein wird.

Razvan würdigt die Bettflasche keines Blickes. Stattdessen macht er sich wackelig, aber zielstrebig, auf in Richtung Bad. Meine vorsichtigen Versuche, ihm Halt zu geben, dienen eher meiner eigenen Beruhigung.

Kurze Zeit später holt ein Pfleger Razvan ab, um ihn zum MRT zu begleiten. Erneut der Blick in seinen Kopf, dieses Mal der entscheidende, der darüber Auskunft geben soll, ob das, was die Ärzte während der OP feststellten, nun zur Gewissheit wird.

Als ich Razvan nachschaue, kommt er mir plötzlich sehr unkrank und unverhältnismäßig fit vor. Zaghaft schleicht sich die Vorahnung in mein Denken, dass die OP gelungen sein könnte. Möglicherweise viel gelungener, als wir und die Ärzte zu hoffen wagten.

Mein forschender Blick entdeckt keinen Rollstuhl, und schnell wird mir klar, dass das Personal Razvan offensichtlich das zumutet, was ich bis vor wenigen Stunden kaum zu hoffen gewagt hatte: Er soll die drei Stockwerke abwärts zum MRT laufen! Ich rufe ihnen noch nach, dass ich noch schnell meine Tasche holen möchte, und merke wenige Sekunden später, dass ich sie verpasst habe. Irgendwie waren sie schneller als ich. Im Warteraum des MRT lausche ich erneut dem Hämmern, Pochen, Piepsen und Rattern, das mir diese Mal viel melodischer und freundlicher erscheint. Im Raum befindet sich eine junge Frau, mit einem etwa elf-jährigen Jungen. Sie sprechen russisch, sie muss seine Betreuerin sein. Ein Junge aus einem russischen Kinderheim? Vielleicht aus Weißrussland? Während er die Fragen auf dem Aufklärungsbogen für die Untersuchung beantwortet, schließt er wiederholt die Augen und verzieht das schmale, blasse Gesicht. Ein hübscher, dunkelhäutiger Junge, offenbar gequält vom Licht und drückenden Kopfschmerzen. Armer Junge. Insgeheim empfinde ich tiefes Mitgefühl mit diesem jungen Leben und wünsche ihm, wenn er schon einen Gehirntumor haben soll, dann wenigstens einen freundlichen, klar abgegrenzten, einen, der gut entfernt werden kann und danach nie wiederkehren soll. Wie auch immer, er hat noch einen langen Weg vor sich.

Als Razvan aus der Untersuchung kommt, wirkt er mitgenommen, eilt die drei Stockwerke jedoch hoch in sein Zimmer und vergisst dabei den Pfleger. Dieser steckt seinen Kopf etwas später schmunzelnd zur Zimmertür herein und stellt fest, dass er offensichtlich nicht mehr gebraucht wird.

An diesem Vormittag drehen wir noch einige Runden auf der Etage. Meine Schwester Ines ruft an, um sich zu erkundigen, ob sie mich am kommenden Wochenende besuchen könne. Ich erzähle ihr von Razvans unglaublich guter körperlichen Verfassung und dass die Auswertung der MRT-Bilder und der molekularbiologischen Untersuchung noch ansteht. Auch Ines findet die ganze Entwicklung erstaunlich und witzelt, was Razvan zu tun gedenke, wenn sich herausstellen sollte, dass der Tumor sich vom Malignitätsgrad III zum Grad »sehr freundlich und gutmütig« entwickelt haben sollte? Ich könnte sie durchs Telefon umarmen ob ihres unverwüstlichen Optimismus und ihres Humors.

Irgendwann später schaut die Ärztin vorbei. Gutgelaunt, freundlich, sachlich wie immer, eine Frau, deren Beruf Berufung ist. Eine erstaunliche, bewundernswerte Frau. Sie habe sich die Bilder bereits angesehen und diese ausgewertet. Aus ihrer Sicht sei diesmal kein Tumorrest mehr vorhanden. Ihr Team und sie hätten gründlich operiert. Sie sei zufrieden, mehr als zufrieden. Razvan könne in spätestens vier Tagen nach Hause gehen.

Sprachlos starren wir sie an. Sie kennt ihn zur Genüge, diesen

Moment der Ungläubigkeit und des Aufatmens und möchte uns nun gerne allein lassen mit unseren Gefühlen. Als sie bereits in der Tür steht, erwacht Razvan aus seiner Erstarrung. Nun will er es doch wissen und presst mühsam die Frage hervor, die ihm in den letzten Tagen im Kopf herumspukte: Wie haben seine Chancen gestanden, ohne Beeinträchtigungen und Behinderungen, mit einem intakten Gesichtsfeld, aufzuwachen?

Die Ärztin zögert nicht lange. Ihre Antwort ist präzise wie immer, kein Wort zu viel, keines zu wenig. Auch keines im unpassenden Moment.

»20 Prozent«, sagt sie, »Sie hatten eine Chance von 20 Prozent.«

Mit einem Ächzen fällt die Zimmertür hinter ihr zu.

Stille. Ein Sonnenstrahl kriecht durch das Fenster auf den Boden. Stille und Licht. Zuversicht.

Eine dritte Chance für Razvan. Es ist eine neue Gelegenheit für ihn, sich neu zu sortieren, zu finden und zu definieren.

Eine dritte Chance für unsere Liebe?

37. Wartezimmer. Erzählung

Wartezimmer.
Wieder Wartezimmer.
Zum elften, dreizehnten, einundzwanzigsten Mal?
Sie hat längst aufgehört, mitzuzählen. Ebenso wie sie es aufgegeben hat, jedem nutzlosen, keinen Erkenntniswert erzeugendem Detail dieser Krankheit Beachtung zu schenken. Ein Leben im Hier und Jetzt also. Zumindest der Versuch.

Die vanillefarbene Tapete und die robusten Ledersofas geben dem Raum eine einladende Note. Einladender als andere Wartezimmer, in denen sie schon zusammen mit ihm gesessen und gewartet hat. Mit ihm und seiner Krankheit.

Der Weg führt zunächst über verwinkelte Gänge und versteckte Treppenhäuser. Klobige Fußabdrücke auf dem Boden weisen den Weg. Ein Suchspiel beginnt.

Die letzte Tür links birgt jedoch keinen Schatz, sondern eine weitere Krankenstation, mit medizinischem Personal und Kranken auf fahrbaren Betten. Ein grauhaariger Mann wird vorbeigerollt. Blass, gespenstisch, mit Schläuchen behangen. Gehört er zu den Lebendigen oder zu den Toten? Oder ins Reich dazwischen?

»Gemüse« würde er, der an ihrer Seite den Flur entlangläuft und ihre Hand hält, den Zustand wahrscheinlich nennen und dabei bitter lächeln. Galgenhumor oder der verzweifelte Versuch, der Situation den Ernst zu nehmen.

Wartezimmer also. Sie sitzt und tut, was hier angemessen ist: Warten.

Beschäftigt sich mit irgendwas, versucht, ihm gute Gedanken und Energien zu senden, dorthin, wo er gerade seit ungefähr zwei Minuten liegt: In der weißen, blitzsauberen, hoch technisierten Röhre.

Angespannt und verkrampft fiebert sie dem Beginn entgegen, lauscht, versucht den Nacken zu entspannen. Sie dreht den Kopf zur Tür, spitzt die Ohren, lauscht weiter, streckt sich dem Geräusch entgegen.

Das Geräusch. Es ist nicht ihr Freund, keine Musik in ihren

Ohren. Es ist auch nicht ihr Feind. Vielmehr ist es einfach da und Teil ihres Lebens geworden. Sie hat sich längst damit arrangiert.

Der erste Piepston kommt dann doch unerwartet und lässt sie aufschrecken.

Peng, peng, peng, peng. Eins, zwei, drei, vier, und. Eins zwei, drei, vier, und ... Dreizehn Mal hintereinander. Ein martialischer Takt. Ein gigantischer Marsch der Technik in alle Windungen des Gehirns. Kein Fleckchen graue Masse wird dabei ausgelassen.

Sie versucht, nicht mitzuzählen. Während sie bereits bei 94 ist, fixiert sie das Bild gegenüber an der Wand. Afrikanischer Kitsch in einem knallgelben Rahmen, staubiger Marktplatz irgendwo in Afrika. Ein Ölgemälde, das hier aus dem Rahmen fällt.

Pause.

Dann ein Brummen. Kurz, unspektakulär. Gefolgt von einem nicht enden wollenden »Brbrbrbrbr«. Eine überdimensionale Mikrowelle. Drei Minuten auf 300 Grad. Fehlt nur das »Pling« der sich öffnenden Tür. Fertig sind die gegrillten grauen Zellen. Es ist angerichtet!

Wieder Ruhe. Schon zu Ende?

Die Pause, die keine war, wird unterbrochen von einem hämischen Hähähähä. 9 Zyklen à 23 Mal Hohn. Kurzer, prägnanter Spott, ohne Scherz.

Sie zwingt ihre Gedanken zu noch mehr gutem Energienversand und ihren Blick erneut Richtung Bild. Linke untere Ecke: Ein Mann sitzt auf einem Baumstumpf. Zerfleddertes Unterhemd, zahnloser Mund, bedrohliche Handbewegung. Die spärlichen Haarbüschel, die seinen hässlichen Schädel schmücken, werden von einem in grellbunte Lumpen Gekleideten, der sich über ihn beugt, geschnitten. Sieht so aus, als würde der Stehende den Sitzenden skalpieren wollen.

Das erneute Hämmern hört sich nach der vorangegangenen Spotttirade fast schon wie Musik an. 34 Mal peng, peng, peng klingt schon viel besser als ein gnadenloses Hähähä.

Auf dem Boden neben dem Mann sitzt eine Frau. Ihre spindeldürren Arme schauen scheu aus riesigen Ärmeln hervor und verstecken sich hinter Stauden, wahrscheinlich Bananen.

Ein markerschütterndes Titititititi untermalt die Unansehnlichkeit der unreifen Stauden anhaltend und ohne Unterbrechung. Dass es noch schriller geht, beweist die nächste Sequenz, mindestens eine Oktave höher.

Titititititi. Eine Nähmaschine. Wird jetzt der Kopf zugenäht? Wird jetzt eine feine, fast unsichtbare Naht durch Gehirnmasse, Schädelknochen, Gedanken und Haut gelegt?

In der Mitte des Bildes beugt sich eine andere Frau mit einem gelben Rock und grüner Bluse über einen Teppich aus rotem Obst. Äpfel? Ihr Unterkörper ist vom Betrachter abgewandt, der Oberkörper nach rechts geneigt, so, als würde sie in der Mitte durchbrechen. Ein Korb schwebt vor ihrem Gesicht. Ihre Lippen sind leicht geöffnet, als wolle sie das Obst gleichzeitig bespucken und beschwören. Rechts daneben entspannt ein Mann in einem Meer aus Bananen. Obwohl sich ein anderer über ihn beugt und bedrohlich ein schwarzes peitschenähnliches Gebilde, vielleicht sogar eine Sense, schwingt. Wieso zeigt der auf dem Boden Liegende nicht die Spur von Angst?

Ein tiefer Brummton beherrscht den Raum, während sie die Menschenmassen im Bildhintergrund anstarrt. Brrrrr, Brrrr, Brrrr, beharrlich, lang und unmelodiös. Ein kurzes Echo, das in ein undefinierbares Gewirr von Tönen übergeht. Fön, Heizungsanlage, Laminiergerät, Zauberstab und Mikrowelle in einem. Die soeben vollbrachte Naht wird jetzt eingeschmolzen und fixiert.

Am anderen Ende des Flures ertönt schrilles, aufgesetztes Lachen, fast schon ein Kreischen. Die Krankenschwestern unterhalten sich über einen lustigen Film. Ist es unanständig und pietätlos? Ist es ihre übliche Tonlage oder wurde das vergnügte Geschrei hier, tief im Untergeschoss, im Radiologiebunker, zur Berufskrankheit? Heiterkeit wider die Tücken der Krankheit, Überlebenswillen um jeden Preis? Warum eigentlich nicht.

Das schrille Lachen schafft es auf Dauer doch nicht, den penetranten Brummton zu übertönen. Er hallt durch den Raum und spart dabei keine Ecke aus. Endlos. Zermürbend. Einschläfernd. Brrrbrrrrbrrrbrrr …

Irgendwann schreckt sie dann wieder auf. Kein Lachen mehr, kein Ächzen, kein Titititi, kein Pochen, keine Mikrowelle. Bedrohliches Unhämmern, Unpiepsen, Unbrummen. Beängstigende Stille. Grabesstille? Ihr Herz macht einen Satz, ihre Gedanken ebenfalls. Schwer atmend versucht sie, der angespannten Stille einen Ton abzuringen. Sehnt sich nach einem Flüstern, oder auch nur einem Hauch davon, nach einem entspannten Aufatmen, nach Fetzen eines beruhigenden »Nichts Neues zu sehen, scheint alles in Ordnung ...« Doch nichts dergleichen geschieht.

Selbst das vergnügte Quietschen der Krankenschwestern wurde von der Geräuschlosigkeit verschluckt.

Das Pochen in ihrem Brustkorb zwingt ihre Augen, etwas zum Festhalten und Anklammern zu finden. Etwas Buntes, Farbenfrohes, das hoffen lässt.

Ach ja, das Bild.

Aus der Menschenmasse hebt sich eine weitere Frau hervor. Sie trägt einen überfüllten Korb auf dem Kopf. Ihr viel zu dünner Hals ist sicherlich unfähig, das schwere Gewicht zu tragen. Bricht bestimmt gleich weg, der Hals, biegt sich zur Seite, die Äpfel kullern heraus, der Korb samt restlichen Inhalt fällt der auf dem Boden kauernden Frau auf den Kopf.

Der eben noch entspannt im Staudenmeer Ruhende wird plötzlich grimmig. Er fängt an, unflätige Worte wie Kirschkerne auszuspucken. Der unvorsichtige Peitschenschwinger ändert die Richtung und trifft nun die Schere des Haare Schneidenden. Die sonst geübte Hand rutscht aus und erwischt statt des Haarbüschels das Ohr des zu Frisierenden. Der am Ohr blutende springt wie von der Tarantel gestochen auf, will sich auf den Peitschenschwinger stürzen und erwischt dabei die halbverkrüppelte Gebückte. Ihre suchende Hand zieht ein schweres Buschmesser aus dem Bananenmeer hervor und sticht zu. Einem wie aus dem Nichts aufgetauchten Verwahrlosten tropft jetzt das Blut aus dem Oberkörper. Ein halbverhungerter Hund läuft von links ins Bild und schnappt sich das fleischige Ohr. Messer, Äxte, Scheren, Steine, Äpfel, alles wird jäh als Waffe eingesetzt. Plötzlich abgehackte Finger, tiefe Fleischwunden, ein Meer aus zermatschtem Obst, Staub und Blut. Nur noch Sekunden, bis die Frau im grellgelben Rock geköp ...

Mit aller Kraft drückt sie die Augenlider zu, um das furchterregende Bild aus ihrem Kopf zu sperren; atmet laut, um das Pochen in ihrem Kopf nicht mehr zu hören. Während sie die Gesichtsmuskeln mit aller Kraft zusammenkneift, wird ihre feuchte Hand ergriffen. Wie durch Watte dringt die vertraute Stimme in ihr Ohr. Es dauert eine Weile, ehe sie den Sinn seiner Worte versteht.

»Alles in Ordnung«

Langsam öffnet sie die Augen und blickt in das geliebte Gesicht. Seine braunen Augen leuchten warm und aufmunternd.

Die nächsten Minuten: eine Mischung aus Schweben, Träumen, Weinen, Lachen, Umarmen, Strahlen, zaghaftem Hoffen. Dem können auch die sachlich-ernüchternden Worte der überarbeiteten Ärztin – »Nächste Kontrolle in frühestens drei Monaten« – nichts anhaben.

Der Weg zum Auto: gesäumt von strahlendem Sonnenschein.

Der startende Motor: ein Beschleuniger ins ungetrübte Familienleben.

Das Verlassen des Krankenhausparkplatzes: Der untrügliche Beweis dafür, das Schicksal ausgetrickst zu haben. Wieder einmal.

Drei Monate: 92 Tage lebendige Ewigkeit.

An der nächsten Ecke fällt es ihr dann ein. Bittet ihn, anzuhalten, springt aus dem Auto und rennt zurück. Hetzt die endlosen Flure ins Untergeschoss, vorbei an den freundlichen Krankenschwestern in Mittagslaune. Vorbei an Anmeldung und wegweisenden Fußspuren.

Vorbei an all den anderen Wartenden. Vorbei an Angst, Hoffnung und dem Nichts dazwischen. Fast vorbei an der bunten Szenerie.

Und da ist sie, die Chaos auslösende, seltsam Verrenkte auf dem Bild. Steht selbstbewusst da, beide Beine auf dem Boden. Hält den Korb sicher auf dem Kopf, stützt ihn mit beiden Händen und routiniertem Griff ab. Die Mittagssonne zeichnet die kräftigen Farben weich. Ein friedliches Bild. Etwas, worauf sich die Augen ausruhen können.

Sie zwinkert der Verrenkten zu.

»Halt die Ohren, äh ... den Hals steif«, flüstert sie, ehe sie die Treppen wieder hochhetzt, »bis in drei Monaten«.

38. Heute

Das Jahr zählt nur noch wenige Stunden.

Je älter ich werde, desto mehr erstaunt es mich, wie kraftvoll und unverrückbar der Fluss der Zeit ist. Wie er das Leben manchmal plätschernd und sachte umgarnt, um die Stunden herumspielt wie kleine Schaumwellen an den Füßen der Urlauber am Strand. Um sich ein andermal tosend und geheimnisvoll wie ein Tsunami aufzubauen und drohend auf einen zuzukommen. Du erstarrst angesichts der unbändigen Wasserwand. Du paddelst, strampelst, zappelst, schlägst um dich. Kämpfst um dein Leben, um das nackte Überleben, manchmal so sehr, dass du alles andere um dich vergisst.

Es ist noch früher Morgen dieses 31. Dezember 2009. Ich schleiche mich aus dem Bett und betrachte meinen schlafenden Mann. Friedlich sieht er aus, erschöpft und mitgenommen, aber friedlich. Die letzten Wochen der Chemotherapie haben ihm zugesetzt. Zu wenig, um ihn in die Knie zu zwingen, zu viel, um ihn mit alter Kraft wirken zu lassen. Ein gesundender Kranker. Ein tapferer Kranker. Ein Kämpfender, Pläneschmiedender. Mein Mann, der für sich spontan dafür entschieden hat, die Chemotherapie nicht mehr fortzusetzen. Einfach so, weil er in Zukunft seinem Bauchgefühl stärker vertrauen will.

Auf dem Weg in die Küche blickt mir kurz mein Spiegelbild entgegen. Ein unausgeschlafenes Gesicht, dem man heute die 40 Lebensjahre ansieht. Ebenso auch das Auf und Ab der letzten Jahre, das Gefühlchaos, den Stress durch die Arbeit als Sozialpädagogin, durch den Alltag mit zwei pubertierenden Kindern. Durch das Leben an der Seite eines Krebskranken. Erste graue Haare runden das Bild ab. Ein gelebtes Gesicht, ein volles Jahr.

Während ich mir Kaffee einschenke, fällt mir das gestrige Telefonat mit einer Freundin ein. Sie fragte mich, was ich heute anders machen würde, wenn sich das Rädchen der Zeit zurückdrehen ließe.

»Oh, einiges. Eine ganze Menge«, antwortete ich ihr aus einem spontanen Impuls heraus. Danach führte das Gespräch in eine andere Richtung, drehte sich um Berufe, Lebenshilfebücher und Kinder. Zum Schluss witzelten wir noch eine Weile herum, ehe wir uns verabschiedeten. Die Frage jedoch wirkte nach. Sie rotierte in meinem Kopf wie ein Schwarm aufgescheuchter Bienen und ließ mich nicht mehr los. Sie setzte mir zu, stärker, als ich es anfangs angenommen hatte.

Jeder Versuch, sie zu beantworten, drehte sich jedoch um das Thema Krankheit. Zu sehr war der Krebs Teil meines – unseres – Lebens geworden, er war nicht mehr auszublenden. Nie wieder ein Leben ohne den Gedanken an Krebs. Nicht mehr ohne den greifbaren, präsenten, aktiven, Symptome erzeugenden. Auch nicht mehr ohne den subtilen, lauernden, in einem unbedachten Augenblick zuschlagenden. Auch nicht ohne den unsichtbaren, innehaltenden, verschwundenen Krebs. Razvans Krebs, unser Mitbewohner für alle Zeiten. Sein Krebs, mein Krebs. Unser Krebs.

Hier und heute. Was würde ich also anders machen in einem Leben, in dem die Krebsbedrohung einen festen Platz hat?

Würde ich mich heute anders verhalten? Verwandten, Freunden, Bekannten und Fremden gegenüber?

Würde ich in der Lage sein, mehr Verständnis für meine Schwiegereltern aufzubringen? Würde ich es eher einsehen, dass es für sie das Schlimmste überhaupt gewesen sein muss, ihr eigenes Kind, wenn auch erwachsen, in Todesgefahr zu wissen? Dass für sie diese Gewissheit leichter zu akzeptieren war, nachdem sie mich zum Sündenbock bestimmt hatten?

Würde ich es schaffen, Razvan durchgehend besser zur Seite zu stehen? Durchgehend zugewandter? Akzeptierender? Anders?

Vermutlich würde ich vieles davon schaffen. Möglicherweise einiges sachlicher angehen, nüchterner mit Bedrohungen umgehen. Mich vielleicht nicht jederzeit ganz so ernst nehmen.

Es sind jedoch einzig und allein die Erfahrungen der letzten Krebsjahre, denen ich eine – möglicherweise – veränderte Haltung zu verdanken hätte. Die unendlichen Achterbahnfahrten der Gefühle, die lieblosen Durststrecken. Die verzehrende Sehnsucht, die erfüllten und zerplatzten Träume. Der zeitweilige Wunsch, alle anderen mögen sich ändern; die gelegentliche Sehnsucht, alles hinzuschmeißen. Unsere überwältigende Wut. Die grenzenlose Liebe Razvans, die ich oft übersehen habe. Meine nicht immer bedingungslose Liebe. Unsere Liebe, die immer vorhanden war.

Zeitweise verschüttet und immer im Wandel.

All diese Erfahrungen machten es mir heute – möglicherweise – leichter, mich anders zu verhalten. Verständnisvoller, toleranter, liebender, vorbehalt- und selbstloser. Ich wüsste wahrscheinlich, was auf dem Spiel steht.

Doch die Wahrheit ist: Auch heute besäße ich kein Handbuch zum Umgang mit der Diagnose Gehirntumor. Kein Geheimrezept, um diese extrem belastende Lebenssituation unbeschadet und ohne anderen zu schaden zu überstehen.

Ein Handbuch – wie einfach. Ein Ratgeber, der Tipps für Erkrankte und Angehörige in sich vereint. Du schlägst das Inhaltsverzeichnis auf, dein forschender Blick findet sofort, wonach du suchst. Anleitungen für jede Lebenslage. Seite 48: »Was tue ich, wenn der Kranke eine depressive Phase durchlebt?« Oder Seite 64: »Wie nutzen wir die verbleibende Restzeit als Paar am sinnvollsten?« Seite 99: »Was tue ich, wenn man nichts mehr tun kann?« Oder aber Seite 200: »Für den Kranken: Was tue ich, wenn sie mich verlässt?« Ganz zu schweigen von Seite 265: »Wie setze ich meinem Leiden möglichst schnell und schmerzlos ein Ende?« Wie gut täte ein solches Handbuch manchmal. Eines, dass Strukturen vorgibt, eine Landkarte im Dschungel der Krankheit.

Aber auch eines, das der Außenwelt erklärt, wie es ist, ein solches Leben zu führen. Wie bedrohlich, unberechenbar und immer wieder verzweifelt für den Betroffenen. Wie viel Energie es ihn kostet, sich täglich eine neue Perspektive zu schaffen innerhalb dieses gefährdeten Daseins. Wie viel Anstrengung und Mühe jedes neue Aufwachen ihm abverlangt; wie viel Selbstdisziplin täglich, manchmal stündlich erforderlich ist, um die Trägheit abzuschütteln.

Wie viel Lebenskraft dahintersteckt, sich mit Behörden, Arbeitsämtern, Rentenversicherungsträgern und Krankenkassen auseinanderzusetzen. Sich immer wieder zu erklären, zu umreißen, was diese Erkrankung ausmacht, wieso sie einen daran hindern kann, täglich drei Stunden am Stück zu arbeiten. Sich zu rechtfertigen und immer wieder um Verständnis zu bitten. Um ein gutes Wort, ein zuvorkommendes Lächeln, eine liebevolle Geste. Um Anerkennung für die manchmal unmenschliche Anstrengung, die man leistet, um am Leben zu bleiben.

Wie wäre es also mit einem Handbuch, das aber auch erklärt, wieso Angehörige von Krebspatienten zu Co-Erkrankten werden. Wieso sie, im engsten Dunstkreis der Krebserkrankung lebend, auch täglich damit zu kämpfen haben, sich neu zu sortieren und zu motivieren. Wieso sie ihre ganz eigenen Krankheitssymptome entwickeln und gelegentlich zusammen mit den Kranken kollabieren können. Wieso eben diese Angehörigen auch besonders bedürftig, besonders anfällig für die Unwägbarkeiten des Lebens sein können, aber auch besonders stark, zäh und durchsetzungsfähig. Wieso eine Krebsfamilie, obwohl deren Wunsch nach Normalität und Alltag ungebrochen ist, nie mit alltäglichen Standards bemessen werden kann. Wieso die Schwere nie mehr ganz aus ihrem Leben zu streichen sein wird. Wieso ihr Leben für immer Schlagseite hat. Wie sinnvoll wäre eine solche Orientierungshilfe. Wie sinnvoll, schmerzhaft, bedrohlich und lächerlich zugleich.

Denn nichts kann das Leben angesichts einer Krebserfahrung wieder planbar machen. Nichts dem Betroffenen die Gewissheit geben, dass er in seiner Art, in seinem Umgang mit der Krankheit angenommen sein wird. Nichts den Angehörigen die Gewähr der stetigen Kraft und Unterstützungsfähigkeit.

Es gibt also in Zukunft nur wenig, das mein Bedürfnis nach Sicherheit und Geborgenheit dauerhaft nähren kann. Und nur wenig, das Razvans Verlangen nach einem würdevollen und erfüllten Leben stillen kann. Kein Masterplan, kein Arzt, kein Handbuch. Unsere Gegenwart und Zukunft muss ohne langfristige Pläne auskommen. Es ist eben ein Leben ohne Gewähr, das wir führen.

Eine gewisse Parallele zu meiner Tätigkeit in der Sozialarbeit fällt mir auf. Dort gehört es zum Alltagsgeschäft, Hilfepläne zusammen mit den Betroffenen für einen Zeitraum von etwa 6 Monaten zu entwickeln. Möglichst knapp und präzise definierte Ziele eines angestrebten Ist-Zustandes in der Zukunft. Ein seltsames und komisches Gleichnis mit unserem Krebsleben; vielleicht aber auch eine mögliche Anregung.

Was können wir also tun, im Hier und Heute? Im Morgen und Übermorgen? Um den Alltag anders zu gestalten, intensiver, lebenswerter, einfach besser für alle Beteiligten? Was bleibt uns also in Ermangelung eines allgemeingültigen Leitfadens für ein Leben mit Krebs?

Mir fällt nur eines ein: Es zu versuchen. Es immer wieder zu versuchen. Es neu zu wagen. Wir beide, Razvan und ich.

Wir können es neu versuchen mit unserem gegenwärtigen Wissen, mit den Erfahrungen der letzten Monate und Jahre. Mit der heutigen Überzeugung, dass nur das heilsam sein kann, was Razvan selbst als solches empfindet. Mit dem Wissen, dass all meine wunderbar zurecht gelegten Heilmethoden, all mein positives Denken und autogenes Training nichts, aber auch gar nichts wert sein können – so lange Razvan sie nicht verinnerlicht und als seine Wahrheiten und Heilmethoden verwertet hat.

Was uns bleibt, ist das Wissen aus der heutigen Überzeugung heraus, dass kein Arzt der Welt in die Zukunft schauen kann. Dass jegliches Wagnis einer Prognose im Falle der Erkrankung Gehirntumor fahrlässig sein kann. Dass ein Mediziner, der die falschen Worte zum ungünstigen Zeitpunkt wählt, in den Seelen ganzer Familien unheilbare Blessuren verursachen und alle ins Unglück stürzen kann.

Was bleibt ist auch mein Versuch, Razvan dort abzuholen, wo er sich gerade befindet. Ihn auf seinem Weg zu begleiten. Ihm meine Lebensstrategien nie wieder ungefragt aufzudrücken. Nie wieder an die Ausschließlichkeit und Singularität einer einzigen Behandlungsmethode zu glauben.

Der Versuch, Razvan einfach so zu nehmen, wie er ist.

Begleitet von der Hoffnung, den gleichen Anspruch an ihn haben zu dürfen. Auch im Wissen, dass es immer wieder Momente geben wird, in denen ich keine wirkliche Stütze sein kann. In denen ich mich am liebsten wegbeamen möchte, einfach fort auf einen anderen Planeten, ausklinken aus dem Hier und Jetzt. Für einige Minuten, Stunden, zumindest so lange, bis ich mich wiedergefunden habe.

Der Versuch auch, mich nicht mehr von der Erkenntnis erschüttern zu lassen, dass wir uns zeitweise in Parallelwelten bewegen. Der Versuch, diese Tatsache eher in unser Leben zu integrieren, statt dagegen anzukämpfen.

Was mir bleibt, ist auch, es als eine Grundwahrheit zu akzeptieren, dass die Krankheit uns immer wieder tendenziell spalten will. Dass einer von uns immer der Kranke und der andere stets der Angehörige sein wird. Zwei Welten, die nicht jederzeit miteinander kompatibel sind. Zwei Welten, in denen es immer wieder darum gehen wird, gemeinsame Schnittmengen zu finden.

Der Versuch im Leben, Dinge gelassener hinzunehmen, einfach so.

Einfach. Wie locker das Wort doch manchmal über die Lippen geht.

Einfach. Fragte man mich nach der Einfachheit in unserem Leben, so würde es ebenso spontan aus mir heraussprudeln: Nichts ist einfach bei uns. Nicht die Krankheit, nicht der Alltag, nicht das Erwachsenwerden der Kinder, nicht unsere Arbeit, nicht der Umgang mit der Außenwelt. Auch nicht unsere Liebe.

Aus dem Gästezimmer im Obergeschoss dringen regelmäßige und entspannte Atemzüge. Eine kleine Familie im Tiefschlaf – meine Schwester Gerda, ihr Mann, ihr dreijähriger Sohn. Sie sind da, für wenige Tage nur, fast zählbare Stunden, haben die Strapazen des langen Fluges aus Neuseeland auf sich genommen.

Gerda, die unbeständige Weltreisende, immer auf der Suche nach neuen Erfahrungen. Meine große Schwester, die sich erst spät für Kind und Bindung entschieden und so ihren Weg genommen hat.

Besser als meiner? Schlechter? Jedenfalls ganz anders.

Dort eine lange, abwechslungsreiche Partnersuche, hier eine erwachsen gewordene Teenagerliebe. Auf beiden Seiten eine ganze Bandbreite an Gefühlen und unendlich viel investierte Lebensenergie.

Manchmal stelle ich mir die Frage, wer von uns beiden es einfacher hatte, Gerda oder ich?

Sind mehrere Partnerwechsel müheloser im Leben zu bewältigen als die einzige Liebe dauerhaft zu halten? Ist letzterer der weniger einfache Weg?

Einfach – schon wieder dieses Wort.

Ich maße es mir dann doch nicht an, Vergleiche zu ziehen. Aber eines weiß ich genau: Unser Weg, Razvans und meiner, war bestimmt nicht der mühelosere. Wir haben uns verändert, mein Mann und ich, haben uns weiterentwickelt, oft in für den anderen schwer nachvollziehbare Richtungen. Sind neue Menschen geworden, zwei, die die Teenager von 1983 nur noch zum Teil in sich tragen.

Wir haben es nicht immer verstanden, das Leben, haben es gelegentlich auf uns zustürzen lassen wie eine Lawine, waren nicht selten plan- und hilflos. Häufig erstarrt angesichts der Geschehnisse um uns herum. Nicht immer im Gleichschritt. Hier Stillstand, dort rasendes Tempo, manchmal auch umgekehrt. Immer zusammen im Herzen und oft voneinander getrennt.

Der Kaffee ist erkaltet, als ich an den Zimmertüren unserer Kinder vorbeischleiche. Ihnen bin ich sicherlich nicht immer gerecht geworden in den letzten Jahren, war häufig zu sehr mit den Alltagsproblemen beschäftigt. Könnte ich das Rad zurückdrehen, so würde ich versuchen, sie unbeschwerter aufwachsen zu lassen, sie besser zu beschützen vor den Unwägbarkeiten der Krankheit, vor den Wirren unseres Gefühlslebens. Ich würde mich ermahnen, mich öfter in ihre zu Lage versetzen, die Welt durch ihre Brille zu sehen. Ich würde versuchen, ihnen eine bessere Balance zu ermöglichen zwischen dem vom Krebs überschatteten Leben und einem ganz normalen Teenagerdasein. Denn sie hat es zweifelsohne gezeichnet, unser Krebsleben, wenn sie auch sehr selten bereit waren, darüber zu sprechen. Auch ihre Strategien im Umgang mit dieser ungeheuren Belastung in unserem Leben waren nicht immer leicht erkenn- und deutbar.

Ich ertappe mich immer wieder in meiner Neigung, unerträglich ernst zu werden. Die Gelegenheiten, als ich mich von der Leichtigkeit des Seins einfach treiben ließ, sind an einer Hand abzählbar. Viel zu selten habe ich es geschafft, unbeschwert zu genießen. Bin häufig viel zu streng gewesen, habe das mich und andere wohl zu oft spüren lassen.

So auch an diesem Jahresende. Zeit der Besinnung und Zeit des Rückblickes. Zeit der Schwere. Zeit, Pläne zu schmieden. Oder auch nicht. Zeit, das letzte Kapitel unserer Geschichte niederzuschreiben.

Ich merke plötzlich, wie ausgelaugt ich bin. Die schlaflosen Nächte der letzten Jahre, die Sorgen, all die rotierenden und immer wiederkehrenden Gedanken fordern ihren Tribut.

Es wird ein langer Tag werden, dieser allerletzte des Jahres, und ich täte besser daran, ihn gelassener anzugehen. Und während ich zurück ins Bett schleiche und die Decke noch mal bis zum Kinn hochziehe, überkommt mich Frieden. An diesem Jahresende bin ich im Reinen mit mir, denn ich habe bereits angefangen, es zu versuchen. Habe es besser hinbekommen in den letzten Monaten. Ich bin geblieben, auch in Gedanken, habe uns festgehalten und nicht fallen gelassen.

Es ist weiterhin ein unbestimmter Weg, der vor uns liegt. Nicht planbar, schwierig, spannend, zermürbend und unberechenbar. Geheimnisvoll.

Unser Weg.

Das einzig Gewisse: Ich werde ihn diesmal vorbehaltlos gemeinsam gehen mit meinem Mann, so lange es uns gegönnt ist.

Gemeinsam mit Razvan, der Liebe meines Lebens.

Danksagung

Liebe Tina, dafür, dass Du Dich seit nunmehr 25 Jahren auf diese manchmal ungemütliche Reise mit mir eingelassen hast, dass Du mir offen und wach, manchmal auf eine schmerzhafte, aber meistens erhellende Weise begegnet bist, dass wir dieses Buch getrennt, jeder für sich und doch gemeinsam, zu Ende geschrieben haben, dafür und für vieles mehr möchte ich Dir danken.

Ohne die geduldige und feinfühlige Unterstützung von Frau Marlen Günther und von Herrn Axel Haase hätte diese Buchreise niemals stattgefunden. An deren Ende gehen meine Gedanken auch an die stille Schar von Ärzten und Medizinern, die in all den Jahren den Motor meines Körpers befeuert, die Havarien pünktlich und präzise repariert und mich in meinem Wunsch, so normal wie möglich weiter zu leben, stets bestärkt haben. Einige möchte ich hier nennen und jene um Entschuldigung bitten, deren Namen, nicht aber deren Worte und Taten, ich vergessen habe: Dr. Kea Franz, Dr. Ági Oszvald vom Dr. Senckenbergischen Institut für Neuroonkologie des Universitätsklinikums Frankfurt am Main, Privat Doz. Dr. med. Mario Carvi y Nivas, Dr. Albert Pöllath vom Städtischen Krankenhaus Frankfurt Höchst, O.Ä. M. Gersch-Briebach und Priv. Doz. M. von Kampen von der Radioonkologischen Station des Nordwestkrankenhauses Frankfurt, Dr. Armin Beck, Frau Dr. Langenthal u.v.a.

Und auch meinen Eltern möchte ich danken, ganz besonders meiner Mutter, die auf ihre diskrete und effektive Art immer wieder die richtigen Gesten gefunden und manche Konflikte entschärft hat, auf dass die Reise weiter gehen konnte.

Razvan

Danke meinen Eltern. Dafür, dass ich von Anfang an im Leben willkommen war.

Danke all meinen Freundinnen, allen voran Christl. Dafür, dass wir uns auch in Zeiten des Schweigens nie aus den Augen verloren haben.

Danke meiner Schwester Ines. Dafür, dass sie nie aufhört, über uns nachzudenken.

Danke meiner Schwester Gerda. Dafür, dass unsere Gespräche immer mit einem Komma enden.

Danke all den Ärzten und dem medizinischen Personal, allen voran Frau Dr. Franz und Frau Dr. Schwenk. Dafür, dass sie ihre Berufung zum Beruf gemacht haben.

Danke all jenen Ungenannten aus dem Familien- und Freundeskreis, auch all den Kolleginnen und Kollegen, die uns in all den Jahren unterstützt und aufgefangen haben.

Danke, Razvan. Dafür, dass du stets an uns geglaubt hast und mir täglich zeigst, was Leben heißt. Danke, dass du es nie aufgegeben hast, mich davon zu überzeugen, dass Grenzen nur zum Überschreiten da sind.

Danke, dass die Reise weiter geht.

Tina

Doch vor allem:
DANKE, DENISE UND SEBASTIAN.

Tina und Razvan Georgescu

Bibliografische Information der Deutschen Nationalbibliothek

Die Deutsche Nationalbibliothek verzeichnet diese Publikation
in der Deutschen Nationalbibliografie; detaillierte bibliografische
Daten sind im Internet über http://dnb.d-nb.de abrufbar.

Verlagsgruppe Random House FSC-DEU-0100
Das für dieses Buch verwendete FSC-zertifizierte Papier
Munken Premium Cream liefert Arctic Paper Munkedals AB, Schweden.

1. Auflage
Copyright © 2010 by Gütersloher Verlagshaus, Gütersloh,
in der Verlagsgruppe Random House GmbH, München

Druck und Einband: CPI – Ebner & Spiegel, Ulm
Printed in Germany
ISBN 978-3-579-06753-7

www.gtvh.de